Einführung in die reale und monetäre Außenwirtschaft

Von

Dr. Udo Broll

Universität Osnabrück

R. Oldenbourg Verlag München Wien

Die Deutsche Bibliothek - CIP-Einheitsaufnahme

Broll, Udo:
Einführung in die reale und monetäre Außenwirtschaft / von Udo Broll. - München ; Wien : Oldenbourg, 1995
ISBN 3-486-23187-1

Gesamtherstellung: Grafik + Druck, München

ISBN 3-486-23187-1

Inhaltsverzeichnis

Vorbemerkung

Diese Einführung richtet sich in erster Linie an Studierende der Wirtschaftswissenschaften und Studierende mit Volkswirtschaftslehre im Nebenfach die sich zu den Vorlesungen und Übungen zur Realen und Monetären Außenwirtschaft (Volkswirtschaftslehre - Außenwirtschaft) vorab informieren wollen.

◊

Mit dem vorliegenden Text ist beabsichtigt, eine kleine Informationslücke zu schließen, um dem studentischen Leser den raschen Zugang zu den Fragestellungen und Methoden der realen und monetären Außenwirtschaft zu erleichtern. Ausgehend von einer Einführung in die reale Außenwirtschaft werden auch Aspekte der monetären Außenwirtschaft behandelt. Neben der Einführung in die reale und monetäre Außenwirtschaft werden neuere Entwicklungen der Außenwirtschaft angesprochen. Dazu zählen die Risikopolitik international tätiger Unternehmen, die Hysterese im Außenhandel, Direktinvestitionen multinationaler Unternehmen und ökonomische Aspekte der Vertragsgestaltung, die für internationale Kooperationen von großer Bedeutung sind.

Ziel einer Einführung in die reale und monetäre Außenwirtschaft ist es einen Überblick über einige zentrale Fragen der internationalen Wirtschaftsbeziehungen zu geben: Warum wird internationaler Handel betrieben? Welche ökonomischen Konsequenzen ergeben sich aus protektionistischen Maßnahmen einer Volkswirtschaft? Warum investieren

Unternehmen direkt im Ausland? Welche Risiken entstehen aus flexiblen Wechselkursen? Welche Faktoren bestimmen die Zahlungsbilanzsituation eines Landes? Welche ökonomischen Konsequenzen ergeben sich für offene Volkswirtschaften aus festen bzw. flexiblen Wechselkursen? Welchen Einfluß haben Geld- und Fiskalpolitik für die Stabilität offener Volkswirtschaften?

Bedanken möchte ich mich bei Karin Espelage, Luise Hölscher, Claudia Schäde, Margrit Schneider, Björn Hampel, Johannes Jaenicke und Nico Paech.

UDO BROLL

Kapitel 1

Einführung

In der jüngsten Vergangenheit hat es bei den internationalen Wirtschaftsbeziehungen entscheidende Veränderungen gegeben. Neben den Zusammenbruch des festen Wechselkurssystems traten die Ölpreisschocks und die dramatische Zuspitzung an den internationalen Finanzmärkten, ausgelöst durch die Verschuldungskrise zu Beginn der achtziger Jahre. All diese Ereignisse haben die Bedingungen der internationalen Arbeitsteilung verändert und weniger stabil gemacht. Als Folge zeigte sich, wie sehr weltwirtschaftliche Veränderungen zu einem wichtigen Bestimmungsfaktor der nationalen Volkswirtschaften geworden sind.

Die marktwirtschaftlich orientierten Industrieländer mußten sich während der vergangenen Jahre mit vielen volkswirtschaftlichen Problemen auseinandersetzen. Die volkswirtschaftlichen Probleme konzentrierten sich dabei insbesondere auf folgende Phänomene: Anhaltende Inflation und Arbeitslosigkeit, das Entstehen von internationalen Schuldner- und Gläubigerpositionen, Entstehung und zunehmende Bedeutung neuer Formen des Protektionismus, plötzliche und oft irreversible Veränderungen in der internationalen Wettbewerbsposition, hohe

Volatilität der Wechselkurse.

Bei der Analyse und Bekämpfung dieser volkswirtschaftlichen Schwierigkeiten ist zu beachten, daß diese Phänome nur vor dem Hintergrund einer integrierten Weltwirtschaft zu verstehen ist, in dem sich die Handelsbeziehungen und Kapitalströme (trotz aller protektionistischen Schwierigkeiten) ständig intensivieren.

Welt–wirtschaft

Die Volkswirtschaften sind mit der Weltwirtschaft durch drei Bereiche verbunden: durch den internationalen Handel, durch die internationalen Faktorbewegungen und die internationalen Finanzverflechtungen. Der internationale Handel ensteht dadurch, daß Volkswirtschaften bei bestimmten Gütern komparative Vorteile bzw. Nachteile aufweisen und sich daraus relative Preisunterschiede ergeben. In einem Marktsystem führen Unterschiede in den Relativpreisen zu Unterschieden in den absoluten Preisen und damit zu Unterschieden in der internationalen Wettbewerbsfähigkeit. Der internationale Handel führt über diese Zusammenhänge auch zu einem internationalen Einfluß auf die nationalen Preisverhältnisse!

Neben der Internationalisierung der Gütermärkte gibt es starke internationale Finanzverflechtungen zwischen den Industrieländern. Wirtschaftsakteure, seien es private Haushalte, Unternehmen oder Banken können heimische Finanzanlagen oder sie können ausländische Finanzanlagen halten. Ein Portfolio–Manager sucht international nach den attraktivsten Erträgen und es kann sehr gut sein, daß zu einer bestimmte Zeit ausländische Wertpapiere einen unter allen relevanten Vergleichsfaktoren höheren Ertrag garantieren als inländische Finanzanlagen.

Durch ihre Suche nach den höchsten Erträgen verbinden die internationalen Investoren die inländischen Finanzmärkte mit den ausländischen Finanzmärkten. Die Aktionen der internationalen Investoren haben damit einen Einfluß auf das Einkommen einer Volkswirtschaft, den Wechselkurs und die Fähigkeit der Geldpolitik eines Landes, die Zinssätze zu beeinflussen. Der internationale Handel und die internationale Finanzverflechtung haben einen bedeutenden ökonomischen Einfluß auf die Binnenwirtschaft. Die reale und monetäre Außenwirtschaft beschäftigten sich mit diesem Einfluß und den sich daraus ergebenden Implikationen. Warum die Zweiteilung in eine reale und eine monetäre Außenwirtschaft?

Mikro– Makro– Analyse

In der Außenwirtschaftstheorie werden sowohl mikroökonomische als auch makroökonomische Fragestellungen behandelt. Bei der realwirtschaftlichen Außenhandelstheorie geht es um Allokationsfragen für Marktsysteme. Welches Land besitzt bei welchen Gütern komparative Vorteile? Wie verändert der internationale Handel die funktionelle Einkommensverteilung? Ist der internationale Handel vorteilhaft? Welche Wirkungen ergeben sich aus protektionistischen Maßnahmen? Welche Wirkungen resultieren aus Wechselkursrisiken?

In der monetären Außenwirtschaft geht es um makroökonomische Probleme. Was versteht man unter einem Zahlungsbilanzungleichgewicht und welche Implikationen ergeben sich hieraus für die Stabilität einer Volkswirtschaft? Welche Zusammenhang besteht zwischen einem Zahlungsbilanzungleichgewicht und einem flexiblen bzw. fixen Wechselkurssystem? Wie erklärt sich in einer offenen Volkswirtschaft Einkommen, Beschäftigung und Inflation? Wie wirken Geld– und Fiskalpolitik auf den Wirtschaftskreislauf in einer offenen Volkswirtschaft?

In den folgenden Abschnitten wird einführend auf das Phänomen der Internationalisierung der Wirtschaft und das Zahlungsbilanzproblem offener Volkswirtschaften hingewiesen. Anschließend wird ein kurzer Überblick über die wesentlichen Themen dieser Einführung in die reale und monetäre Außenwirtschaft gegeben.

1.1 Internationalisierung

Die Internationalisierung der Wirtschaft zeigt sich in vielfältigen Formen, etwa als Austausch von Gütern und Dienstleistungen, Austausch von Technologien über Lizenzverträge, Direktinvestitionen multinationaler Unternehmen und Migration von Arbeitskräften. Der wirtschaftspolitische Gestaltungsspielraum von Nationalstaaten stößt bei wachsender Internationalisierung der Wirtschaft auf Grenzen und sieht sich mit neuen politischen und ökonomischen Rahmenbedingungen konfrontiert (vgl. ANDERSON und NORHEIM [1993].

Die stark entwickelte internationale Arbeitsteilung, insbesondere zwischen den Industrienationen, zeigt, wie sehr die einzelnen Länder von der Bezugs- und Absatzseite her in den Weltmarkt integriert sind.

Internationalisierung

Die weltwirtschaftliche Integration der Gütermärkte ("Internationalisierung der Gütermärkte") ist teilweise soweit fortgeschritten, daß man von *einem* Weltmarkt sprechen kann. Die Bedeutung des internationalen Handels zeigt sich auch darin, daß für die Bundesrepublik mehr als 30% der inländischen Bruttowertschöpfung auf die Ausfuhren von Gütern und Diensten entfallen.

Ein weiteres Merkmal der weltwirtschaftlichen Integration ist die zunehmende "Internationalisierung der Produktion" durch Direktinvestitionen, die vor allem von multinationalen Unternehmen getätigt werden. Durch den Aufbau eigener Produktionsbetriebe und Vertriebssysteme im Ausland können sich viele inländische Unternehmen auf ausländischen Märkten behaupten und sichern damit zugleich die Existenz der heimischen Muttergesellschaft. Durch Direktinvestitionen lassen sich Beschaffungsmärkte und Absatzmärkte sichern. Im weiteren können durch eine Auslandsproduktion Kostenvorteile ("Standortvorteile") realisiert werden. Besonders dynamisch entwickelte sich der Prozeß der "Internationalisierung der Finanzmärkte". Das rasche Wachstum der internationalen Finanzströme erklärt sich zum einen aus dem international gestiegenen Welthandelsvolumen und dem hohen internationalen Finanzierungsbedarf vieler Länder. Zum anderen tragen die Geldvermögensbesitzer zur Expansion der Finanzströme bei, da sie aufgrund international unterschiedlicher Renditen ihre Anlagen weltweit diversifizieren.

AUSSAGE 1.1 *(Internationalisierung der Industrieländer). Die Industrieländer sind in besonders hohem Maße mit der Weltwirtschaft verflochten. Die weltwirtschaftliche Integration der Märkte ist teilweise soweit vorangeschritten, daß man von einem Weltmarkt sprechen kann. Neben den traditionellen Güterhandel treten neue Formen der Internationalisierung: Unternehmen organisieren sich transnational, ökonomische und rechtliche Einflußnahme erfolgt durch internationale Wirtschaftsgemeinschaften, Konjunktur- und Beschäftigungspolitik stehen unter dem Zwang gegenseitiger Abstimmung. Phänomene der Internationalisierung der Wirtschaft gewinnen an Bedeutung.*

Zahlungsbilanz

Die Zahlungsbilanz eines Landes stellt eine systematische Aufzeichnung aller ökonomischen Transaktionen zwischen In- und Ausländern während eines Jahres dar. Die international wirksamen Transaktionen werden unterschieden in Einkäufe und Verkäufe von Gütern und Dienstleistungen, unentgeltliche Übertragungen und Finanztransaktionen. Die Leistungstransaktionen (Ein- und Verkäufe von Gütern und Dienstleistungen und unentgeltliche Übertragungen) werden zusammengefaßt zu der Leistungsbilanz. Die Änderungen der Nettoauslandsposition ohne die der Zentralbank werden zu der Kapitalbilanz zusammengefaßt, und die Änderungen der Nettoauslandsposition der Zentralbank werden in der Devisenbilanz erfaßt.

In einem System fester Wechselkurse bestehen zwischen internationalen Zentralbanken Vereinbarungen, wonach die beteiligten Zentralbanken durch An- und Verkauf am Devisenmarkt die Wechselkurse um eine vereinbarte Parität stabilisieren. Besteht beispielsweise zwischen der französischen Währung FF und der DM ein fester Wechselkurs, so ist die französische und die deutsche Zentralbank verpflichtet, auf dem Devisenmarkt durch Interventionen ein marktmäßiges Abweichen des Wechselkurses von der Parität zu verhindern. Ein wichtiges Merkmal einer Währungsordnung mit festen Wechselkursen ist, daß sich die Devisenreserven der Zentralbank durch An- und Verkauf von Devisen mit dem Ziel der Wechselkursstabilisierung ändern.

Wechsel-kurs-system

Ein System flexibler Wechselkurse ist dadurch gekennzeichnet, daß die Zentralbanken am Devisenhandel nicht teilnehmen. Die Wechselkurse bilden sich aus Angebot und Nachfrage am Devisenmarkt. Im System vollkommen flexibler Wechselkurse kann es damit auch nicht zu einer Änderung der Devisenreserven der Zentralbank kommen. Das Wechselkurssystem hat demnach nicht unerhebliche Auswirkungen auf die Volkswirtschaften. Hierzu einige Erläuterungen am Beispiel der Geldpolitik eines Landes.

Feste Wechselkurse: Faktisch bedeuten feste Wechselkurse, daß die Zentralbank zum bestehenden, festgelegten Wechselkurs bereit ist jede beliebige Menge von Devisen zu kaufen bzw. zu verkaufen. In der Wirtschaftspraxis wird dabei eine obere und untere Interventionsgrenze festgelegt (beispielsweise im Europäischen Währungssystem (EWS)). Da durch diese Transaktionen Notenbankgeld geschaffen bzw. vernichtet wird, erkennt man, daß unter einem festen Wechselkurssystem eine nationale, d.h. vom Ausland unabhängige, Geldpolitik nicht möglich ist! Dies bedeutet insbesondere, daß eine nationale Preisstabilisierungspolitik sehr schwierig in der Durchführung wird. Mit der Geldmenge überträgt sich nämlich auch die Inflationsrate vom Ausland auf das Inland.

Flexible Wechselkurse: Bei flexiblen Wechselkursen kann jede Volkswirtschaft eine autonome Geldpolitik verfolgen. Die Geldmengenänderung ist von der Notenbank frei bestimmbar. Auf- und Abwertung der Währung wird damit zur endogenen Größe. Im wesentlichen werden Wechselkursänderungen durch die unterschiedlichen Wachstumsraten der in- und ausländischen Geldmenge hervorgerufen. Betreibt beispielsweise das Ausland eine stärkere expansive Geldpolitik als das Inland, dann führt dies zu einer Abwertung der ausländischen Währung bzw. zu einer Aufwertung der inländischen Währung. Bei flexiblen Wechselkursen sind die Inflationsraten der Länder nicht (wie im Falle fester Wechselkurse) zwingend voneinander abhängig. Jedes Land kann eine unabhängige Geldpolitik betreiben, womit die Inflation grundsätzlich zu einem nationalen (und nicht mehr international zwingend übertragenen) Phänomen wird. Die unterschiedlichen Geldpolitiken schlagen sich im Falle flexibler Wechselkurse in der Abwertung bzw. Aufwertung der Währung nieder.

Zahlungsbilanzgleichgewicht als wirtschaftspolitisches Ziel: Längeranhaltende Zahlungsbilanzungleichgewichte haben negative Auswirkungen auf die Volkswirtschaften. Soweit die Zentralbank am Devisenmarkt zur Aufrechterhaltung von vereinbarten Paritäten interveniert, ergeben sich im Fall eines Zahlungsüberschusses erhebliche Gefahren für die Preisstabilität, da die inländische Geldmenge zunimmt. Schließlich führen Zahlungsbilanzungleichgewichte häufig zu protektionistischen Maßnahmen. So versuchen Defizitländer, bestehende Leistungsbilanzungleichgewichte durch Zölle und Importquoten abzubauen, Kapitalimporte zu begünstigen und Kapitalexporte zu diskriminieren. Diese protektionistischen Eingriffe in die internationale Arbeitsteilung verhindern eine effiziente Allokation und führen zu Wachstumsverlusten.

1.2 Überblick

Die Außenwirtschaftstheorie beschäftigt sich mit dem Problem des internationalen Austauschs von Gütern, Dienstleistungen und Ansprüchen (Forderungen). Diese international wirksamen Transaktionen werden beeinflußt von *realen* Faktoren (Präferenzen, Technologien und Ressourcenausstattung der Länder), *monetären* Größen (Geldangebot, Geldnachfrage, absolute Preise, Wechselkurs, Zinssätze) und den nationalen bzw. internationalen *Institutionen* (vgl. etwa SAUERNHEIMER und BLOHM [1988], KRUGMAN und OBSTFELD [1988], LUCKENBACH [1994]).

Die Zusammenhänge zwischen den verschiedenen nationalen Inflationsraten, den nationalen Zinssätzen, den Wechselkursänderungen und den verschiedenen Renditen von Wertpapieren sind Gegenstand der monetären Außenwirtschaft und auch der Theorie internationaler Kapitalmärkte (Internationales Finanzmanagement). Durch die oben genannten Größen wird nicht nur der geschäftliche Erfolg von Unternehmensaktivitäten im Finanzbereich beeinflußt, sondern auch der Erfolg der Exporte und der Ertrag aus den Investitionen im Ausland. Hier besteht ein enger Zusammenhang zwischen der Theorie des Internationalen Finanzmanagements, der realen und der monetären Außenwirtschaft. Die Beschreibung und ökonomische Analyse von *Institutionen* ist für die Untersuchung internationaler Wirtschaftsbeziehungen unverzichtbar. So beeinflussen nationale und internationale institutionelle Regelungen den internationalen Handel und die internationale Mobilität von Arbeit und Kapital. Das *GATT*, die *Weltbank*, der *Internationale Währungsfond* (u.a.) haben einen erheblichen Einfluß auf die Weltwirtschaftsordnung. Diese internationalen Institutionen sind vor allem für eine politisch-ökonomische Erklärung geeignet.

Die reale Außenwirtschaft beschäftigt sich mit den realen Faktoren (Präferenzen, Technologien und Faktorausstattung) und ihren Implikationen für den Handel, für die Austauschverhältnisse und für die Vorteile des Handels. Die Theorie des Internationalen Handels zeigt, wie die realen Größen die Produktion, den Konsum, den internationalen Handel, die Relativpreise, das Faktoreinkommen und die nationale Wohlfahrt bestimmen. Ziel der Theorie des Internationalen Handels ist die Analyse von ökonomischen Transaktionen der Volkswirtschaften untereinander. Die verschiedenen Länder sind durch Güterhandel, durch Dienstleistungen, durch internationale Wanderungen der Faktoren Arbeit und Kapital, technologisches Wissen und Wechselkurse stark miteinander verflochten.

Das moderne Außenhandelsgeschehen einer Volkswirtschaft läßt sich nicht durch einen einzigen ökonomischen Erklärungsansatz beschreiben. In der vorliegenden Arbeit werden für die Studierenden einführend bekannte Ansätze der realen und der monetären Außenwirtschaftslehre vorgestellt. Wir beschäftigen uns im einzelnen mit folgenden Themen:

- *Freihandel:* Internationaler Handel bringt Wohlfahrtsgewinne für die am Leistungsaustausch beteiligten Volkswirtschaften. Freihandel ist pareto–optimal. Eine Allokation wird als pareto–optimal bezeichnet, wenn durch eine Reallokation kein Individuum besser gestellt werden kann, ohne daß ein anderes Individuum schlechter gestellt wird. In Abschnitt 2.1 vergleichen wir ein pareto–optimales Autarkiegleichgewicht mit einem pareto–optimalen Freihandelsgleichgewicht. Da der Freihandel die Restriktion der Autarkie (die inländischen Konsummöglichkeiten werden durch die inländischen Produktionsmöglichkeiten bestimmt) aufhebt, kommt es zu einem gesamtwirtschaftlichen Handelsgewinn. Die Handelsgewinne sind für ein Land um so größer, je größer die Differenz zwischen relativen Autarkie– und Freihandelspreisen ist.

- *Komparative Kostenvorteile*: Die Theorie der komparativen Kosten begründet, daß sich internationaler Handel auch dann für zwei Volkswirtschaften lohnt, wenn eines der beiden Länder alle Produkte effizienter produzieren kann, als das andere Land. Wichtig ist, daß die komparativen (relativen) Kosten in den Ländern unterschiedlich sind. Handel kommt zustande, wenn komparative Kostenvorteile, die durch Relativpreisdifferenzen übertragen werden, bestehen. Eine Einführung in die reale Außenwirtschaft beschäftigt sich vor allem mit der Erklärung von relativen Preisdifferenzen. Preisdifferenzen erklären internationale Wettbewerbsvorteile. Relative Preisunterschiede können zurückgeführt werden: (1) auf Unterschiede in den Präferenzen der in- und ausländischen Konsumenten, (2) auf Unterschiede in der verfügbaren Technologie und (3) auf unterschiedliche relative Faktorausstattungsmengen im In– und Ausland (vgl. Abschnitt 2.2).

- *Protektionismus:* Das Problem des Protektionismus, d.h. der Versuch bestimmter Länder, den internationalen Handel zu regulieren, ist von großer Aktualität. Der wachsende Gebrauch der Zoll- und Handelspolitik, insbesondere durch die Industrieländer, gehört zu den zentralen ungelösten Problemen der internationalen Arbeitsteilung. Die Realität des internationalen Handels ist durch Handelshemmnisse gekennzeichnet. Solche protektionistischen Maßnahmen zielen darauf ab, das Resultat eines freien Handels bewußt zu verändern, um damit nationale Vorteile zu erlangen. Die Analyse von Handelshemmnissen ist Gegenstand von Abschnitt 2.3.

- *Multinationale Unternehmen:* Multinationale Unternehmen sind Unternehmen, die in mehreren Ländern Tochtergesellschaften oder Zweigniederlassungen besitzen. Zur Gründung ausländischer Produktionsstätten sind in der Regel Direktinvestitionen erforderlich. Dies begründet den engen Zusammenhang zwischen internationalen Kapitalbewegungen in Form von Direktinvestitionen und Unternehmen mit einer multinationalen Organisationsform. Die Kapitalverflechtung der deutschen Wirtschaft mit dem Ausland hat sich in den Jahren 1988–1993 erheblich intensiviert. Auch der internationale Handel wird durch die multinationalen Unternehmen beeinflußt. Im Mittelpunkt der wirtschaftspolitischen Diskussion über mögliche Konsequenzen von stark zunehmenden Direktinvestitionen im Ausland steht primär die Frage, ob Auslandsinvestitionen inländischer Investoren zu einem Rückgang der Beschäftigung im Inland führen bzw., ob Auslandsinvestitionen zu einer Reduzierung der Exporte und gleichzeitig zu einem Anstieg der Importe führen. Die entscheidungstheoretische Fundierung des Problems, unter welchen Bedingungen ein Unternehmen exportiert, direktinvestiert oder eine kontraktorientierte internationale Leistungserstellung und -verwertung vornimmt, nimmt in der neueren realen Außenwirtschaft einen immer größer werdenden Raum ein (vgl. Abschnitt 2.4 und 2.5).

- *Zahlungsbilanz, Wechselkurs, Zins und Einkommen:* Internationale wirtschaftliche Probleme – wie der Wert wichtiger Währungen auf den Devisenmärkten, das große Leistungsbilanzdefizit der USA, die Anpassungsprobleme der stark verschuldeten Volkswirtschaften (in Lateinamerika und Osteuropa) und die Integration osteuropäischer Länder in die Weltwirtschaft – gehören zu den wichtigen Fragestellungen der monetären Außenwirtschaft. Wie kann man das Leistungsbilanzdefizit einer Volkswirtschaft vermindern? Reicht es aus, wenn das US-amerikanische Staatsdefizit vermindert wird oder sollte sich stattdessen der Wert des Dollars stark verändern? Eine Einführung in die monetäre Außenwirtschaft versucht zunächst vor allem folgende Fragen zu beantworten: Welches sind die Bestimmungsgründe für die Höhe des Volkseinkommens und der Beschäftigung? Suche nach den Bestimmungsgründen für die Höhe der Wechselkurse bzw. der Wechselkursänderungen. Erklärung der Zins- und der Inflationsentwicklung. Erklärung der Zusammenhänge zwischen Zahlungsbilanzungleichgewichten und der Stabilität einer Volkswirtschaft (vgl. Abschnitt 3.1, 3.2 und 3.3).

Erste Analysen der monetären Außenwirtschaft bei festen und flexiblen Wechselkursen gehen auf MUNDELL [1963] und FLEMING [1962] zurück. Mit Hilfe des Mundell-Fleming Modells lassen sich erste Antworten auf zentrale Fragestellungen der monetären Außenwirtschaft herleiten. Zu einer ersten Einführung in die monetäre Außenwirtschaft gehört neben dem Mundell-Fleming Modell auch der Erklärungsansatz von DORNBUSCH [1976]. Das Dornbusch Modell zeigt, daß flexible Wechselkurse (trotz rationaler Erwartungen und vollkommener Information) kurzfristig instabil sein können. Die Ursache liegt in diesem Erklärungsansatz bei der unterschiedlichen Anpassungsgeschwindigkeit auf Güter- und Finanzmärkten. Im Gegensatz zum monetären Ansatz der Wechselkursbestimmung ist im Dornbusch Modell der reale Wechselkurs kurzfristig variabel und kehrt erst langfristig zu seinem Ausgangswert zurück (vgl. Abschnitt 3.1 und 3.2).

- *Wechselkursrisiken:* Da sich die flexiblen Wechselkurse in einer nicht erwarteten Weise als volatil erwiesen haben, hat die Frage, wie Wechselkursschwankungen auf den Handel und die Direktinvestitionen internationaler Unternehmen wirken, in der neueren außenwirtschaftlichen und finanzwirtschaftlichen Literatur stark an Bedeutung gewonnen. Die Hypothese, wonach Wechselkursschwankungen den Handel behindern, konnte bislang empirisch nicht überzeugend belegt werden. Eine Erklärung für diese Phänomen könnte man darin sehen, daß die international tätigen Unternehmen Wechselkursrisiken im großen Umfang absichern (hedgen). Gegenstand von Abschnitt 3.4, 3.5 und 3.6 ist eine Analyse der Zusammenhänge zwischen Wechselkursunsicherheit, Exportentscheidung und Existenz von Risikomärkten am Beispiel von Devisen-Terminkontrakten und Fremdwährungskrediten. Risikomärkte haben einen erheblichen Einfluß auf die Export- bzw. Importentscheidung eines internationalen Unternehmens. Kurssicherungsmöglichkeiten führen zu einer Stabilisierung des Handels und der internationalen Arbeitsteilung.

Übungsaufgaben

1. Wie läßt sich der gegenwärtige Internationalisierungs- und Globalisierungsprozeß der Industrieländer beschreiben? Welche Bedeutung hat der internationale Handel und die internationale Kapitalverflechtung für die Bundesrepublik Deutschland?

2. Was versteht man unter der Zahlungsbilanz, wie ist sie aufgebaut und welche Arten von Transaktionen werden in ihr erfaßt?

3. Die wirtschaftswissenschaftliche Forschung untersucht die internationalen Wirtschaftsbeziehungen in drei getrennten bereichen. Beschreiben Sie kurz Gegenstand und Analysetechnik dieser Bereiche!

4. Welches sind die Prinzipien der internationalen Arbeitsteilung? Welches sind die Vorteile des Freihandels? Gibt es Verlierer aus Freihandel?

5. Wodurch werden die Struktur des internationalen Handels und das Handelsvolumen einer Volkswirtschaft bestimmt?

6. Was versteht man unter den terms of trade? Warum sind sie von so großer Bedeutung? Wodurch werden sie bestimmt?

7. Warum gibt es Protektionismus? Welche Argumente sprechen für Freihandel, welche für Handelshemmnisse?

8. Nennen Sie mögliche Bestimmungsgründe für Direktinvestitionen internationaler Unternehmen! Welche Vor- und Nachteile hat eine Auslandsproduktion im Vergleich zum Export bzw. zu einer internationalen Kooperation?

9. Welche Risiken können sich für international tätige Unternehmen aus der internationalen Arbeitsteilung ergeben?

10. Welche Möglichkeiten bieten internationale Finanzmärkte zur Sicherung von Fremdwährungsrisiken?

11. Nennen Sie wichtige Fragestellungen der monetären Außenwirtschaft!

⋆⋆⋆

Kapitel 2

Internationaler Handel

Der internationale Austausch von Gütern und Dienstleistungen ermöglicht es, von den Vorteilen einer weltweiten Arbeitsteilung zu profitieren. So nutzt beispielsweise die internationale Arbeitsteilung die ungleiche Ausstattung der Volkswirtschaften mit Ressourcen; sie nutzt darüberhinaus die Unterschiede in den verfügbaren Technologien und in den Präferenzen der Nachfrager. Damit erklären die nationalen Differenzen in der Ausstattung, im technologischen Know-how und in den Präferenzen der Nachfrager die Vorteilhaftigkeit des internationalen Handels. Darüberhinaus bietet der internationale Handel die Möglichkeit, die Vorteile aus der Massenproduktion zu nutzen. Schließlich wird den Käufern durch den internationalen Güter- und Leistungsaustausch ein breiteres Produktangebot zur Auswahl gestellt.

◊

Die reale Außenwirtschaft beschäftigt sich im wesentlichen mit folgenden Fragen:

- *Warum* kommt es überhaupt zu einer internationalen Arbeitsteilung? Es wird nach den *Bestimmungsgründen* des internationalen

Handels gesucht. Wichtigster Bestimmungsgrund für den internationalen Güter- und Dienstleistungsaustausch sind *relative Preisvorteile.*

- Durch den internationalen Handel bildet sich ein Austauschverhältnis, die terms of trade. Dieses Tauschverhältnis gibt an, wieviel Einheiten an Exportgütern für eine Importeinheit aufgewendet werden muß. *Welches* sind die Bestimmungsgründe für die Höhe dieser Austauschverhältnisse?

- Der dritte Problemkreis beschäftigt sich mit der Frage nach der *sozialen* Bewertung des internationalen Handels. Außenhandel sollte betrieben werden, wenn er die soziale Wohlfahrt eines Landes erhöht.

Die ersten beiden Fragestellungen beschäftigen sich mit der positiven Theorie der internationalen Wirtschaftsbeziehungen. Man möchte beispielsweise erklären, warum eine Volkswirtschaft Vorteile (oder Nachteile) in der Herstellung bestimmter Produkte aufweist. Mit anderen Worten, man möchte die internationale Wettbewerbsfähigkeit eines Landes erklären. Dies erfordert keine Wertung im Sinne von gut oder schlecht. Darin unterscheiden sich die beiden ersten von der dritten Frage. Sie ist normativer Art. Die normative Theorie versucht im Sinne der Wohlfahrtstheorie alternative ökonomische Zustände zu bewerten. So hat beispielsweise der Übergang von Protektionismus zu Freihandel oder die Erhebung eines Importzolls unmittelbare Rückwirkungen auf die funktionelle Einkommensverteilung der Wirtschaftssubjekte. Damit beeinflußt die internationale Arbeitsteilung die Interessen der Einkommensbezieher. Wirtschaftssubjekte (etwa die Besitzer von Arbeit und Kapital) werden unter Umständen ganz unterschiedlich durch handelspolitische Maßnahmen betroffen. Eine Analyse des sozialen Interesses für Freihandel und Protektionismus ist eine zentrale Problemstellung der realen Außenwirtschaft.

Damit lassen sich bereits erste Hinweise auf die Prinzipien der internationalen Arbeitsteilung geben. Die Prinzipien der internationalen Arbeitsteilung geben an, unter welchen Bedingungen ein vorteilhafter internationaler Leistungsaustausch zustande kommt, unter welchen Bedingungen ein Produktionsvorteil für ein Gut besteht, welches Handelsvolumen sich einstellt und welche Anpassungsprozeße aufgrund des Freihandels erfolgen (dies insbesondere in bezug auf die Allokation der Produktionsfaktoren und auf die funktionelle Einkommensverteilung). Die Prinzipien der internationalen Arbeitsteilung beziehen sich nicht nur auf den Handel, sondern auch auf die internationale Mobilität der Produktionsfaktoren von Arbeit und Kapital und damit auch auf Standortentscheidungen. Dies betrifft insbesondere die Direktinvestitionen die von multinationalen Unternehmen vorgenommen werden.

⋆⋆⋆

2.1 Freihandel

Der Nutzen der internationalen Arbeitsteilung besteht darin, daß bei gegebenem, aber effizienter genutztem Faktoreinsatz Tausch-und Spezialisierungsgewinne ermöglicht werden, die ein erhöhtes Sozialprodukt zur Folge haben. Die Verteilung der Handelsgewinne auf die Länder wird durch das Weltmarktpreisverhältnis bestimmt. So ergibt sich eine wichtige Aussage: Die gesellschaftliche Wohlfahrt eines einzelnen Landes wird durch den Übergang zum Freihandel erhöht. Selbst ein einseitiger Übergang eines Landes zum Freihandel erhöht die Wohlfahrt dieser Volkswirtschaft.

◊

Der internationale Handel ermöglicht es, von den Vorteilen einer weltweiten Arbeitsteilung zu profitieren. So nutzt die internationale Arbeitsteilung die ungleiche Ausstattung der Volkswirtschaften mit Ressourcen oder die Unterschiede in den verfügbaren Technologien und in den Präferenzen der Nachfrager. Damit erklären die nationalen Unterschiede in der Ressourcenausstattung, im technologischen Wissen und in den Präferenzen der Konsumenten einleuchtend die Vorteilhaftigkeit des internationalen Tausches. Die reale Außenwirtschaft basiert auf der wichtigen Aussage, die gesellschaftliche Wohlfahrt eines Landes wird durch Freihandel erhöht (vgl. auch BASSELER, HEINRICH und KOCH [1991]).

Andererseits hat die Einführung von Freihandel (oder die Erhebung eines Importzolls) unmittelbare Rückwirkungen auf die funktionelle Einkommensverteilung und damit auf die Interessen der Einkommensbezieher. Die Faktoreigner (die Besitzer der Produktionsfaktoren wie Kapital und Arbeit) werden unter Umständen unterschiedlich betroffen. Das soziale Interesse für Freihandel und Protektionismus wird sich unter diesen Bedingungen entlang der Faktorlinien entwickeln.

Damit lassen sich auch ganz allgemein die Prinzipien der internationalen Arbeitsteilung beschreiben. Die Prinzipien der internationalen Arbeitsteilung geben an, unter welchen Bedingungen ein internationaler Leistungsaustausch zustande kommt, unter welchen Bedingungen ein Produktionsvorteil für ein Gut besteht, welches Handelsvolumen sich einstellt und welche Anpassungsprozesse aufgrund des Freihandels erfolgen (insbesondere in bezug auf die Allokation der Produktionsfaktoren und auf die Einkommensverteilung). Die internationale Arbeitsteilung bezieht sich nicht nur auf den Güterhandel, sondern auch auf die internationale Mobilität von Produktionsfaktoren (Arbeit und Kapital) und damit auch auf Standortentscheidungen (beispielsweise Direktinvestitionen multinationaler Unternehmen).

Vorteile aus dem internationalen Handel

Die Aussage, daß Freihandel effizient sei, ist eine wichtige Erkenntis der Theorie des Internationalen Handels. Man geht vereinfachend davon aus, daß die betrachtete Volkswirtschaft zwei Güter in den Mengen x und y herstellt. Die maximalen Produktionsmöglichkeiten werden durch die Transformationskurve TT' angezeigt (vgl. *Abb. 2.1*).

Die gesamtwirtschaftliche Wohlfahrt wird durch die Indifferenzkurve U abgebildet. Ohne eine internationale Arbeitsteilung ('Autarkie') kann ein gesellschaftlicher Nutzen in Höhe von U^a realisiert werden. Im Autarkiezustand A fallen Konsum- und Produktionspunkt zusammen: $D_x = x, D_y = y$ (mit D_x, D_y werden die Konsummengen und mit x, y die Produktionsmengen bezeichnet). Die Steigung der Transformationskurve und der Indifferenzkurve ist in A gleich groß und entspricht dem Relativpreisverhältnis p^a. Mit anderen Worten: Grenzrate der Transformation $GRT_{y,x}$ und Grenzrate der Substitution $GRS_{y,x}$ entsprechen dem Autarkiepreisverhältnis p^a. Diese drei Bedingungen ($GRS_{y,x} = p^a, GRT_{y,x} = p^a$ und $x = D_x, y = D_y$) charakterisieren ein pareto–optimales Autarkiegleichgewicht. Weichen die auf dem Weltmarkt geltenden Preise p vom inländischen Autarkiepreisverhältnis ab ($p^a \neq p$), dann lohnt es sich für eine Volkswirtschaft, ihre Produktionsstruktur entsprechend den komparativen Vorteilen neu auszurichten, um Vorteile aus dem internationalen Handel wahrzunehmen. In einem pareto–optimalen Freihandelsgleichgewicht müssen ebenfalls die Grenzraten der Transformation und der Substitution dem Preisverhältnis entsprechen, aber die Bedingung, daß Produktions- und Konsummengen übereinstimmen müssen, entfällt. Damit ist Freihandel der Autarkie überlegen, obwohl beide Gleichgewichte pareto–optimal sind.

Freihandel. Gelten die Weltmarktpreise $p^f > p^a$, so kann die Volkswirtschaft durch internationalen Handel ein höheres Nutzenniveau U^f realisieren (vgl. *Abb. 2.1*). Das Land produziert in Punkt P und kon-

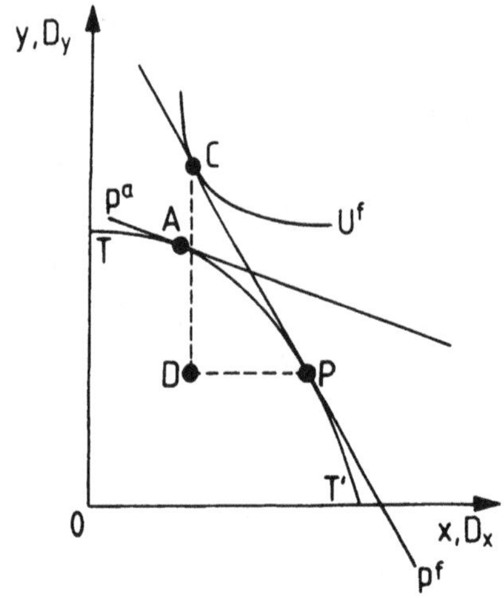

Abbildung 2.1: Freihandel

sumiert in C. Die Industrie X exportiert einen Teil ihrer Produktion (PD), und Güter der Branche Y werden aus dem Ausland importiert (CD). Der Bereich PCD bildet das Handelsdreieck, und p^f stellt die terms of trade dar.

Bei freiem internationalem Handel garantieren die Marktkräfte eine weltwirtschaftlich optimale Ressourcenallokation, aus der ein Produktionsmaximum folgt. Die Verteilung der Handelsgewinne wird durch das Weltmarktpreisverhältnis bestimmt. Die Wohlfahrtssteigerung durch den Freihandel ist auf zwei Effekte zurückzuführen: Zum einen werden durch die Spezialisierung Kostenvorteile wahrgenommen; es kommt zu Spezialisierungsgewinnen. Zum anderen kann ein Güterbündel nachgefragt werden, das ohne internationalen Handel nicht realisierbar ist (Tauschgewinne). Die Aufnahme eines freien internationalen Handels ist der Autarkie bzw. dem Protektionismus vorzuziehen, weil die Wohlfahrt eines Landes gesteigert werden kann. Der gesellschaftliche Nutzen der Welt wird durch Freihandel maximiert, aber selbst ein einseitiger Übergang nur eines Landes zu Freihandel erhöht die nationale Wohlfahrt dieser Volkswirtschaft.

Wie Tausch- und Spezialisierungsgewinne die gesamtwirtschaftlichen Vorteile aus Freihandel erklären, läßt sich anhand der *Abb. 2.2* verdeutlichen. Punkt A stellt das Autarkiegleichgewicht dar. In Autarkie fallen Produktions- und Konsumpunkt zusammen und ergeben einen gesamtwirtschaftlichen Nutzen in Höhe von U^a.

Ist der Produktionspunkt A fest vorgegeben, so ergeben sich durch den internationalen Handel dennoch Tauschvorteile $U^e > U^a$, denn der Konsumpunkt liegt nun in E, der mit einem höheren Nutzenniveau U^e verbunden ist. Ist eine Reallokation der Ressourcen und damit eine Spezialisierung in Richtung der Branche X möglich (Produktionspunkt P), so kommt es zu Spezialisierungsgewinnen, d.h. zu einem höheren Einkommen und zu einem weiteren Nutzenzuwachs (Konsumpunkt C). Die Nutzenerhöhung von U^e auf U^f entsteht durch die Spezialisierung. Gesamtwirtschaftlich ist Freihandel pareto-optimal.

Auf der einzelwirtschaftlichen Ebene ergibt sich: Internationaler Handel begünstigt die Anbieter des Exportgutes und die Nachfrager des Importgutes. Umgekehrt werden die Anbieter des Importgutes und die Nachfrager des Exportgutes durch die Öffnung der Grenzen benachteiligt. Mithin gibt es Verlierer und Gewinner. Trotzdem sind die gesamtwirtschaftlich anfallenden Gewinne stets größer als die entstehenden wirtschaftlichen Verluste, wenn eine Volkswirtschaft von Autarkie (oder Protektionismus) zu Freihandel übergeht (vgl. auch KLODT [1992]).

AUSSAGE 2.1 *(Freihandel). Die gesamtwirtschaftlichen Gewinne, die bei der Abschaffung von Handelshemmnissen entstehen, sind stets größer als die gesamtwirtschaftlichen Verluste. Dies bedeutet, daß die Wirtschaftssubjekte, die vom Übergang zu Freihandel profitieren, die Verluste der negativ betroffenen Wirtschaftssubjekte vollständig kompensieren können. Freihandel ist pareto-optimal.*

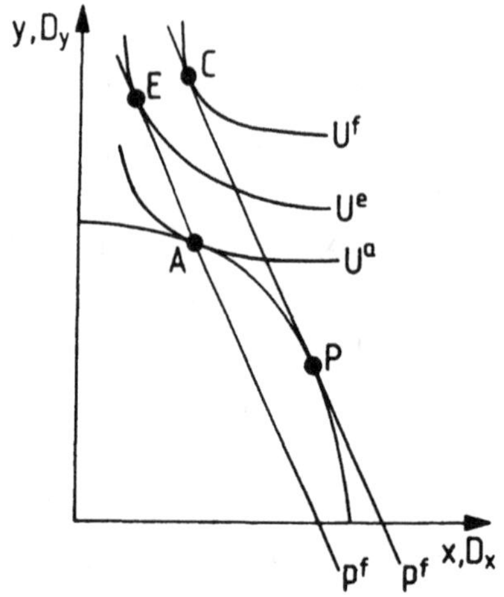

Abbildung 2.2: Handelsgewinne

Anmerkung. Institutionalisierung und wirtschaftspolitische Implikationen aus dem Freihandelstheorem. Um den Freihandel weltweit auch institutionell abzusichern, sind nach 1945 internationale Organisationen gegründet worden, die der Freihandelsidee Nachdruck verleihen sollten. Eines der wichtigsten Abkommen ist das Allgemeine Zoll- und Handelsabkommen GATT.[1]

Das GATT ist formalrechtlich ein multilaterales Handelsabkommen. Die über 110 Mitgliedsländer führen die Bezeichnung Vertragsparteien. Die folgenden drei Prinzipien des GATT bilden das Fundament dieses Vertragswerkes: Prinzip der Gegenseitigkeit (Reziprozität), Prinzip der Nicht-Diskriminierung (Meistbegünstigung), Prinzip der Liberalisierung. Das Prinzip der Gegenseitigkeit besagt, daß alle Vertragsparteien, denen von anderen GATT–Ländern handelspolitische Vorteile eingeräumt werden, gleichwertige Gegenleistungen erbringen sollen. Unter dem Prinzip der Nicht–Diskriminierung wird verstanden, daß alle

[1] General Agreement on Tariffs and Trade (GATT).

Vorteile, die ein GATT–Land einem anderen Land gewährt, auf alle Mitgliedsstaaten anzuwenden sind. Das Prinzip der Liberalisierung bedeutet schließlich, daß kein GATT–Land im internationalen Handel mit anderen GATT–Ländern neue Importbeschränkungen einführt bzw. bestehende erhöht.

Internationales Marktgleichgewicht

Ein internationales Handelsgleichgewicht weist folgende Eigenschaften auf: In einem internationalen Tauschgleichgewicht wird das Preisverhältnis gerade so bestimmt, daß *(1)* die Weltgütermärkte geräumt sind und *(2)* die Einkommensrestriktionen beider Volkswirtschaften eingehalten werden. Die Einhaltung der Einkommensrestriktionen bedeutet zugleich eine ausgeglichene Leistungsbilanz. Im Handelsgleichgewicht muß folgende Bedingung erfüllt sein (der Wert der Produktion $px + y$ entspricht dem Wert des Konsums $pD_x + D_y$):

$$p(D_x - x) + (D_y - y) = 0, \tag{2.1}$$

oder $p = IM_y/EX_x$ mit $IM_y = (D_y - y)$ und $EX_x = (x - D_x)$. Ein Handelsbilanzdefizit würde bedeuten, daß die rechte Seite der Gleichung (2.1) positiv wäre. Die Volkswirtschaft konsumiert dann mehr als sie dem Wert nach produziert. Dies ist nur möglich, wenn sich ein Land international verschuldet oder wenn es über Finanzaktiva verfügt, mit denen der Mehrkonsum finanziert werden kann. Langfristig ist jedoch eine solche ungleichgewichtige Situation nicht aufrechtzuerhalten.

Die notwendige Bedingung für Handel wird durch Unterschiede in den Relativpreisen bei Autarkie angegeben $p^a \neq p^a_*$. Die hinreichende Bedingung für internationalen Handel verlangt, daß die internationalen Austauschverhältnisse (*terms of trade*), zwischen den Autarkiepreisverhältnissen beider Länder liegen:

$$p^a < p < p^a_* \quad \text{oder} \quad p^a > p > p^a_*.$$

Wie werden die internationalen Tauschverhältnisse bestimmt? Die Tauschverhältnisse müssen sich auf den internationalen Märkten so einstellen, daß die Gütermärkte geräumt sind, denn im Gütermarktgleichgewicht entspricht das internationale Angebot der internationalen Nachfrage. Zur Veranschaulichung der Bestimmung der terms of trade werden in der Außenhandelstheorie die Tauschkurven verwendet (vgl. BORCHERT [1992]).

Das internationale Gütermarktgleichgewicht bestimmt die terms of trade, d.h. der Marktmechanismus legt über die internationalen Angebots– *und* Nachfragebedingungen den gleichgewichtigen Relativpreis fest. Nur bei Existenz eines gleichgewichtigen Relativpreises sind die Tauschpläne beider Länder konsistent: Das Exportangebot der inländischen Volkswirtschaft entspricht der Importnachfrage des Auslands. Ein funktionierendes Preissystem führt zum markträumenden internationalen Preisverhältnis p^*. Alle anderen Preisverhältnisse führen zu Ungleichgewichten im Angebot und in der Nachfrage.

Terms of trade und Wohlfahrt. Zwischen dem internationalen Tauschverhältnis (terms of trade) und der Einkommens- und Wohlfahrtsposition einer offenen Volkswirtschaft gibt es einen direkten Zusammenhang. Eine Verbesserung der terms of trade führt zu einer realen Einkommenserhöhung und damit zu einem höheren Wohlfahrtsniveau eines Landes. Eine Verschlechterung der terms of trade führt zu einer Einkommensminderung und damit zu einem gesamtwirtschaftlichen Wohlfahrtsverlust. Dieser Zusammenhang läßt sich wie folgt verdeutlichen.

Da die Differenz $(x - D_x)$ dem Export entspricht, läßt sich der terms of trade–Effekt einfacher darstellen durch:

$$dI = EX_x dp.$$

Die Einkommensänderung dI (und damit die Wohlfahrtsänderung dU) steht in einem direkten Zusammenhang mit der Veränderung der terms of trade dp. Verbessern sich die terms of trade $dp > 0$, so erhöht sich das inländische Einkommen proportional zur Exportmenge. Verschlechtern sich die Tauschrelationen $dp < 0$, so kommt es zu einer Einkommensreduktion ($dI < 0$) und damit zu einem Wohlfahrtsverlust ($dU < 0$).[2]

Zusammenfassung

Hinreichend für das Zustandekommen von Handelsgewinnen ist, daß sich die Relativpreise vor Aufnahme des Handels von den Weltmarktpreisen unterscheiden. Ein freier Außenhandel bringt allen Ländern Vorteile. Die Konsumenten können weltweit vom billigsten Angebot Gebrauch machen. Ineffiziente Produktionen und Produktionsmethoden werden durch Importe verdrängt, wodurch Produktionsfaktoren leistungsfähigeren Produktionszweigen zugeführt werden können. Die Gewinne aus dem Handel lassen sich in Konsum- und Produktionsgewinne unterteilen. Die Produzenten erzeugen einen höheren Produktionswert; die Konsumenten können mit einem höheren Einkommen ein höheres Nutzenniveau erreichen. Internationaler Handel begünstigt die Anbieter eines Exportgutes und die Nachfrager des Importgutes. Andererseits werden die Anbieter eines Importgutes und die Nachfrager eines Exportgutes durch die Öffnung der Grenzen benachteiligt. Hieraus folgen die entscheidenden Argumente für die Nachfrage nach Handelshemmnissen. Dennoch läßt sich zeigen: Die gesamtwirtschaftlichen Gewinne, die bei einem Übergang von Autarkie (oder Protektionismus) zu Freihandel anfallen, sind stets größer als die gesamtwirtschaftlichen Verluste. Dies bedeutet, daß die Wirtschaftssubjekte, die vom Übergang zu Freihandel profitieren, die Verluste der negativ betroffenen Akteure vollständig kompensieren können und nach Leistung der Kompensa-

[2] Vgl. WOODLAND [1992], SCHWEINBERGER [1992].

tionszahlungen im Vergleich zu der autarken bzw. protektionistischen Ausgangssituation gewonnen haben. Freihandel ist gesamtwirtschaftlich pareto–optimal (vgl. GLISMANN, HORN, NEHRING und VAUBEL [1986]).

◊

Übungsaufgaben

In der Beantwortung der Übungsaufgaben sollten ökonomische Interpretation, mathematische und grafische Ableitungen angewendet werden.

1. Nehmen Sie Stellung zu der folgenden Behauptung: Eine Allokation, von der aus es unmöglich ist, ein Wirtschaftssubjekt besser zu stellen, ohne gleichzeitig ein anderes Wirtschaftssubjekt schlechter zu stellen, ist allen Allokationen vorzuziehen, für die dies nicht der Fall ist!

2. Was versteht man unter der Pareto–Optimalität des Freihandels? Warum ist dieser Begriff für die Theorie des Internationalen Handels so wichtig? Diskutieren Sie!

3. Leiten Sie die Tauschkurven einer Zwei–Länder und Zwei–Sektoren Ökonomie her und stellen Sie sie im x, y Gütermengendiagramm grafisch dar! Erläutern Sie den ökonomischen Inhalt der Tauschkurven! Bezeichnen Sie das gleichgewichtige Handelsmuster und die terms of trade! Unter welchen Bedingungen ist das Handelsgleichgewicht stabil? Leiten Sie diese Bedingung analytisch und grafisch her!

4. Für In– und Ausland sind Technologie und die Faktorausstattung gegeben: (Inland) $\bar{L} = 10, x = 20L_x, y = 10L_y$, (Ausland) $\bar{L}^* = 10, x^* = 10L_x^*, y^* = 20L_y^*$. Gesucht ist die Transformationskurve! Ermitteln Sie die Grenzraten der Transformation (GRT)! Wo liegen die komparativen Vorteile? Wie lautet in diesem Beispiel der Bestimmungsfaktor

für einen internationalen Handel? Wo liegen die Vorteile aus dem internationalen Handel?

Lösungshinweis: (Lineare) Transformationskurve Inland $y = 100 - x/2$, Ausland $y^* = 200 - 2x^*$. $GRT = 1/2, GRT^* = 2$. Die GRT is gleich dem reziproken Preisverhältnis ($GRS_{yx} = p$): Das Inland besitzt einen relativen Preisvorteil für die Produktion von Gut X; das Ausland hat komparative Vorteile bei Gut Y. Der Bestimmungsgrund für Handel lautet: Internationale Unterschiede in der Technologie. Beträgt der Freihandelspreis beispielsweise $p^f = 1$, so ergeben sich Produktions- und damit Handelsvorteile für beide Länder. Die notwendige Bedingung (Unterschiede in den Opportunitätskosten) $p^a \neq p_a^*$ und die hinreichende Bedingung für Handel $p^a < p^f < p_a^*$ sind erfüllt.

5. Errechnen Sie die nutzenmaximalen Nachfragemengen $D_x(p_x, p_y, I)$ und $D_y(p_x, p_y, I)$ bezüglich der Präferenzfunktion $U = D_x D_y$ und unter der Nebenbedingung $p_x D_x + p_y D_y = I$, wobei I das verfügbare Einkommen und p_x, p_y die Preise der beiden Güter bezeichnen. Es gelte $p_x = 1, p_y = 2$ und $I = 30$.

6. Das Inland habe die Präferenzen $U = D_x^\alpha D_y^{1-\alpha}$. Für das Ausland ist folgende Präferenz gegeben $U^* = D_x^\beta D_y^{1-\beta}$. Inland und Ausland verfügen über eine Güterausstattung: $\bar{x} = 1, \bar{y} = 0$ und $\bar{x}^* = 0, \bar{y}^* = 1$. Ermitteln Sie den Relativpreis p_x/p_y im Marktgleichgewicht!

   Lösungshinweis: Der internationale Gütermarkt X befindet sich im Gleichgewicht, wenn $D_x + D_x^* = 1$ erfüllt ist. Die Nachfrage lautet: $D_x = \alpha I/p_x$ und $D_x^* = \beta I^*/p_x$ mit $I = p_x$ und $I^* = p_y$, den Einkommen der Länder. Der Gleichgewichtspreis lautet demnach: $p_x/p_y = \beta/(1-\alpha)$. Der Gleichgewichtspreis p wird somit erklärt durch die Güterausstattung und die Präferenzen der Konsumenten in beiden Ländern.

7. Die inländische Nachfrage und das inländische Angebot von Gut X ist wie folgt berechnet worden: $D_x = 100 - p, x = 2p - 50$, wobei p den Relativpreis von Gut X bezeichnet. Die Nachfrage und das Angebot

auf dem Weltmarkt lautet: $D_x^* = 200 - 2p^*$, $x^* = 10p^* - 40$. Der internationale Handel verursacht Transportkosten in Höhe von $t = 5$. Auf allen Märkten herrscht vollkommene Konkurrenz. (a) Ermitteln Sie den Inlandspreis und den Weltmarktpreis bei Freihandel (Hinweis: $p = p^* + t$). Wird Gut X vom Inland exportiert oder importiert? (b) Zeigen Sie, daß Freihandel vorteilhaft ist!

⋆⋆⋆

2.2 Relativer Preisvorteil

Eine Einführung in die Theorie des Internationalen Handels beginnt damit, daß zunächst die allgemeine Frage "Warum kommt es zum internationalen Handel?" gestellt wird. Es lassen sich folgende Bestimmungsgründe unterscheiden: Nicht–Verfügbarkeiten, Preisunterschiede.

◇

Der internationale Handel kann darauf beruhen, daß bestimmte Güter in bestimmten Ländern nicht verfügbar sind und somit importiert werden müssen. Die Ursache der Nicht–Verfügbarkeit kann dabei auf geologische, klimatische oder technische Bedingungen zurückgeführt werden.

Die Theorie des Internationalen Handels beschäftigt sich insbesondere mit der Erklärung relativer Preisdifferenzen als Ursache des Handels. Werden im In– und Ausland die selben Güter hergestellt, aber zu jeweils unterschiedlichen Preisen, so besteht für die Wirtschaftssubjekte im In– und Ausland ein Anreiz, Güter über die nationalen Grenzen hinweg zu handeln. Gibt es im Ausland relativ preisgünstige Produkte, so kommt es zu Importen. Sind die inländischen Hersteller in bestimmten Gütern konkurrenzfähiger, so kommt es zu Exporten. Preisdifferenzen erklären Richtung und Umfang des Handels. Worauf sind Preisdifferenzen zurückzuführen? Relative Preisunterschiede können zurückgeführt werden *(1)* auf Unterschiede in den *Präferenzen* der in- und ausländischen Nachfrager, *(2)* auf Unterschiede in den zur Verfügung stehenden *Technologien* und *(3)* auf unterschiedliche relative ***Faktorausstattungen*** im In– und Ausland (das sogenannte Heckscher–Ohlin Modell). Dieser Heckscher–Ohlin Ansatz ist ganz zentral für die reale Außenwirtschaft. Es handelt sich um einen Ansatz mit zwei Ländern, zwei Gütern (zwei Sektoren) und zwei Produktionsfaktoren. Die Produktionsfaktoren (Arbeit und Kapital) sind intersektoral mobil, aber international immobil. Seine wesentliche Aussage ist das Heckscher–Ohlin Theorem. Ein Land exportiert das Gut, bei dessen Produktion der relativ reichlich vorhandene Produktionsfaktor intensiv genutzt wird.

Komparative Kosten

International wirksame Preisvorteile (Wettbewerbsvorteile) werden durch komparative Kostenvorteile erklärt. Die Theorie der komparativen Kosten wird im allgemeinen mit dem Namen DAVID RICARDO (1772–1823) verbunden. Er stellte fest, daß nicht die absoluten, sondern die relativen Vorteile den internationalen Handel zu einem wirtschaftlichen Vorgang macht, der die Wohlfahrt der beteiligten Länder steigern kann. **D. Ricardo**

Zur Vereinfachung beschränken wir die Zahl der handeltreibenden Länder auf zwei, Inland und Ausland (⋆), und die Zahl der gehandelten Güter ebenfalls auf zwei, X und Y. Das Zahlenbeispiel in *Tabelle 2.1* repräsentiere die Produktionsbedingungen im In– und Ausland. Werden alle Produktionsfaktoren in der Branche X eingesetzt, können im Inland 30 Einheiten und im Ausland 5 Mengeneinheiten von Gut X hergestellt werden. Sind alle Faktoren in der Branche Y beschäftigt, können maximal 10 Einheiten bzw. 5

Tabelle 2.1: Produktionsbedingungen

Produktionsmenge:	x	y
Inland	30	10
Ausland ($\star$)	5	5

Mengeneinheiten hergestellt werden. Da das Inland sowohl mehr von Gut X als auch mehr von Gut Y herstellen kann als das Ausland, besitzt das Inland einen absoluten Vorteil in der Herstellung beider Güter. Kann es unter diesen Bedingungen zu einem vorteilhaften internationalen Handel kommen?

Das Ausland besitzt komparative Vorteile in der Herstellung von Gut Y. Das Inland verfügt über komparative Vorteile in Gut X. Auf der Basis der komparativen Kosten lassen sich aus den Mengenangaben der *Tabelle 2.1* die nationalen Produktionskosten und Preisverhältnisse herleiten. So folgt aus *Tabelle 2.1* für das Inland mit den alternativen Produktionsmengen 10 Mengeneinheiten (ME) von Y oder 30 ME von X, daß die Kosten der Produktion von 10 ME Y im Verzicht auf die Produktion von 30 ME X liegen, 1 ME von Gut Y mithin 3 ME von Gut X *kostet.* Analog *kostet* die Produktion von 5 ME von Gut Y im Ausland den Verzicht von 5 ME von Gut X, so daß eine ME von Gut Y 1 ME von Gut X "kostet". Die Kostenbedingungen und das nationale Preisverhältnis (wegen der Annahme vollständiger Konkurrenz auf allen Märkten) sind gleich dem Kehrwert der nationalen Mengenverhältnisse. In unserer Schreibweise:

$$\frac{p_y}{p_x} = \frac{30}{10} = 3 \qquad \frac{p_y^*}{p_x^*} = \frac{5}{5} = 1,$$

oder ausgedrückt im Relativpreis von Gut X in Autarkie:

$$p^a = 1/3 < p_*^a = 1,$$

mit $p = p_x/p_y$. Diese Interpretation von "Kosten" nennt man *Opportunitätskosten.* Da der Relativpreis von Gut X im Inland niedrig (0,33), im Ausland jedoch hoch (1,0) ist, hat das Inland einen komparativen Vorteil in der Herstellung von Gut X, und das Ausland in der Y-Produktion. Das Inland wird

Gut X exportieren und Gut Y importieren. Diese Handelsstruktur gemäß der komparativen Vorteile beider Länder erweist sich als vorteilhaft, da beide Länder für ihre Exporte vom Handelspartner mehr Güter erhalten, als sie bei Verzicht auf den Export in nationaler Produktion hätten erzeugen können. Die Höhe der Handelsgewinne ist abhängig vom Niveau der Weltmarktpreisverhältnisse. Die Handelsgewinne sind dabei für ein Land um so größer, je stärker das Weltmarktpreisverhältnis vom Autarkiepreisverhältnis dieser Volkswirtschaft abweicht. In unserer Schreibweise: Je größer die Differenz $p - p^a$ ($p_*^a - p$), um so größer die inländischen (ausländischen) Handelsgewinne. Dieses Ergebnis führt uns zu folgender Aussage: *Außenhandel ist für beide Handelspartner nur dann gewinnbringend, wenn das Weltmarktpreisverhältnis zwischen den nationalen Preisverhältnissen liegt.* Eine wichtige Frage die viele Studierende der wirtschaftswissenschaftlichen Fächer in diesem Zusammenhang immer wieder beschäftigt, lautet: Kann eine derartige, auf komparative Vorteile abstellende Theorie den internationalen Handel erklären? Die international tätigen Unternehmen orientieren sich doch an den absoluten Kosten- und Preisvorteilen? Die Frage ist zu bejahen, da absolute Kosten- und Preisvorteile nur bei Gütern bestehen können, die mit komparativen Kostenvorteilen hergestellt werden. Die Orientierung an den komparativen Kosten führt zum gleichen Ergebnis wie die in der Praxis zu beobachtende Orientierung an den absoluten Kosten- und Preisvorteilen, wenn flexible Preise unterstellt werden können. Das Ergebnis unserer Analyse läßt sich wie folgt zusammenfassen:

AUSSAGE 2.2 *(Komparativer Vorteil). Eine Volkswirtschaft exportiert das Gut, dessen komparative Kosten niedriger sind als in dem anderen Land. Sind die relativen Produktionskosten im In- und Ausland gleich, so kommt kein Handel zustande. Die notwendige Bedingung für Handel verlangt, daß die Autarkiepreisverhältnisse zwischen den Handelspartnern unterschiedlich sind. Hinreichend für das Zustandekommen von*

Handel ist, daß das Weltmarktpreisverhältnis zwischen den Autarkiepreisverhältnissen liegt.

Bestimmungsgründe

Inländische Hersteller verkaufen ihre Produkte im Ausland, wenn sie dort höhere Preise als im Inland erzielen können. Inländische Konsumenten fragen ausländische Güter nach, wenn deren Marktpreise im Ausland unter denen der heimischen Wirtschaft liegen. Auf die Frage, warum es zu Preisunterschieden und damit zu einem internationalen Handel kommt, lassen sich drei Bestimmungsgründe nennen: Unterschiede (1) in den Präferenzen, (2) der Technologie und (3) der Faktorausstattung zwischen den Volkswirtschaften. Unterschiede in den nationalen Angebots- bzw. Nachfragebedingungen erklären Relativpreisunterschiede und damit international wirksame Wettbewerbsvorteile (vgl. GANDOLFO [1987]). Dies soll im folgenden veranschaulicht werden.

(1) Präferenzen

Aus Unterschieden in den Präferenzen der in– und ausländischen Konsumenten lassen sich komparative Vorteile herleiten. Zur Vereinfachung nehmen wir an, daß die Güterausstattung im In– und Ausland identisch ist. Im Autarkiegleichgewicht, d.h. vor Aufnahme des Handels, muß die Bedingung erfüllt sein, daß das nationale Güterangebot $\bar{x}, \bar{y}$ der nationalen Güternachfrage D_x, D_y entspricht: $D_x = \bar{x}, D_y = \bar{y}$. Im Nutzenmaximum ist folgende Bedingung erfüllt: Die Grenzrate der Substitution zwischen den Gütern Y und X muß dem Preisverhältnis p entsprechen: $GRS_{y,x} = p$.

In einem pareto–optimalen Autarkiegleichgewicht gilt demnach: Die

Grenzrate der Substitution entspricht dem Autarkiepreisverhältnis, d.h. $GRS_{y,x} = p^a$. Für die ausländische Volkswirtschaft muß analog gelten: $GRS^*_{y,x} = p^a_*$. Angenommen, die ausländischen Konsumenten haben eine relativ starke Präferenz für Gut X und die inländischen Konsumenten eine Vorliebe für Gut Y. Unterschiede in den nationalen Präferenzen übertragen sich direkt in relative Preisunterschiede, so daß $p^a = GRS_{y,x} < p^a_* = GRS^*_{y,x}$. Der Relativpreis für Gut X ist demnach im Ausland größer als im Inland. **Präferenz**

Unterschiede in den Relativpreisen bei Autarkie sind eine notwendige Bedingung für Handel. Liegt der Freihandelspreis p zwischen den Autarkiepreisverhältnissen $p^a < p < p^a_*$, so kommt es zum internationalen Handel. Dies ist die hinreichende Bedingung für Handel. In diesem Fall ergeben sich vorteilhafte Tauschbeziehungen, indem das Inland die Güter Y importiert und Güter der Branche X exportiert. In einem pareto-optimalen Freihandelsgleichgewicht entspricht die Grenzrate der Substitution dem Freihandelspreisverhältnis $GRS_{y,x} = GRS^*_{y,x} = p$ mit $p^a < p < p^a_*$.

Die Konsumpunkte bei Autarkie und Freihandel A und C sind in *Abb. 2.3* festgehalten (In *Abb. 2.3* bezeichnen U^a und U^f das gesamtwirtschaftliche Nutzenniveau bei Autarkie bzw. bei Freihandel). Die Differenz zwischen den Konsum- und Produktionsmengen wird durch den internationalen Handel ausgeglichen. Grafisch wird dies als Handelsdreieck CDP ausgewiesen. Im Freihandelsgleichgewicht entspricht der Exportwert dem Importwert eines jeden Landes. Damit wird deutlich: Der Freihandel löst die starke Restriktion, daß die Konsummengen den Produktionsmengen entsprechen müssen, auf. Dafür bringt der Handel eine neue Restriktion, nämlich die einer ausgeglichenen Handelsbilanz. Bewertet zu den Weltmarktpreisen muß der Exportwert dem Importwert entsprechen: $p(x - D_x) = (D_y - y)$.

AUSSAGE 2.3 *(Präferenzen). Bei identischer Güterausstattung expor-*

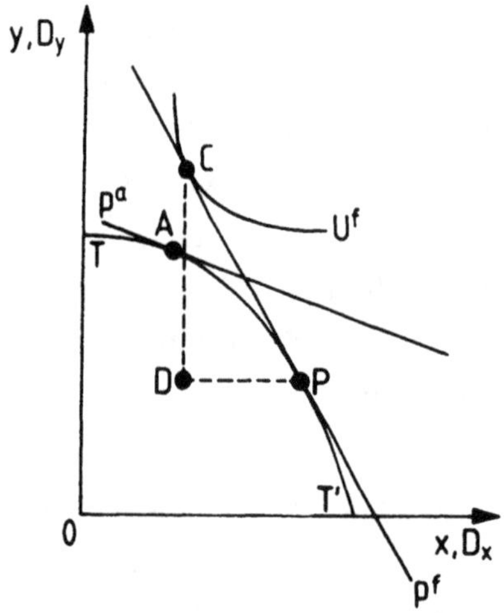

Abbildung 2.3: Handelsdreieck

tiert ein Land das Gut, das vor Aufnahme des Handels in diesem Land weniger stark und im anderen Land stärker nachgefragt wird.

Übungsaufgabe: Wir betrachten ein 2 x 2 x 2 Modell (zwei Länder, zwei Güter, zwei Produktionsfaktoren). Beantworten Sie die Frage nach der Handelsstruktur! Welches Land wird welches Gut exportieren? Das Inland (Ausland) verfüge über eine Faktoraustattung in Höhe von $K = 1, L = 1 (K^* = 1, L^* = 1)$. Die Technologie ist in beiden Ökonomien identisch mit $x = K^{2/3}L^{1/3}, y = K^{1/3}L^{2/3}$. Die Präferenzen der Konsumenten im Inland lauten: $U = D_x D_y^{1/2}$. Die ausländische Präferenzfunktion sei $U^* = D_x^* D_y^*$. Die Ökonomien unterscheiden sich nur in den Präferenzen. Wo liegen die komparativen Vorteile?

(2) Technologie

Im folgenden *Ricardo* Modell soll anhand einfacher Überlegungen gezeigt werden, wie relative Kostenvorteile auf relative Produktivitätsvorteile (Technologieunterschiede) zurückgeführt werden können. Wir betrachten zwei Volkswirtschaften (In- und Ausland) mit jeweils zwei Industrien X und Y. Es existiert nur ein Produktionsfaktor, nämlich Arbeit L. Die Technologie der beiden Industrien wird durch die Gleichung (2.2) für das Inland beschrieben:

$$L_x = a_{Lx}x \quad \text{und} \quad L_y = a_{Ly}y. \tag{2.2}$$

Die Konstanten a_{Lx}, a_{Ly} stellen die Arbeitsverbrauchskoeffizienten dar, bzw. der Ausdruck $1/a_{Lx}, 1/a_{Ly}$ entspricht der Arbeitsproduktivität in der jeweiligen Industrie. Je größer der Verbrauchskoeffizient ist, um so kleiner ist die Arbeitsproduktivität. Vollkommene Konkurrenz auf den Güter- und Faktormärkten bedeutet, daß die Güterpreise und die Faktorpreise für die einzelnen Unternehmen gegeben sind. Arbeit ist intersektoral vollkommen mobil. Der Lohnsatz w ist in beiden Industrien identisch. Ferner impliziert vollkommene Konkurrenz, daß langfristig keine Gewinne auftreten, d.h. der Erlös $p_x x$ entspricht den Produktionskosten $wa_x x$. Mit anderen Worten: Der Stückerlös entspricht den Stückkosten $p_x = wa_{Lx}$ und $p_y = wa_{Ly}$. Für das Güterpreisverhältnis in Autarkie ergibt sich demnach:

$$\left(\frac{p_x}{p_y}\right)^a = \frac{a_{Lx}}{a_{Ly}}.$$

Wenn man unterstellt, daß das Inland einen relativen Produktivitäts- **Technologie**
vorteil bei der Herstellung von Gut X besitzt, dann folgt daraus:

$$p^a < p_*^a, \quad \text{wenn} \quad \frac{a_{Lx}}{a_{Ly}} < \frac{a_{Lx}^*}{a_{Ly}^*}. \tag{2.3}$$

Der Relativpreis von Gut X ist im Inland vor Aufnahme des Handels geringer als im Ausland. Das Inland besitzt einen internationalen Preisvorteil in der Industrie X, weil es in der Herstellung von Gut X über einen komparativen Kostenvorteil verfügt. Das Ausland verfügt über einen relativen Preisvorteil in der Herstellung von Gut Y. Die notwendige

Bedingung für Handel $p^a \neq p_*^a$ ist erfüllt. Liegt der Freihandelspreis p zwischen den Relativpreisen vor Aufnahme des Handels $p^a < p < p_*^a$, so exportiert das Inland Gut X und importiert Gut Y. Beide Ökonomien gewinnen aus dem internationalen Handel. Als Ergebnis läßt sich festhalten:

AUSSAGE 2.4 *(Technologie). Eine Volkswirtschaft exportiert jene Güter, in deren Erzeugung es relative Produktivitätsvorteile hat.*

Übungsaufgabe: Wir betrachten ein 2 x 2 x 2 Modell (zwei Länder, zwei Güter, zwei Produktionsfaktoren). Beantworten Sie die Frage nach der Handelsstruktur! Welches Land wird welches Gut exportieren? Die Faktorausstattung sei $K = 1, L = 1, K^* = 1, L^* = 1$. Die Technologie im Inland sei: $x = K^{2/3}L^{1/3}, y = K^{1/3}L^{2/3}$. Die Technologie der ausländischen Volkswirtschaft: $x^* = 1,1K^{2/3}L^{1/3}, y^* = K^{1/3}L^{2/3}$. Die Ökonomien unterscheiden sich nur in den verfügbaren Technologien. Welche Volkswirtschaft exportiert welches Gut?

(3) Faktorausstattung

Im oben dargestellten Ricardo Modell ging man davon aus, daß zwischen den handeltreibenden Ländern Unterschiede in den Produktivitäten vorliegen. Produktivitätsunterschiede führen zu komparativen Vorteilen und liefern damit einen Bestimmungsgrund für Handel. Im *Heckscher-Ohlin* Modell bestehen nur Unterschiede zwischen den Ländern in den relativen *Faktorausstattungsmengen.* Technologien und Präferenzen sind im In- und Ausland annahmegemäß identisch. Nach dem sogenannten Heckscher-Ohlin Theorem spezialisieren sich Länder in der Weise, daß sie verstärkt jene Güter produzieren, die den im Land vergleichsweise reichlicheren Faktor intensiv nutzen. So spezialisieren sich kapitalreiche Länder auf kapitalintensiv produzierte Güter.

Arbeitsreiche Länder spezialisieren sich auf arbeitsintensiv hergestellte Güter.

Die betrachteten Länder verfügen über identische Technologien und identische Präferenzen und unterscheiden sich nur in der relativen Ausstattung an Arbeit und Kapital ($K/L \neq K^*/L^*$). Wenn eine Volkswirtschaft relativ kapitalreich ist, so ist zu erwarten, daß Kapital preiswerter ist als Arbeit, und somit das kapitalintensiv produzierte Gut entsprechend kostengünstig hergestellt werden kann. Aus diesem Zusammenhang, also zwischen relativer Faktorreichlichkeit und der Faktorintensität in der Produktion ergeben sich komparative Kostenvorteile und damit internationale Preisvorteile. Aus Preisvorteilen wiederum ergeben sich Wettbewerbsvorteile auf internationalen Märkten. **Ausstattung**

Übertragen auf eine Analyse mit zwei (bis auf die relative Faktorausstattung) identischen Volkswirtschaften läßt sich daraus das Heckscher-Ohlin Theorem ableiten. Besitzt das Inland relativ mehr Kapital als das Ausland ($K/L > K^*/L^*$), dann ergeben sich für das Inland komparative Kostenvorteile und damit relative Preisvorteile für das kapitalintensiv produzierte Gut X: $p^a < p^a_*$. Das Ausland besitzt komparative Vorteile in der Herstellung von Gut Y: $1/p_a > 1/p^*_a$. Das Inland wird Gut X exportieren und Gut Y importieren.

AUSSAGE 2.5 *(Faktorausstattung). Eine Volkswirtschaft exportiert das Gut, dessen Produktion faktorintensiv ist in bezug auf den relativ reichlich vorhandenen Produktionsfaktor (Heckscher–Ohlin Theorem).*

Übungsaufgabe: Wir betrachten ein 2 x 2 x 2 Modell (zwei Länder, zwei Güter, zwei Produktionsfaktoren). Beantworten Sie die Frage nach der Handelsstruktur! Welches Land wird welches Gut exportieren? Die Faktorausstattung im In- und Auland sei gegeben mit: $K = 1, L = 1, K^* = 2, L^* = 4$. Die Technologien sind in beiden Volkswirtschaften identisch, d.h. $x = K^{2/3}L^{1/3}, y = K^{1/3}L^{2/3}$. Die Präferenzen sind wie folgt gegeben: $U = D_x D_y, U^* = D^*_x D^*_y$. Die Volkswirtschaften unterscheiden sich nur in der

Faktorausstattung (Faktorproportion). Wie lautet die Handelsstruktur?

Der relativ reichliche Produktionsfaktor ist in einem Marktsystem relativ billig, so daß eine Spezialisierung auf Produkte, die diesen Faktor in der Produktion relativ stark beanspruchen, komparative Kostenvorteile begründet. Der relativ knappe Faktor ist in einem Marktsystem relativ teuer, so daß eine Spezialisierung auf Produkte, die diesen Faktor relativ stark verwenden, komparative Kostennachteile begründet. Relativ arbeitsreiche Länder sind danach Niedriglohnländer (Hochzinsländern) und sich, wegen ihrer komparativen Kostenvorteile auf arbeitsintensive Güter spezialisieren. Relativ arbeitsarme Länder müssen danach Hochlohnländer sein, die sich gemäß ihrer komparativen Kostenvorteile (Niedrigzinsländer) auf relativ kapitalintensive Güter spezialisieren.

Zusammenfassung

Spezialisierung und internationaler Handel sind vorteilhaft, wenn komparative Kostenunterschiede zwischen den Ländern bestehen. Die Theorie der komparativen Vorteile besagt, daß eine Volkswirtschaft jene Güter und Dienste, bei denen sie komparative Kostenvorteile besitzt, exportiert. Die Orientierung an den komparativen Vorteilen führt zum gleichen Ergebnis wie die in der Realität zu beobachtende Orientierung an den absoluten Vorteilen, vorausgesetzt, daß die Preise flexibel sind. Komparative Kostenvorteile führen zu relativen Preisvorteilen und liefern damit eine notwendige Bedingung für den internationalen Handel. Relativpreisdifferenzen können ihrerseits erklärt werden durch länderspezifische Unterschiede in den Präferenzen der Nachfrager, in den zur Verfügung stehenden Technologien und in der relativen Faktorausstattung.

Als Ausgangspunkt für ein Handelsmodell in der Außenwirtschaftstheorie wird häufig das Heckscher–Ohlin Modell gewählt. Dieses Modell ist ein Zweisektorenmodell, in dem die Produktionsfaktoren, Arbeit und Kapital, zwischen den beiden Branchen der Wirtschaft vollständig mobil sind. Das Heckscher–Ohlin Theorem prognostiziert, daß das kapitalreiche Land das kapitalintensive Gut exportiert und arbeitsintensive Güter importiert. Anpassungsprozesse nach Aufnahme des Handels werden durch das Stolper–Samuelson Theorem und das Rybczynski Theorem beschrieben. Faktorpreisrelationen und die realen Faktorpreise gleichen sich durch den internationalen Handel an. Im Grenzfall kommt es zu einem vollkommenen internationalen Faktorpreisausgleich. Damit entfällt auch der Bestimmungsgrund für einen (zusätzlichen) internationalen Handel (vgl. KOWALCZYK und IESAR [1993]).

Die Grenzen der Theorie der komparativen Kosten? Wie in diesem Kapitel gezeigt wurde, können komparative Kostenvorteile den inter–industriellen Handel erklären. Der inter–industrielle Handel, wie er zwischen den sehr unterschiedlichen Industrie– und Entwicklungsländern besteht, wird durch komparative Kostenvorteile bestimmt. Zur Erklärung des intra–industriellen Handels (eines internationalen Handels mit Gütern derselben Branchen), wie er zwischen den relativ ähnlichen Industrieländern stattfindet, leistet das Theorem der komparativen Vorteile keinen Beitrag. Dies liegt daran, daß Aspekte der Produktdifferenzierung (beispielsweise die Präferenz der Nachfrage für Produktunterschiede) und Vorteile der Massenfertigung nicht berücksichtigt werden. Diese Lücke versucht die Theorie der intra–industriellen Arbeitsteilung zu schließen (vgl. dazu auch SIEBERT und RAUSCHER [1991], BROLL [1993a], WAGNER [1993]).

Übungsaufgaben

1. "Internationaler Handel ist auch dann vorteilhaft, wenn eine der beiden betrachteten Volkswirtschaften alle Produkte absolut billiger anbieten kann." Erläutern Sie diese Aussage!

2. Wieso spielen bei der Erklärung des internationalen Handels komparative Vorteile (und nicht absolute Kostenvorteile) die ausschlaggebende Rolle?

3. Verdeutlichen Sie die Aussage des Heckscher–Ohlin Theorems grafisch und erklären Sie das Resultat!

4. Erklären Sie, worauf im Rahmen der Ricardo–Theorie der komparative Vorteil einer Volkswirtschaft gründet!

5. Erläutern Sie, worauf im Zusammenhang der Heckscher–Ohlin Theorie der komparative Kostenvorteil einer Ökonomie gründet. Diskutieren Sie auch kurz die wesentlichsten Implikationen aus diesem Ansatz!

⋆⋆⋆

2.3 Zoll– und Handelspolitik

Störungen in den Prinzipien der internationalen Arbeitsteilung, d.h. die Versuche von Regierungen, den internationalen Austausch von Gütern und Diensten zu regulieren und die internationalen Faktorwanderungen zu kontrollieren, werden in der realen Außenwirtschaft unter dem Begriff Protektionismus behandelt. Ziel dieses Kapitels ist es, wichtige handelspolitische Maßnahmen der Gegenwart kennenzulernen.

◇

In bezug auf die wichtige Frage *Freihandel oder Protektionismus?* ist für die Weltwirtschaft zur Zeit ein interessanter Gegensatz feststellbar. Auf der einen Seite gibt es starke Globalisierungs– und Internationalisierungstendenzen in weiten Bereichen der Volkswirtschaften. Auf der anderen Seite gibt es aber starke nationale Bestrebungen, die internationale Arbeitsteilung durch handelspolitische Maßnahmen zu regulieren.

Denn trotz der Internationalisierung der Wirtschaften haben wir es mit Nationalstaaten und nationalen Egoismen zu tun.

Obwohl das Allgemeine Zoll- und Handelsabkommen *(GATT)*, das die völkerrechtliche Basis für einen freien internationalen Handel darstellt, die Unterzeichnerländer eigentlich davon abhalten sollte, den internationalen Austausch von Gütern und Diensten durch tarifäre und nicht-tarifäre Handelshemmnisse zu behindern, haben nationale Gesetze, Verordnungen und administrative Regelungen zu einer Vielzahl von Handelshemmnissen geführt. Diese treten in offener oder versteckter Form auf und behindern den internationalen Leistungsaustausch. Im folgenden werden einige wichtige handelspolitische Instrumente und deren Wirkungen auf den Handel dargestellt. Weiterhin interessiert uns die Frage, *warum* es überhaupt zu Zöllen, Importkontingenten usw. kommt. Diese Fragestellung ist Gegenstand der *Politischen Ökonomie* des Protektionismus. Die Politische Ökonomie stellt einen vielversprechenden Ansatz dar, ökonomische *und* politische Aspekte miteinander zu verbinden (siehe dazu FREY [1985]).

Zoll- und Außenhandelspolitik

Der Protektonismus stellt einen schwerwiegenden Eingriff in die internationale Arbeitsteilung dar. Protektionistische Maßnahmen werden von Regierungen ergriffen, um den Umfang, die Struktur und die Richtung der grenzüberschreitenden Güter- und Leistungsströme zu regulieren und die internationalen Faktorwanderungen von Arbeit und Kapital zu kontrollieren. Der Protektionismus zielt darauf ab, den Marktzugang ausländischer Anbieter zu erschweren und die internationale Wettbewerbsfähigkeit der inländischen Hersteller auf den Märkten künstlich zu verbessern.

Die wichtigsten Instrumente der Außenhandelspolitik in Marktwirtschaften sind *Zölle* und *Kontingente* (Importquoten) auf Wareneinfuhren. Zölle sind Abgaben, die beim internationalen Güter– und Leistungsaustausch entstehen. Kontingente sind mengenmäßige Beschränkungen des internationalen Leistungsaustauschs. Ein weiteres Instrument, die internationale Arbeitsteilung zu steuern, sind bilaterale *Handelsverträge* die zwischen den Ländern abgeschlossen werden. Solche international wirksamen Verträge sind beispielsweise die von der Europäischen Gemeinschaft mit den Entwicklungsländern abgeschlossenen bilateralen Handelsabkommen.

Handels–politik

Neben Importzöllen, Importquoten und bilateralen Handelsabkommen gibt es eine weitere große Anzahl von handelspolitischen Maßnahmen, die den grenzüberschreitenden Leistungsaustausch erschweren. In der folgenden Aufstellung sind solche handelspolitischen Instrumente aufgeführt:[3] Einfuhrgenehmigungsvorschriften, Diskriminierende, Zollwertermittlung, Standards, Mindestqualitäten, technische Anforderungen, Variable Abschöpfungen, Internationale Selbstbeschränkungsabkommen (VER's), Internationale Kartelle, Exportsubventionen.

Im folgenden beschränken wir uns auf eine Untersuchung der Wirkungen von Importzöllen und -quoten auf den internationalen Handel und die nationale Wohlfahrt. Handelsbeschränkungen, die von den exportierenden Ländern selbst eingeführt werden, nennt man freiwillige Exportbeschränkungen (VER's: Voluntary Export Restraints). Die exportierenden Länder wollen damit stärkere protektionistische Maßnahmen der Importländer vermeiden. So verpflichtet sich Japan, die Exporte in die USA zu beschränken, um drohenden Importzöllen und Importkontingenten zu entgehen. Freiwillige Exportbeschränkungen sind das Ergebnis von Verhandlungen zwischen den Regierungen der Länder (vgl. FREY [1985]).

[3]Vgl. auch GLISMANN, HORN, NEHRING und VAUBEL [1986].

Importzoll

Ein Importzoll läßt Produktionszweige expandieren, die ohne Zoll nicht wachsen würden. Ein Verzicht auf Zollabbau läßt Branchen am Markt verbleiben, die möglicherweise ohne Zoll ausscheiden müßten. Branchen werden geschützt, man spricht also von einem Schutzzoll. Welche Gründe sprechen für einen Zollschutz? Einige Motive werden hier genannt: *(1)* Aus nationalen Gründen werden Branchen oft geschützt, um eine Selbstversorgung aufrechtzuerhalten (z.B. Landwirtschaft, Bergbau, Industrien, die für die nationale Verteidigung wichtig sind). *(2)* In Branchen mit sinkenden Durchschnittskosten ("Gesetz der Massenproduktion", d.h. es liegen zunehmende Skalenerträge in der Produktion vor) kann der Fall eintreten, daß ausländische, bereits auf dem Weltmarkt etablierte Unternehmen, Größenvorteile besitzen, die den inländischen Unternehmen in der betreffenden Branche keine Entwicklungschancen gewähren. Das bedeutet: bevor inländische Unternehmen die Vorteile der Produktionsgröße erreichen können, würden sie bereits von ausländischen Anbietern vom Markt verdrängt werden. Für eine solche Konstellation wird oft ein sogenannter *Erziehungszoll* gefordert. Man spricht auch vom *infant-industry* Argument. *(3)* Die an Handelshemmnissen interessierten Wirtschaftszweige führen sehr häufig das Argument von der importbedingten Arbeitslosigkeit an. Insbesondere in Zeiten hoher Arbeitslosigkeit wird darauf hingewiesen, daß zunehmende Importe die Zahl der Arbeitsplätze im Inland verringern. Das Ziel der Handelspolitik wird von den Befürwortern protektionistischer Maßnahmen darin gesehen, Vollbeschäftigung zu garantieren. Aber der Beschäftigungsgrad in einer Volkswirtschaft hängt nicht von der Handelspolitik ab, sondern primär von den Lohnkosten.

Zollwirkungen. Warum wird ein Importzoll eingeführt, wenn Freihandel pareto-optimal ist? Die wichtigste Erklärung in unserem einführenden Beispiel läßt sich wie folgt angeben. Durch den Übergang von Autarkie zu Freihandel verändert sich die Produktionsstruktur. Die Verschiebung der Produktionsstruktur von Punkt A nach Punkt P (vgl. *Abb. 2.2*) macht deutlich, daß der Übergang von Autarkie zu Freihandel einen sektoralen Strukturwandel erzwingt. In unserem Beispiel ist es die Branche Y die unter Anpassungsdruck gerät. Diesem Anpassungsdruck kann die Regierung durch die Gewährung von Subventionen für den Sektor Y oder durch die Behinderung des Imports von y Gütern abschwächen. Die Behinderung von Importen erfolgt beispielsweise durch einen Importzoll oder durch eine Importquote. Die Behinderung von Importen ist Gegenstand der weiteren Betrachtung.

Das betrachtete zollerhebende Land sei ein kleines Land, d.h. der auf dem Weltmarkt geltende Relativpreis $p^* = p_x^*/p_y^*$ ist für das Inland gegeben und auch durch eine handelspolitische Maßnahme nicht beeinflußbar. Die komparativen Kostenvorteile seien derart, daß das Inland Gut X exportiert und Gut Y importiert. Die inländische Regierung erhebe einen Wertzoll $t > 0$ auf das Importgut. Die inländischen Produktpreise lauten demnach $p_x = p_x^*$ und $p_y = p_y^*(1+t)$. Der im Inland herrschende Relativpreis für Gut X ist nun geringer als der Relativpreis auf dem Weltmarkt $p = p^*/(1+t) < p^*$. Oder mit anderen Worten, der Relativpreis für das Importgut Y ist im Inland gestiegen.

Zölle

Die inländischen Wirtschaftssubjekte orientieren sich an den inländischen Preisen, d.h. im Marktgleichgewicht entspricht die Grenzrate der Substitution GRS und die Grenzrate der Transformation GRT dem inländischen Preisverhältnis p (vgl. Bedingung (2.4)). Der internationale Handel orientiert sich an den Weltmarktpreisen p^* (Bedingung (2.5)):

$$GRS_{y,x} = GRT_{y,x} = p = \frac{p^*}{(1+t)} < p^*, \tag{2.4}$$

$$p_x^*(D_x - x) + p_y^*(D_y - y) = 0 \quad \text{oder}$$

$$p^* = \frac{(D_y - y)}{(x - D_x)} = \frac{IM_y}{EX_x}. \tag{2.5}$$

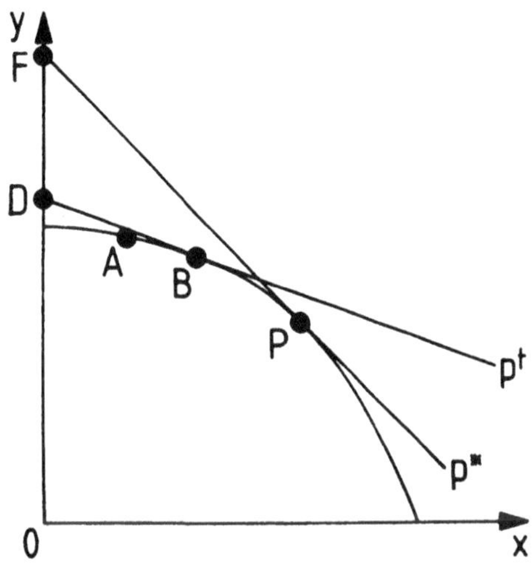

Abbildung 2.4: Zoll und Produktion

Mit den zollmodifizierten Gleichgewichtsbedingungen (2.4)–(2.5) lassen sich die Wirkungen der tärifären Protektion auf Produktion, Nachfrage, internationalen Handel und nationale Wohlfahrt aufzeigen.

Zollwirkungen auf die inländische Produktion (vgl. *Abb. 2.4*). Durch einen Zoll auf das importierte Gut Y ist die Preisgerade p^t, und nicht die Freihandelspreisgerade p^*, das relevante Preissignal für die inländischen Produzenten. Es kommt zu einer Reallokation der produktiven Ressourcen, und zu einem Produktionspunkt B, da der Relativpreis von Gut Y gestiegen bzw. der Relativpreis von Gut X gefallen ist. Bei Freihandel beträgt das inländische Einkommen (gemessen in y Einheiten) $0F$. Nach dem handelspolitischen Eingriff beträgt das Einkommen, bewertet zu Weltmarktpreisen, nur noch $0D$.

Das Ergebnis der Analyse läßt sich wie folgt zusammenfassen: Ein Importzoll ist für eine kleine offene Volkswirtschaft, gesamtwirtschaftlich betrachtet, ineffizient. Das Wohlfahrtsniveau fällt durch die Einführung (oder Erhöhung) eines Importzolls. Die Produktion orientiert sich nicht mehr an der Branche mit komparativen Kostenvorteilen, es kommt zu einer Ressourcenallokation zugunsten der Branche Y, und das Handelsvolumen wird reduziert, denn die Importe und die Exporte gehen zurück. Das Handelsdreieck verringert sich aufgrund der tarifären Protektion. Gleichzeitig kann durch die Einführung eines Zolls eine beträchtliche Umverteilung der Faktoreinkommen entstehen. Ein Zoll hat nicht nur Wirkungen auf den internationalen Handel, sondern auch auf die funktionelle Einkommensverteilung.

Inwiefern eine handelspolitische Maßnahme die Eigner von Produktionsfaktoren begünstigt bzw. benachteiligt (das Leistungseinkommen steigt oder fällt aufgrund einer handelspolitischen Maßnahme), entscheidet über die Interessenlage der Wirtschaftssubjekte hinsichtlich Protektionismus und Freihandel. Aufgrund des Zolls werden jene Produktionsfaktoren durch den Zollschutz begünstigt, die intensiv in der importkonkurrierenden Branche genutzt werden. Die Produktionsfaktoren, die intensiv in der exportierenden Industrie eingesetzt werden verlieren einen Teil ihres Einkommens. Trotzdem läßt sich ein wichtiges gesamtwirtschaftliches Ergebnis festhalten: Vergleicht man die nationale Wohlfahrt bei Zollprotektion mit der Autarkiesituation, so zeigt sich, daß beschränkter Freihandel immer noch besser ist als eine Situation ohne Handel (Autarkie), da $U^f > U^t > U^a$.

Großes Land und Optimalzoll. Ein großes Importland kann durch die Einführung eines Importzolls seine internationalen Austauschverhältnisse (terms of trade) verbessern. Eine solche Verbesserung bedeutet, daß eine Volkswirtschaft für seine Exporte mehr importieren kann als vor Einführung eines Importzolls. Die Verbesserung der Austauschverhältnisse wird durch einen Rückgang der Importpreise aufgrund des Zolls erreicht. Dieser Preisrückgang stellt sich ein, da auf dem Weltmarkt das Angebot in dem Ausmaß steigt, in dem im Inland (aufgrund des Zolls) die Menge zurückgeht. Ein steigendes Angebot auf dem Weltmarkt führt zu einer Preisreduktion. Die Theorie des Optimalzolls besagt: *Eine große Volkswirtschaft kann (auf Kosten des anderen Landes)*

Optimal-zoll

seine Wohlfahrt erhöhen, indem es auf Importe einen Zoll erhebt.

Der Optimalzoll läßt sich berechnen und lautet:

$$t^{opt.} = \frac{1}{\epsilon_{y^*}}. \tag{2.6}$$

Die Optimalzollformel (2.6) operationalisiert die Handelspolitik in Abhängigkeit von der Angebotselastizität der ausländischen Exporte ϵ_{y^*}. Ist beispielsweise das Inland eine kleine offene Volkswirtschaft, so ist die Angebotselastizität ϵ_y^* sehr groß und der Optimalzoll $t^{opt.}$ geht gegen Null. Der Optimalzoll für eine kleine Volkswirtschaft ist gleich Null.

Der Optimalzoll $t^{opt.} = 1/\epsilon_y^*$ wurde abgeleitet unter der Annahme, daß das Ausland auf die Einführung eines Importzolls nicht reagiert. Wird diese Annahme aufgehoben, so ergeben sich völlig andere Resultate. Ein Vergeltungszoll (Retorsionszoll) kann zu einem Handelskrieg führen, der beide Länder im Endergebnis schlechter stellt. Die Wirkung von tarifären Handelshemmnissen muß also insgesamt als negativ beurteilt werden.[4]

Importzoll und terms of trade. Ein Importzoll verschiebt die Tauschkurve der inländischen Ökonomie *AT* nach links (vgl. *Abb. 2.5*). Das Tauschverhältnis, die terms of trade, hat sich durch die protektionistische Maßnahme verbessert und zwar von p^f auf p^t. Das Inland kann durch einen Importzoll ein höheres Wohlfahrtsniveau realisieren. Im Falle eines Optimalzolls (vgl. Punkt *P* in *Abb. 2.5*) gilt: Die Steigung der inländischen Indifferenzkurve ist gleich der Steigung der ausländischen Tauschkurve. Durch diesen Punkt *P* wird der optimale Importzoll $t^{opt.}$ bestimmt.

---

[4]Vgl. ausführlicher McMillan [1986], Hillman [1989].

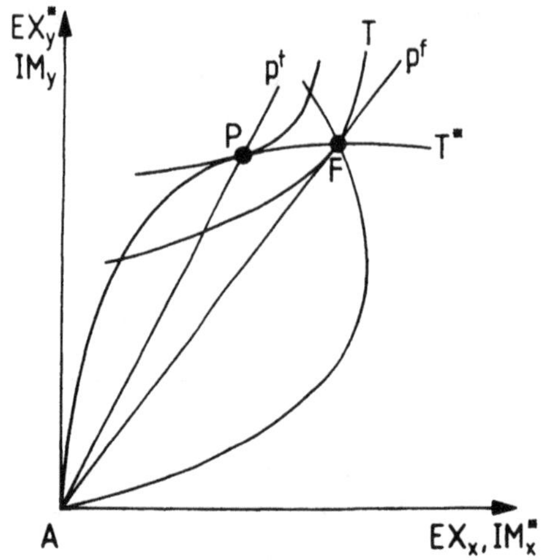

Abbildung 2.5: Importzoll und Relativpreis

Importquoten

Quoten Eine wichtige handelspolitische Maßnahme der Industrieländer stellen die Importquoten dar. Die Wirkungen einer mengenmäßigen Einfuhrbeschränkung werden anhand der *Abb. 2.6* analysiert. [5] Zölle beeinflussen direkt die Importpreise und über die Preisänderung indirekt die Importmenge. Eine Importquote beeinflußt die importierte Menge direkt, und die Importpreise indirekt. Die direkten Wirkungen einer bindenden Importquote werden anhand des Tauschkurven–Diagramms (*Abb. 2.6*) gezeigt. Im Freihandelspunkt F schneiden sich inländische Tauschkurve AT und ausländische Tauschkurve AT^*.

Die inländische Regierung führe eine Importquote in Höhe von $\overline{IM_y}$ ein (angezeigt durch die horizontale Linie $\overline{IM_y}$). Das neue Handelsgleichgewicht ist nun beschränkt auf diese Importmenge $IM_y \leq \overline{IM_y}$.

[5]Neben dieser Wirkungsanalyse interessiert auch die Frage, ob im Fall von Importkontingenten eine Äquivalenz zwischen einem Importzoll und einer Importquote besteht; vgl. CAVES, FRANKEL und JONES [1990].

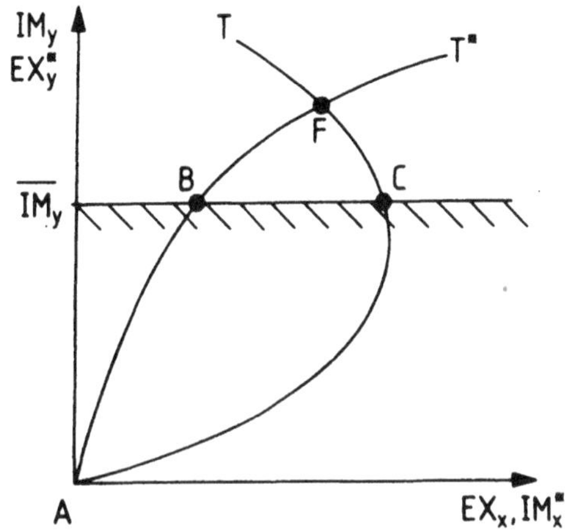

Abbildung 2.6: Importquote

Das Freihandelsgleichgewicht F ist nicht mehr erreichbar, d.h., die Importquote bindet die am internationalen Handel beteiligten Akteure. Durch die Importquote verringert sich das Handelsvolumen, und es ändern sich die Preisverhältnisse. Als neuer Relativpreis ist p_B oder p_C möglich. Aus der Sicht des Inlands ist das Preisverhältnis p_B dem Preisverhältnis p_C vorzuziehen, denn in B ist der Nutzen der inländischen Volkswirtschaft größer als in C. Wichtig ist der Hinweis, daß die sich einstellende Preisänderung von den institutionellen Bedingungen abhängt, für die sich die Regierung (Verwaltung) entscheidet. Das Handelsgleichgewicht mit der Importquote $\overline{IM_y}$ kann in den Punkten B oder C liegen. Die Importmenge bleibt konstant, aber der Relativpreis kann unterschiedliche Niveaus annehmen. Das Inland stellt sich in Punkt B besser als in Punkt C, da die realen Tauschverhältnisse in B günstiger sind als in C.

Ob die Konstellation B oder C eintritt hängt davon ab, wie die Importquote institutionell geregelt ist. Wird beispielsweise die Importquote durch die Regierung in Form von (1) handelbaren Importlizenzen an inländische Importeure verkauft oder (2) werden diese Importrechte an die inländischen Importunternehmen kostenlos abgegeben, so stellt sich das Handelsgleichgewicht in Punkt B ein. Die Rente geht im ersten Fall an die inländische Regierung und im zweiten Fall an die inländischen Importeure. (3) Angenommen, die inländische Regierung schlägt der ausländischen Regierung vor, ihren Unternehmen Exporte nur noch in Höhe von $\overline{IM_y}$ zu erlauben, so führt diese "freiwillige" Exportbeschränkung dazu, daß das Handelsgleichgewicht im Punkt C zustandekommt. Die ausländischen Exporteure erhalten die Rente. Das Inland verschlechtert seine Nutzenposition, denn die terms of trade haben sich in diesem Fall zu seinen Ungunsten verändert.

Rente

AUSSAGE 2.6 *(Handelshemmnisse). Es gibt zahlreiche Möglichkeiten den internationalen Handel zu regulieren. Handelspolitische Maßnahmen verhindern eine optimale internationale Arbeitsteilung. Die Wirkung von tarifären und nicht-tärifären Handelshemmnissen muß gesamtwirtschaftlich als negativ beurteilt werden.*

Strategische Handelspolitik

Der Grundgedanke der strategischen Handelspolitik besteht darin, durch staatliches Handeln die Spielregeln des Marktes derart zuverändern, daß die nationale Wohlfahrt steigt. Dies kann beispielsweise dadurch erreicht werden, daß die inländische Regierung glaubhaft versichert, die inländischen Hersteller bei ihrer Exportproduktion zu subventionieren.

◇

Die strategische Handelspolitik in einem internationalen Oligopol kann anhand eines einfachen Beispiels verdeutlicht werden (vgl. dazu ausführlich WELZEL [1991]). Zwei Volkswirtschaften A und B seien

Sub–vention

in der Lage, ein bestimmtes Produkt herzustellen, das auf dem Weltmarkt abgesetzt werden kann. Das inländische bzw. das ausländische Unternehmen steht vor der Entscheidung, zu produzieren (Markteintritt ME) oder nicht zu produzieren (kein Markteintritt kME). Aufgrund der Kosten- und Erlössituation gelte, daß nur ein Produzent profitabel auf dem Weltmarkt verbleiben kann. Die Situation wird durch die Auszahlungsmatrix in *Abb. 2.7* dargestellt. Die ersten Zahlen geben jeweils den Gewinn (Verlust) für die Unternehmung in Land A bzw. in Land B an.

Wie aus der *Abb. 2.7* ersichtlich, ist das Marktgleichgewicht nicht eindeutig. Um ein eindeutiges Marktergebnis zu erhalten sei angenommen, daß das Unternehmen der Volkswirtschaft B in den Markt eintritt und das Unternehmen aus dem Land A dem Markt fernbleibe.

		A	
		ME	kME
B	ME	(-5, -5)	(100,0)
	kME	(0,100)	(0,0)

Abbildung 2.7: Markteintritt ohne Subvention

Die strategische Handelspoltik soll anhand dieser Ausgangsbedingungen verdeutlicht werden. Strategische Handelspolitik bedeutet, daß staatliche Aktivitäten die Spielregeln des Marktes zugunsten eines Herstellers verändern, so daß die nationale Wohlfahrt zunimmt. Dies geschieht beispielsweise durch eine vorab eingegangene Verpflichtung der

Regierung aus Land A, das inländische Unternehmen mit 10 Geldeinheiten (GE) zu subventionieren, wenn das Unternehmen in den Markt eintritt (vgl. *Abb. 2.8*). Die Subventionierung von Land A führt zu einem Marktaustritt der Konkurrenz–Unternehmung B!

AUSSAGE 2.7 *(Strategische Handelspolitik). Auf internationalen oligopolistischen Märkten können handelspolitische Maßnahmen das Marktergebnis zugunsten eines Landes verändern. So führt im internationalen Dyopol eine Exportsubvention zu einer Rentenumlenkung zugunsten der inländischen Unternehmung.*

Die vorangegangenen Betrachtungen zeigen, daß die Regierung bei einem internationalen Cournot–Duopol einen Anreiz zur Subventionierung hat, da die Exportsubvention zu einer Rentenumlenkung zugunsten der inländischen Unternehmung führt.

		A	
		ME	kME
B	ME	(-5, 5)	(100,0)
	kME	(0,110)	(0,0)

Abbildung 2.8: Markteintritt mit Subvention

Die Subvention ändert die Regeln des Marktspiels zwischen den internationalen Duopolisten. Wichtig ist auch das Resultat, daß die strategische Handelspolitik in Form einer Exportsubvention die Wohlfahrt des Inlands erhöht, obwohl sie mit einer Verschlechterung der terms–of–

trade verbunden ist. Der Gewinnzuwachs des inländischen Duopolisten (Rentenumlenkung) ist größer als der negative terms-of-trade Effekt. Dieses zentrale Ergebnis steht im Gegensatz zur Handelspolitik bei vollkommener Konkurrenz. Bei vollkommener Konkurrenz entsprechen die Preise den Grenzkosten, so daß es keinen Spielraum für ökonomische Renten bzw. eine Rentenumlenkung gibt (vgl. BRANDER und SPENCER [1985]).

Politische Ökonomie

Die Theorie des Internationalen Handels befaßt sich mit der Analyse der volkswirtschaftlichen Wirkungen verschiedener handelspolitischer Maßnahmen. Erst vor kurzem haben Volkswirtschaftler damit begonnen, die *politischen* Hintergründe protektionistischer Maßnahmen aufzudecken. Das Ziel dieses Abschnitts besteht darin, einen Hinweis auf diese neue *positive* Theorie des Protektionismus zu geben.

Eine der wichtigsten Aussagen der Theorie des Internationalen Handels besagt: Ein freier internationaler Handel ist pareto-optimal (Freihandelstheorem). Selbst ein einseitiger Übergang eines Landes von Protektionismus zu Freihandel ist gesamtwirtschaftlich optimal. Die gesamtwirtschaftlichen Gewinne, die bei der Abschaffung von Zöllen, Quoten und sonstigen handelshemmenden Maßnahmen anfallen, sind größer als die gesamtwirtschaftlichen Verluste, die sich aus diesem Übergang ergeben. Angesichts dieser Behauptung stellt sich natürlich die Frage, warum dann überhaupt Protektionismus ensteht bzw. vorhandene Handelshemmnisse nicht abgebaut werden. Eine Erklärung lautet: Gesamtwirtschaftlich ist Freihandel effizient, einzelwirtschaftlich gibt es aber für die Betroffenen Anreize, sich zu organisieren, um auf einem politischen Markt Schutz vor ausländischen Konkurrenten oder Schutz vor importierten Gütern nachzufragen.

Politik

Die Regierungen bzw. die Politiker sind die Anbieter protektionistischer Maßnahmen. Sie sind bereit, auf die Nachfrage nach Schutz einzugehen, wenn sich ihre Wiederwahlchancen dadurch verbessern. Die Befürworter von protektionistischen Maßnahmen sind üblicherweise stark organisiert, weil die Wirkung einer Änderung im Grad der Protektion sich direkt auf sie auswirkt. Die Freihandelsinteressen werden dagegen eher schwach vertreten, da die Vorteile aus einem freien Güteraustausch über eine große Anzahl von Beteiligten diffundieren. Daraus ergibt sich die Tatsache, daß Freihandelsinteressen politisch nur schwach vertreten werden.

Mit der Politischen Ökonomie des Protektionismus hat sich eine positive Theorie entwickelt, die in der Lage ist, zu erklären, *warum* protektionistische Maßnahmen ergriffen werden. Sie kann auch die Wahl und die Höhe der handelspolitischen Restriktionen entscheidungstheoretisch begründen (vgl. ausführlich FREY [1985], HILLMAN [1989], HILLMANN und URSPRUNG [1993]).

AUSSAGE 2.8 *(Politische Ökonomie). Die Politische Ökonomie des Protektionismus erklärt Handelshemmnisse in den internationalen Wirtschaftsbeziehungen als Resultat rationaler Überlegungen der politischen Entscheidungsträger in einer Demokratie. Das Zusammenspiel von Angebot und Nachfrage auf dem politischen Markt für Protektion bestimmt das Niveau und die Struktur der Handelshemmnisse.*

Zusammenfassung

Das Freihandelstheorem besagt: Ein freier internationaler Austausch von Gütern und Dienstleistungen ist gesamtwirtschaftlich optimal. Jede Behinderung des internationalen Handels hat zur Folge, daß das inländische Realeinkommen (gemessen in den sozialen Opportunitätskosten) niedriger ausfällt als es bei freiem Außenhandel sein könnte. In der

Realität finden wir aber eine Behinderung des internationalen Handels in vielfältigen Formen. Dieser Widerspruch läßt sich dadurch erklären, daß die durch eine Importbeschränkung bevorzugten Interessengruppen (z.B. Produzenten der unter Importdruck stehenden Branche) sich politisch erfolgreich durchsetzen konnten bzw., daß sich die Interessen der Gruppen, die sich für Freihandel einsetzen nicht durchsetzen konnten.

Unsere vorangegangenen Überlegungen zeigen, daß die Regierung bei einem internationalen Cournot-Duopol einen Anreiz zur Subventionierung hat, da die Exportsubvention zu einer Rentenumlenkung zugunsten der inländischen Unternehmung führt. Wichtig ist das Resultat, daß die strategische Handelspolitik in Form einer Exportsubvention die Wohlfahrt der Volkswirtschaft erhöht, obwohl sie mit einer Verschlechterung der terms-of-trade einhergeht. Der Gewinnzuwachs des inländischen Duopolisten ist größer als der negative terms-of-trade Effekt. Dieses zentrale Ergebnis steht im Gegensatz zur Handelspolitik bei vollkommenen Märkten. Bei vollkommener Konkurrenz entsprechen die Preise den Grenzkosten, so daß es keinen Spielraum eine Rentenumlenkung gibt.

Die traditionelle Theorie des Internationalen Handels hat sich primär mit der Analyse der Wirkungen verschiedener handelspolitischer Maßnahmen auf Preise, Einkommen, Handelsrichtung, Handelsvolumen und Wohlfahrt beschäftigt. Die Ausarbeitung einer positiven Theorie der Protektion von Wirtschaftszweigen ist vernachlässigt worden. In der Politischen Ökonomie des Protektionismus wird die Existenz von Handelshemmnissen als ein Ergebnis der ökonomischen *und* politischen Bedingungen in einer Volkswirtschaft gesehen. Unternehmer, Wähler und Interessengruppen fragen Schutz vor ausländischer Konkurrenz nach, der wiederum von Politikern (und der politischen Verwaltung) angeboten wird. Das Zusammenspiel von Angebot und Nachfrage auf dem politischen Markt für Handelshemmnisse bestimmt Niveau und Struktur der Protektion in einer Ökonomie (vgl. ausführlich HILLMAN [1989],

HERRMANN [1994]).

Übungsaufgaben

1. Ermitteln Sie die Preisänderung infolge eines Importzolls. Aus der Nachfrage $D_y(p_y) = a - bp_y$ und dem Angebot $S_y(p_y) = c + dp_y$ ergibt sich die Importnachfrage $IM_y = (a - c) - (b + d)p_y$. Das ausländische (Export–)Angebot lautet: $EX_y = e + fp_y^*$, wobei p_y^* den Weltmarktpreis für das Gut y angibt. Die Regierung führe auf das Importgut einen Mengenzoll t ein. Der Inlandspreis beträgt damit $p_y = p_y^* + t$. (a) Berechnen Sie für $t = 0$ den Freihandelspreis $p_y^f = p_y = p_y^*$! (b) Ermitteln Sie den Inlandspreis p_y und den Weltmarktpreis p_y^* bei einem Importzoll $t > 0$, zeigen Sie, daß $p_y > p_y^f > p_y^*$ und diskutieren Sie das Ergebnis.

2. Verdeutlichen Sie grafisch (Tauschkurven–Diagramm) die Wirkungen einer mengenmäßigen Einfuhrbeschränkung (Importquote)! Existiert eine Äquivalenz zwischen einem Importzoll und einer Importquote?

3. Erläutern Sie die Besonderheiten der freiwilligen Exportbeschränkungen (VER's)!

4. Für eine (kleine offene) Volkswirtschaft sind folgende Angebots– und Nachfragefunktionen für ein Gut Y relevant: Angebot: $S(p_y) = 50 + 5p_y$, Nachfrage: $D(p_y) = 400 - 10p_y$. Der Weltmarktpreis ist konstant und beträgt (in inländischer Währung) $p_y^* = 10$ Geldeinheiten (GE). (a) Bestimmen Sie das Freihandelsgleichgewicht! (b) Die Regierung führt eine Importquote von 50 Mengeneinheiten (ME) ein. Errechnen Sie den neuen Inlandspreis! (c) Berechnen Sie die 'Rente' die sich aus der Importquote von 50 Mengeneinheiten ergibt! (d) Berechnen Sie die sozialen Kosten der Importquote!

   Lösungshinweis: Bei Freihandel werden 200 ME importiert. Durch die Importquote erhöht sich der Preis von 10 auf 20 GE. Die Rente aus der

Quote beträgt 500 GE. Die sozialen Kosten betragen 525 GE, wenn die Rente aus der Importquote im Inland verbleibt.

5. Erklären Sie den Begriff der strategischen Handelspolitik!

6. Wie läßt sich im Rahmen der politischen Ökonomie des Protektionismus erklären, daß das Ausmaß der Agrarprotektion in Entwicklungsländern typischerweise niedriger als in Industrieländern ist?

2.4 Direktinvestitionen

Heute vollzieht sich ein sehr großer Teil der grenzüberschreitenden wirtschaftlichen Transaktionen innerhalb weltweit operierender Unternehmen. Innerhalb multinationaler Unternehmen wird der internationale Handel in Gütern und Diensten, Kapital, Technologien und Finanzen weltweit koordiniert und alloziert. Für diese Form einer hierarchischen Koordination über Tochtergesellschaften und Zweigniederlassungen sind Direktinvestitionen im Ausland erforderlich. Multinationale Unternehmen internalisieren international wirksame Leistungen, um Transaktionskosten einer externen (dezentralen) Marktnutzung zu sparen. Die hierarchische (oder zentrale) Koordination ist für diese weltweit operierenden Unternehmen effizienter als die rein marktliche, dezentrale Koordination. Sind die Märkte unvollkommen, so kann eine Direktinvestition eine Lizenzproduktion oder ein Joint Venture dominieren. Unter welchen Bedingungen es zu einer hierarchischen Koordinationsform kommt ist Inhalt der folgenden Ausführungen.

◊

Nach Oliver E. Williamson [1981] lassen sich die folgenden Koordinationsformen zur wirtschaftlichen Leistungserstellung und Leistungsverwertung unterscheiden:

- Markt
- Hierarchie
- Verhandlung.

Der Markt ist das dezentrale Koordinationsinstrument, während die Hierarchie zentral koordiniert. Die Verhandlung (bargaining) ist eine Koordinationsform, in der das Verhandlungsergebnis in einen (langfristig wirksamen) Vertrag mündet, der dann die Koordination übernimmt, bis dieser Vertrag von einer der Vertragsparteien gebrochen wird oder aber neu verhandelt werden muß.

Koordi–nations–formen

Unser Ziel ist es zunächst, die Koordinationsformen Markt, Hierarchie und Verhandlung auf das Phänomen der "Internationalisierung der Produktion" zu übertragen. Oder mit anderen Worten: Warum tätigen Unternehmen Direktinvestitionen im Ausland? Warum investieren sie direkt im Ausland und exportieren nicht? Warum wird im Ausland produziert und nicht ein Lizenzvertrag oder ein Joint Venture abgeschlossen? Sind alle Güter- und Faktormärkte vollkommen, dann spielt die Art der Koordination wirtschaftlicher Leistungen für das ökonomische Ergebnis keine Rolle. Internationaler Handel und Direktinvestitionen aus Ausdruck für eine internationale Faktorbewegung sind für eine effiziente Allokation gleichwertig. Marktunvollkommenheiten stören diese Äquivalenz beträchtlich.

Internationale Kapitalverflechtung

Einer der Hauptakteure der Internationalisierungs- und Globalisierungstendenzen der Weltwirtschaft ist die multinationale Unternehmung. Unter einer multinationalen Unternehmung versteht man ein Unternehmen, das in mehreren Ländern mit eigenen Produktions- und Vertriebsstätten nachhaltig vertreten ist. Wenn von multinationalen

Unternehmen die Rede ist, dann sind im allgemeinen jene Weltkonzerne gemeint, deren Namen jeder kennt, z.B. EXXON, GENERAL MOTORS, IBM, DAIMLER BENZ, SIEMENS, VW, DEUTSCHE BANK etc. Neben diesen Giganten der Weltwirtschaft sind aber auch die multinationalen Aktivitäten mittelgroßer Unternehmen von erheblicher wirtschaftlicher Bedeutung.

Hierarchie. Warum tätigen Unternehmen Direktinvestitionen im Ausland (Foreign Direct Investment: FDI)? Mehrere Faktoren kommen hier zusammen, die eine Direktinvestition begünstigen: **FDI**

- Geringere Produktionskosten (Standortvorteile),
- Zugang zu knappen Ressourcen (Rohstoffsicherung),
- Erleichterung des Marktzutritts (Überwindung von Handelshemmnissen),
- Niedrigere Besteuerung im Ausland (Steuervorteile)[6],
- Geringere Wechselkursrisiken (Risikopolitik).

Ein multinationales Unternehmen mit eigenen Betriebsstätten bzw. Tochtergesellschaften im Ausland koordiniert seine wirtschaftliche Leistungserstellung und -verwertung über die Hierarchie des Unternehmens. Diese interne, zentrale Koordination ist eine Alternative zur externen Koordination über Märkte. Sind internationale Export- bzw. Importmärkte unvollkommen, oder sind internationale Kooperationen mit hohen Risiken der Vertragserfüllung verbunden, so werden die Unternehmen die interne Koordination einer externen vorziehen. Die interne Koordination setzt aber eine Direktinvestition im Zielland voraus. Damit ist der Zusammenhang zwischen der international wirksamen

[6] Vgl. beispielsweise SCHEFFLER [1992].

Koordinationsform, dem internationalen Handel und dem internationalen Ressourcentransfer hergestellt.

Kontrolle

Portfolioinvestitionen und Direktinvestitionen. Bei Portfolioinvestitionen handelt es sich um Finanzinvestitionen mit dem Ziel der Ertragserzielung. Bietet beispielsweise der ausländische Kapitalmarkt eine hohe Verzinsung, so werden Investoren eine Finanz- oder Portfolioinvestition im Ausland vornehmen. Eine Direktinvestition hat (neben dem Ertragsmotiv) primär das Ziel der wirtschaftlichen Kontrolle. Mit einer Direktinvestition will der Investor wirtschaftlichen Einfluß auf die Unternehmensführung erreichen. Das Beherrschungs- oder Kontrollmotiv (neben dem Ertragsmotiv) gibt an, ob es sich um eine Direktinvestition oder um eine Portfolioinvestition handelt. Aus den theoretischen und empirischen Arbeiten zur Erklärung der Existenz und dem Wachstum multinationaler Unternehmen (bzw. der Erklärung der regionalen und sektoralen Struktur der Direktinvestitionen multinationaler Unternehmen) hat sich folgendes Erklärungsmuster ergeben:

Erklärung

AUSSAGE 2.9 *(Multinationale Unternehmen). Direktinvestitionen international tätiger Unternehmen erklären sich aus dem Zusammenwirken folgender ökonomischer Bedingungen:*

1. *das Unternehmen muß in irgendeiner Form über unternehmensspezifische Wettbewerbsvorteile verfügen,*

2. *im Zielland der Direktinvestition müssen Standortvorteile vorliegen,*

3. *die Internalisierung ist für die Unternehmen vorteilhafter als die Marktnutzung oder das Eingehen einer vertraglichen internationalen Unternehmenskooperation.*

Mit diesen Bestimmungsgründen für Direktinvestitionen international tätiger Unternehmen beschäftigt sich die theoretische und empirische Wirtschaftsforschung.

Im Mittelpunkt der wirtschaftspolitischen Diskussion über mögliche Konsequenzen aus verstärkten Direktinvestitionen steht die Frage, ob Auslandsinvestitionen inländischer Investoren zu einem Rückgang der Beschäftigung im Inland führen. Sind Direktinvestitionen *substitutiv* zum Handel, so werden durch Direktinvestitionen Exporte ersetzt. Dies führt zu einem Rückgang der inländischen Beschäftigung. Andererseits zeigt die Erfahrung, daß durch Direktinvestitionen Exportgeschäfte überhaupt erst ermöglicht werden, d.h. internationaler Handel und Direktinvestitionen sind *komplementär*.

substitutiv

komplementär

Eine einfache Regressionsgleichung für die Beziehung zwischen Direktinvestitionen DI_t^i (in der Region i zum Zeitpunkt t) und Exporten EX_t^i könnte wie folgt lauten:

$$EX_t^i = \alpha + \beta DI_t^i,$$

Die Abhängigkeit der Exporte von den Direktinvestitionen wird durch den Parameter β angegeben. Ist β im Sinne einer ökonometrischen Analyse signifikant positiv, so kann die Komplementaritätsthese nicht verworfen werden. Für die Bundesrepublik Deutschland läßt sich feststellen, daß die Direktinvestitionen deutscher Unternehmen im Ausland eine komplementäre Beziehung zum Handel aufweisen. Dies kann sich allerdings im Zeitablauf ändern.

Export & Direktinvestitionen

In der Theorie des Internationalen Handels wird immer dann von der sogenannten *Internalisierungsthese* gesprochen, wenn von multinationalen Unternehmen und deren Direktinvestitionen die Rede ist. Die Internalisierungsthese besagt:

AUSSAGE 2.10 *(Internalisierung). Unvollkommenheiten auf den internationalen Güter– und Faktormärkten werden durch Direktinve-*

stitionen multinationaler Unternehmen internalisiert. Internalisierung bedeutet, daß die Unternehmen ihre wirtschaftlichen Transaktionen nicht nur über Märkte, sondern intern, über die eigenen Betriebe und Zweigniederlassungen im Ausland abwickeln. Anstelle der Koordination über Export- bzw. Importmärkte tritt eine zentrale, hierarchische Koordinierung von Leistungserstellung und Leistungsverwertung. Der internationale Güterhandel, die internationalen Kapitalbewegungen und der Technologietransfer werden dadurch erheblich beeinflußt.

Die Internalisierungsthese basiert auf der Vorstellung von Marktunvollkommenheiten die durch internationale Faktorbewegungen (Direktinvestitionen im Sinne von Kapitalbewegungen) internalisiert werden können. Internationale Gütermärkte sind beispielsweise wegen des Protektionismus unvollkommen. Auch die internationalen Finanzmärkte sind in bestimmten Bereichen unvollkommen.

Ein Beispiel zur Verdeutlichung des Zusammenhangs zwischen Marktunvollkommenheiten und den Direktinvestitionen einer international tätigen Unternehmung: Eine Unternehmung kann einen Exportgewinn in Höhe von Π_{EX} durch den internationalen Handel realisieren. Dieser Exportgewinn wird vermindert, wenn das Importland einen Zollsatz auf das Exportgut einführt (oder einen bestehenden Zollsatz t erhöht). Der Gewinn Π_{EX} nimmt mit zunehmendem Importzoll ab (vgl. *Abb. 2.9*). Investiert die Unternehmung im Ausland direkt, so fallen Investitionskosten in Höhe von G an. Der Gewinn nach Abzug der Fixkosten lautet: $\Pi_{DI} - G$.

Der Vorteil der Direktinvestition besteht darin, daß die Einführung oder Erhöhung des Importzolls den Unternehmensgewinn nicht vermindert. Der Gewinn aus der Direktinvestition ist unabhängig von der Zollpolitik des Gastlandes. In diesem Beispiel internalisiert eine Direktinvestition die Nachteile die aus dem Protektionismus entstehen. Bei relativ hoher Zollprotektion lohnt es sich für das Unternehmen, im Ausland direkt zu investieren um Zollbarrieren unvollkommenen Exportmarktes zu überwinden (vgl. *Abb. 2.9*). Man spricht auch von *tariff jumping*.[7]

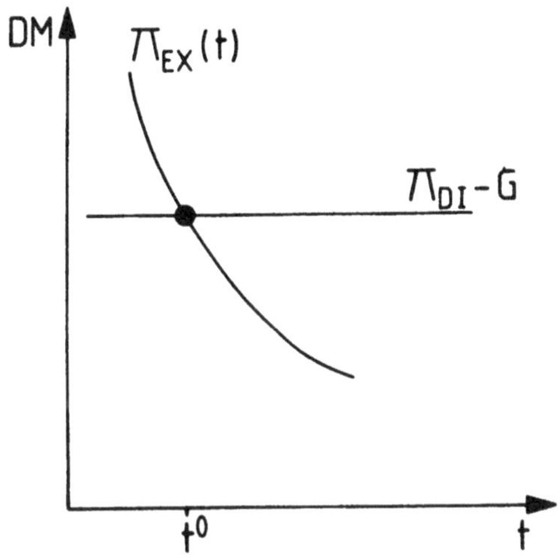

Abbildung 2.9: Export, Direktinvestition und Zoll

Strategische Direktinvestitionen. Es läßt sich über die Direktinvestitionen multinationaler Unternehmen auch ein wichtiger Zusammenhang zwischen dem internationalen Handel, den internationalen Kapitalbewegungen und der Marktstruktur herstellen. Wie sich in der Praxis zeigt, kann bei oligopolistischen Absatzmärkten eine Investition auch als strategische Größe eingesetzt werden. Mit anderen Worten: Direktinvestitionen können Konkurrenzunternehmen von einem potentiellen Marktzutritt fernhalten mit den entsprechenden Konsequenzen für die Preisbildung. Dieser Zusammenhang soll im folgenden verdeutlicht werden (vgl. SMITH [1987]).

Für eine multinationale Unternehmung als Monopolanbieter auf einem ausländischen Markt sei folgende Situation gegeben: $\Pi_{DI} - G > \Pi_{EX}$. Der Gewinn aus einer Direktinvestition $\Pi_{DI} - G$ ist größer als

[7]Vgl. SELL [1991].

der Exportgewinn Π_{EX}.[8] Ein ausländisches Konkurrenzunternehmen steht vor einer Markteintrittsentscheidung. Tritt das ausländische Unternehmen in den Markt ein, dann ändert sich die Marktform, d.h. die Marktstruktur. Aus einem Monopol wird ein Oligopol mit zwei Anbietern. Eine Änderung in der Marktform hat unmittelbare Konsequenzen für die Preisbildung und damit für die Wohlfahrt der Konsumenten.[9]

Tritt das ausländische Konkurrenzunternehmen in den Markt ein, so muß es unternehmensspezifische Fixkosten in Höhe von F (z.B. für Forschung & Entwicklung F&E) und betriebsstättenbezogene Fixkosten G eingehen. Das multinationale Unternehmen ist bereits im Markt etabliert, so daß die unternehmensspezifischen Fixkosten F nicht in Betracht kommen; F wurde bereits in früherer Zeit getätigt (daraus läßt sich ein wichtiger Marktvorteil des multinationalen Unternehmens ableiten). Der Gewinn für das ausländische Unternehmen beträgt Π^*_{ex}, wenn die multinationale Unternehmung exportiert bzw. Π^*_{di}, wenn sich das Unternehmen für eine Direktinvestition entscheidet (mit $\Pi^*_{ex} > \Pi^*_{di}$).

Für die ausländische Unternehmung sei folgende Gewinnsituation relevant: $\Pi^*_{ex} > F + G > \Pi^*_{di}$. Das bedeutet zunächst, daß das Konkurrenzunternehmen dem Markt nur beitreten wird, wenn das multinationale Unternehmen exportiert! Entscheidet sich das multinationale Unternehmen für die Exportstrategie, dann stellt sich folgende Marktlösung ein: $[\Pi_{ex}; \Pi^*_{ex} - F - G]$, mit dem Exportgewinn Π_{ex}

[8]Ganz allgemein ist die Ungleichung $\Pi_{DI} > \Pi_{EX}$ erfüllt.

[9]Oligopole kommen in der Realität häufig vor. Eine oligopolistische Marktform ist dadurch gekennzeichnet, daß es nur wenige Anbieter und viele Nachfrager auf einem Markt gibt. Sobald auf einem Markt wenige, aber große Anbieter in Konkurrenz treten, sind viele Verhaltensweisen der Anbieter denkbar. Man kann sich eine Situation vorstellen, in der sich die Unternehmen einen erbitterten Konkurrenzkampf liefern. Andererseits besteht auch die Möglichkeit zu einer Kooperation mit dem Ziel, den Wettbewerb einzuschränken (Kartell).

für die multinationale Unternehmung. Aus den Bedingungen für ein Gewinnmaximum bei Exporten oder Direktinvestitionen ist bekannt: $\Pi_{DI} > \Pi_{EX} > \Pi_{di} > \Pi_{ex}$. Der Gewinn vor Abzug der Fixkosten ist im Falle von Direktinvestition stets größer als bei Exporten, da der Export zusätzliche Kosten (für Zölle und Transport) verursacht. Für das Konkurrenzunternehmen ergibt sich vor Abzug der fixen Kosten: $\Pi^*_{ex} > \Pi^*_{di}$.

Die entscheidende Frage lautet: Ist es für das multinationale Unternehmen möglich, durch Direktinvestitionen die Konkurrenz von einem Marktzutritt fernzuhalten? Sind Direktinvestitionen als strategische Instrumente nutzbar? Welchen Vorteil zieht die multinationale Unternehmung aus strategischen Direktinvestitionen?

Der Monopolgewinn durch eine Direktinvestition (nach Abzug der Fixkosten) beträgt: $\Pi_{DI} - G$. Aus den Bedingungen für ein Gewinnmaximum bei den verschiedenen Marktformen ergibt sich, daß der Monopolgewinn größer ist als die Summe der Oligopolgewinne: $\Pi_{DI} > \Pi_{di} + \Pi^*_{di} > \Pi_{ex} + \Pi^*_{ex}$. Werden von der Ungleichung $\Pi_{DI} > \Pi_{ex} + \Pi^*_{ex}$ die Fixkosten der Direktinvestition G subtrahiert, so ergibt sich

$$\Pi_{DI} - G > \Pi_{ex} + F > \Pi_{ex}, \tag{2.7}$$

da $\Pi^*_{ex} - G > F > 0$. Ungleichung (2.7) besagt, daß der Nettogewinn aus der Direktinvestition größer ist als der Gewinn aus der Exportstrategie. Die multinationale Unternehmung wird sich also für Direktinvestitionen entscheiden.

Damit lautet die Marktlösung: Direktinvestition und kein Markteintritt des ausländischen Konkurrenzanbieters, d.h. im Marktgleichgewicht ergibt sich folgendes Ergebnis: $[\Pi_{DI} - G; 0]$. Die Marktform entspricht der eines Monopols mit den entsprechenden Konsequenzen für die Preisbildung auf diesem Markt. Damit läßt sich zusammenfassen: Unter der speziellen Gewinn- und Fixkostensituation für das ausländische Konkurrenzunternehmen $\Pi^*_{ex} > F + G > \Pi^*_{di}$, kann die

Direktinvestition des multinationalen Unternehmens den Markteintritt eines potentiellen Konkurrenten verhindern. Direktinvestitionen sind als ein strategisches Instrument nutzbar.[10]

⋆⋆⋆

Internationale Kooperationen

In der Realität haben Unternehmen aus den Industrieländern bei einem internationalen Joint Venture das Problem, daß sich für den Partner ein erheblicher diskretionärer Spielraum ergibt. Diesen diskretionären Spielraum einzuschränken ist die Aufgabe einer effizienten Vertragsgestaltung. Der Joint–Venture Vertrag sollte so gestaltet sein, daß der Partner in seinem eigenen Interesse das Ziel des Unternehmens anstrebt. Wir haben es bei einem internationalen Joint Venture mit einem klassischen Delegationsproblem (oder Anreizproblem) oder principal-agent Problem zu tun.

◊

Komplementär oder substitutiv zu den Direktinvestitionen sind die sogenannten *neuen* Formen der Internationalisierung. Die neuen Formen der Internationalisierung beruhen auf internationalen Kooperationsformen wie Lizenzvertrag, Sub-Contracting, Beratungsverträge (Consulting), Contractual Joint Ventures, Equity Joint Ventures, Countertrade (vgl. auch BÜSCHGEN [1993], AMANN und MARIN [1994]). Empirisch bedeutsam sind die Ost–West Joint Ventures. Hier einige Überlegungen zu dieser internationalen Unternehmenskooperation.

Vor dem Hintergrund der wirtschaftlichen Liberalisierung östlicher Volkswirtschaften, ergeben sich für westliche Unternehmen gute Perspektiven hinsichtlich eines Markteintritts in diese Ökonomien. In der

[10] Vgl. auch SMITH [1987].

Vergangenheit waren die internationalen Kooperationsbeziehungen zwischen östlichen und westlichen Unternehmen auf den Austausch von technischem Wissen, Bartergeschäften usw. beschränkt; es handelte sich um sogenannte Public-Private Joint Ventures. Direktinvestitionen waren nicht möglich. Für international tätige Unternehmen, die sich aufgrund der zunehmenden Globalisierung der Wirtschaften für die östlichen Absatzmärkte interessieren, bieten sich heute interessante Kooperationsmöglichkeiten an. Wie die Erfahrung zeigt, handelt es sich dabei vor allem um Contractual Joint Ventures.

Aufgrund der noch unzureichenden bzw. zum Teil noch fehlenden gesetzlichen Grundlagen zur Durchführung von Direktinvestitionen in den verschiedenen östlichen Ländern, bieten sich als Internationalisierungsform zunächst Ost-West Joint Ventures an. Joint Ventures haben aufgrund ihrer Marktnähe in der Regel größere Erfolgsaussichten als etwa eine Exportstrategie, da die östlichen Wirtschaften unter chronischem Devisenmangel leiden und die Absatzmärkte für westliche Produkte noch nicht erschlossen sind. Dementsprechend ist auch die Zahl der Ost-West Joint Ventures in den letzten Jahren sehr stark angestiegen.

Joint Venture

Internationale Joint Ventures lassen sich nach verschiedenen Gesichtspunkten einordnen. Man unterscheidet z.B. zwischen einem Equity Joint Venture und einem Contractual Joint Venture. Gründen die Partner ein rechtlich selbständiges Gemeinschaftsunternehmen, an der die Parteien sowohl das Risiko als auch die Verantwortung für die Geschäftsführung tragen, so spricht man von einem Equity Joint Venture. Basiert der Joint Venture lediglich auf einem Vertrag, der Kosten, Risiko und Gewinn aus dem gemeinsamen Vorhaben auf die Partner aufteilt, ohne daß eine separate Unternehmung mit eigenem Kapital gegründet wird, so wird dies als vertragliches Joint Venture bezeichnet. Dies ist derzeit die wichtigste Form der Ost-West Joint Ventures.

Ein wichtiger Bestimmungsgrund für die Etablierung von Ost–West Joint Ventures ist die unterschiedliche Ausstattung mit Ressourcen und Fähigkeiten der beteiligten Unternehmen. So verfügt in der Regel der West–Partner über Kapital, Technologie und Know–How für Produktion und Vertrieb. Der West–Partner ist am Zugang zu lokalen Ressourcen, am Marktzutritt und an der Distribution vor Ort interessiert. Hier liegen die Wettbewerbsvorteile des Ost–Partners. Ein Equity oder Contractual Joint–Venture bringt unter diesen Bedingungen beiden Unternehmen einen Vorteil und der gesamten Wirtschaft einen Allokationsgewinn. Empirische Arbeiten zeigen:
Das in den Ost–West Joint Ventures investierte Auslandskapital in den GUS–Ländern ist bislang noch recht gering. In der Mehrheit handelt es sich um Contractual Joint Ventures die in erster Linie als Repräsentanz und als Handelsagenturen dienen.

Effizienz durch Joint Ventures

Im Rahmen der zunehmenden Bedeutung der internationalen Arbeitsteilung, sowie ökonomischer und politischer Veränderungen der Weltwirtschaft, müssen viele Unternehmen ihre Internationalisierungsstrategien überdenken und den veränderten Rahmenbedingungen anpassen. Zu den wichtigen Internationalisierungsstrategien gehören, neben dem klassischen Handelsgeschäft (Export– und Importgeschäft) und der Direktinvestition, internationale Joint Ventures (vgl. HOSSFELD [1994]).

Im folgenden soll anhand einfacher Überlegungen der Frage nachgegangen werden, welches die ökonomischen Probleme eines Joint Venture darstellen und wie Effizienz durch einen Joint Venture Vertrag erreicht werden kann. In unserem Beispiel dient das Joint Venture der Effizienz. Das Joint Venture kann auch als Instrument zur Risikopolitik (zur Sicherung von Eigentumsrechten) von Seiten der Unternehmen genutzt werden. Dies wird im nächsten Abschnitt behandelt.

Wir gehen davon aus, daß ein multinationales Unternehmen im Ausland investiert und mit der ausländischen Regierung einen Public Private Joint Venture abschließt. Das multinationale Unternehmen entscheidet über die Investitionshöhe. Die Regierung des Gastlandes entscheidet über die Anteile am Erlös und den Kosten des Investitonsvorhabens. Es werden folgende Symbole und Abkürzungen verwendet:

- I Investitionsvolumen
- $R(I)$ Bruttoertrag aus dem Investitionsvorhaben pro Periode (mit $R'(I) > 0, R''(I) < 0$)
- r riskofreier Zins
- t Bruttogewinnsteuersatz
- θ_1 Unternehmensanteil am Gewinn
- θ_2 Unternehmensanteil an den Investitionsausgaben.

Als Ausgangspunkt dient eine Situation, in der eine Direktinvestition ohne ein Public–Private Joint Venture vorgenommen wird. Das multinationale Unternehmen investiert direkt im Ausland und behält die vollständige Kontrolle über die Zweigniederlassung. In der Schreibweise des Modells: $\theta_1 = \theta_2 = 1$. Das Unternehmen maximiert den auf heute abdiskontierten Nettoerlös:

$$\max_I \frac{(1-t)R(I)}{1+r} - I. \tag{2.8}$$

Im Optimum für die Direktinvestition I gilt: Der abdiskontierte Grenzerlös entspricht den Grenzkosten

$$\frac{(1-t)R'(I)}{1+r} = 1. \tag{2.9}$$

Die Regierung erhält an Steuern $tR(I)/(1+r)$. Gesamtwirtschaftlich optimal wäre ein Investitionsvolumen, bei dem der gesamtwirtschaftliche Vorteil aus dem Investitionsprojekt maximiert wird, d.h. $\max_I \frac{R(I)}{1+r} - I$. Als Optimalitätsbedingung gilt in diesem Falle:

$$\frac{R'(I^0)}{1+r} = 1. \tag{2.10}$$

Die volkswirtschaftliche Fragestellung lautet: Kann ein Joint Venture zwischen dem ausländischen Investor und der Regierung des Gastlandes das gesamtwirtschaftlich effiziente Ergebnis verwirklichen? Dieser Frage soll im folgenden nachgegangen werden.

Ziel der Regierung des Gastlandes ist es, dem multinationalen Unternehmen einen Joint Venture anzubieten, der für beide Parteien vorteilhaft ist. Gesucht ist ein Vertrag $JV(\theta_1, \theta_2 \mid t)$, so daß

$$\frac{R(I)}{1+r} - I - \left(\frac{(1-t)\theta_1 R(I)}{1+r} - \theta_2 I\right) \geq \frac{tR(I)}{1+r}, \tag{2.11}$$

unter der Nebenbedingung

$$\frac{(1-t)\theta_1 R(I)}{1+r} - \theta_2 I \geq \frac{(1-t)R(I)}{1+r} - I. \tag{2.12}$$

Effizienz

Die erste (schwache) Ungleichung bedeutet, daß sich die Regierung des Gastlandes über erhöhte Steuereinnahmen besserstellt. Die zweite (schwache) Ungleichung bedeutet, daß sich das internationale Unternehmen über den Abschluß eines Joint Venture ebenfalls verbessert. Gilt für beide Beziehungen das strikte Ungleichheitszeichen, so verbessern sich beide Parteien. Sind (2.11) und (2.12) erfüllt, so ist das Joint Venture pareto–optimal. In der *Abb. 2.10* ist das effiziente und anreizkompatible Public–Private Joint Venture grafisch dargestellt worden.

In der *Abb. 2.10* bezeichnet die Strecke AB die Effizienzlinie, d.h. es gilt $\theta_1 = \theta_2/(1-t)$. Die Strecke CD bezeichnet Kombinationen der Anteile θ_1, θ_2 die die Bedingung der Anreizkompatibilität erfüllen (d.h.

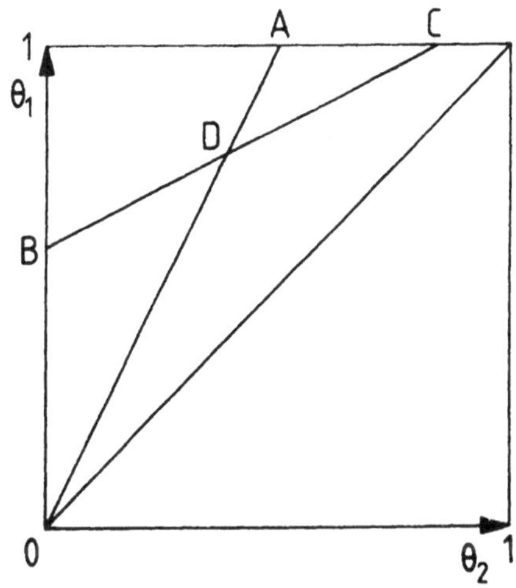

Abbildung 2.10: Joint Venture und Effizienz

auf der Strecke CD bzw. oberhalb diese Strecke erhält der ausländische Investor seinen garantierten Mindestgewinn oder mehr). Die Strecke AB bezeichnet alle effizienten und anreizkompatiblen Joint Venture Verträge. Punkt E bezeichnet eine Situation, in der das Land die volle Verhandlungsmacht besitzt. In Punkt B liegt die volle Verhandlungsmacht bei dem multinationalen Unternehmen. Wir fassen unser erstes Ergebnis wie folgt zusammen.

AUSSAGE 2.11 *(Public-Private Joint Venture). Ein Joint Venture, das die Verteilungsregel $\theta_1 = \theta_2/(1-t)$ beinhaltet, ist pareto-optimal. Das gesamtwirtschaftlich optimale Investitionsvolumen I^0 wird realisiert.*

Die effiziente Joint Venture Regel bedeutet, daß der Erlösanteil für das multinationale Unternehmen immer größer sein muß als der Kostenanteil $\theta_1 > \theta_2$. Durch einen effizienten Vertrag werden Anreize geschaffen, die zu einem höheren Investitionsvolumen führen. Höhere Investitionen führen zu einem verbesserten gesamtwirtschaftlichen Ergebnis, das auf beide (oder im Extremfall nur eine) der Vertragsparteien verteilt werden kann. Das Joint Venture ist pareto–effizient.[11]

Joint–Venture und Risikopolitik

Politische Risiken in Entwicklungsländern können dazu führen, daß keine Investitionen oder zu geringe Investitionen ausländischer Investoren vorgenommen werden, obwohl erhebliche Gewinnmöglichkeiten für ausländische Unternehmen bestehen. Darüber hinaus führt Unsicherheit über die Eigentumsrechte dazu, daß ein Technologietransfer nicht zustande kommt. Ein Joint Venture zwischen einem ausländischen Investor und der Regierung des Gastlandes kann das Problem der Unterinvestition lösen. Ziel der Analyse ist es, einen positiven Zusammenhang zwischen Auslandsinvestitionen und einem Joint Venture in einem Entwicklungsland aufzuzeigen.

Ein wichtiges Kennzeichen der zunehmenden Internationalisierung der Wirtschaft stellt das Wachstum der Direktinvestitionen multinationaler Unternehmen dar. Durch Direktinvestitionen entsteht ein Transfer von Realkapital. Gleichzeitig werden durch Direktinvestitionen Eigentumsrechte ins Ausland übertragen. Werden Handlungs– und

Risiken

Verfügungsrechte durch ein unsicheres oder instables Rechtssystem eingeschränkt, können sich marktwirtschaftliche Aktivitäten (wie Direktinvestitionen) nicht im gewünschten Umfang entfalten. Insbesondere in Entwicklungsländern sind Eigentumsrechte erheblichen politischen Risiken ausgesetzt. Gerade diese Staaten sind jedoch auf Kapital und Technologietransfer dringend angewiesen. Andererseits bestehen für ausländische Investoren beträchtliche Gewinnmöglichkeiten, die aber nicht genutzt werden können, da politische Risiken Direktinvestitionen behindern. Ein Weg dieses Problem der Unterinvestition zu lösen, be-

[11] Die *Beweisführung* sei hier als Übungsaufgabe gestellt. Vgl. auch Marjit [1990], und Marjit, Broll und Mallick [1994].

steht in der Schaffung eines wirksamen internationalen Einheitsrechts zur Sicherung der Eigentumsrechte. Von dieser Seite besteht jedoch zunächst wenig Hoffnung auf internationale Rechtssicherheit. Im Rahmen des Risikomanagements international tätiger Unternehmen wird deshalb nach Möglichkeiten gesucht, Investitionsrisiken beeinflußbar und damit gestaltbar zu machen. Das internationale Joint Venture kann als Instrument der Risikopoltik genutzt werden. Das anreizkompatible Joint Venture kann das Enteignungsrisiko vermeiden und damit Auslandsinvestitionen fördern.

Direktinvestition und Enteignungsrisiko

In einem Entwicklungsland steht der ausländische Investor einem (abdiskontierten) Einzahlungsstrom in Höhe von $R(I)$ in Abhängigkeit der heute getätigten Investitionen I gegenüber. Der Einzahlungsstrom $R(I)$ ist zunehmend, aber mit abnehmender Rate $R' > 0, R'' < 0$. Der Nettoertrag der Unternehmung G lautet

$$G(I) = R(I) - I - Z, \tag{2.13}$$

wobei Z die (abdiskontierte) Transferzahlung (die Rente etwa in Form einer royalty) bezeichnet, die pro Periode anfällt und vom Entwicklungsland erhoben wird. Das optimale Investitionsvolumen des Unternehmens I^0 wird durch die Bedingung: Abdiskontierter Grenzerlös der Investition gleich Grenzkosten der Investition bestimmt, d.h.

$$R'(I^0) = 1.$$

Die Höhe I^0 ist einzelwirtschaftlich und gesamtwirtschaftlich das optimale Investitionsvolumen. Das Ziel des Entwicklungslandes ist die Einnahmenmaximierung (Abschöpfung der Rente), wobei ein Mindestgewinn $\bar{G}$ für den ausländischen Investor zu berücksichtigen ist: $G(I^0) \geq \bar{G}$. Annahmegemäß habe die Regierung des Gastlandes die

die volle Verhandlungsmacht, so daß der maximale Nettogewinn $G(I^0)$ dem Mindesgewinn $\bar{G}$ entspricht. Wie groß sind im Optimum die Einnahmen des Entwicklungslandes? Die Regierung setzt eine Transferzahlung Z^* fest, so daß der gesamte Überschuß auf das Entwicklungsland entfällt. Da der Investor aber seinen Mindestgewinn $\bar{G}$ erhält, d.h. $R(I^0) - I^0 - \bar{G} = Z^*$ gilt

$$Z^* = R(I^0) - I^0 - \bar{G}. \tag{2.14}$$

Aus dieser Lösung ergeben sich wichtige wirtschaftspolitische Implikationen für einen Technologietransfer und für das Investitionsverhalten internationaler Unternehmen.

Techno–logie–transfer

Technologietransfer. Aus der Bedingung für die optimale Abschöpfung der Rente (Gleichung (2.14)) erkennt man, daß der Bruttoertrag größer ist als die Einnahmen aus der Transferzahlung $R(I^0) > Z^*$. Wenn das ausländische Unternehmen die Technologie transferiert, so daß die Regierung im Gastland im Falle einer Enteigung das Projekt selbst durchführen kann, so lohnt sich die Strategie der Enteigung. Unter diesen ökonomischen Rahmenbedingungen wird die ausländische Unternehmung die Technologie nicht transferieren. Was im Falle einer Enteignung dann noch für das Gastland verbleibt, ist der Marktwert der Investition I^0.

Enteignungsrisiko. Die Regierung wird den ausländischen Investor aus Eigeninteresse nicht enteignen, wenn die Transferzahlung größer ist als der Ertrag aus der Enteignung: $Z^* \geq I^0$. Da die optimale Investition I^0 aber unabhängig von Z ist, ist der Eintritt des Enteigungsfalles unbestimmt. Es läßt sich nun zeigen, daß das Joint Venture einen Zusammenhang zwischen der Besteuerung und dem politischen Risiko einer Enteignung herstellen kann. Dieser Zusammenhang läßt sich durch eine effizienten Vertragsgestaltung zum beiderseitigen Vorteil nutzen.

AUSSAGE 2.12 *(Politisches Risiko). Gegeben eine international tätige*

Unternehmung und eine Regierung eines Entwicklungslandes wie oben beschrieben. Das politische Risiko führt dazu, daß kein Technologietransfer stattfindet. Darüber hinaus, ist es möglich, daß keine Direktinvestitionen vorgenommen werden, obwohl Gewinnmöglichkeiten im Entwicklungsland vorhanden sind.

Der *Beweis* ergibt sich direkt aus der Gleichung (2.14). □

Wie das Beispiel zeigt, stellt die Strategie 'kein Technologietransfer' eine notwendige, aber keine hinreichende Bedingung zur Abwehr einer Enteignung dar. Dies zeigt die Gleichung (2.14). Es besteht kein Zusammenhang zwischen der Transferzahlung Z^* und dem Investitionsvolumen I^0. Wie im nächsten Abschnitt gezeigt wird, kann ein internationales Joint Venture einen Zusammenhang zwischen Transferzahlung und Investition herstellen. Dieser Zusammenhang kann über eine effiziente Vertragsgestaltung zur Risikopolitik des ausländischen Investors genutzt werden. Die Regierung investiert in Höhe von $(1-\theta_2)$ und erhält einen Ertragsanteil in Höhe von $(1-\theta_1)$. Der ausländische Investor erhält im Falle eines Joint Venture einen Gewinn in Höhe von $G(I) = \theta_1 R(I) - \theta_2 I - Z$. Dieser Gewinn muß größer gleich dem Mindestgewinn $\bar{G}$ sein, wenn das Joint Venture für den ausländischen Investor akzeptabel sein soll. Darüber hinaus soll das Joint Venture die Glaubwürdigkeit der Regierung des Gastlandes signalisieren. Die Glaubwürdigkeitsbedingung im vorliegenden Fall lautet: Der Nettoertrag aus dem Joint Venture ist für das Gastland größer als der Ertrag aus einer Enteignung. Ein anreizkompatibles Joint Venture muß demnach folgende Bedingungen erfüllen. Gesucht ist ein Joint Venture θ_1, θ_2 verbunden mit einer Transferzahlung Z das den Nettovorteil des Entwicklungslandes maximiert. In der Schreibweise des Modells:

$$\max_{\theta_1,\theta_2,Z} R(I) - I - (\theta_1 R(I) - \theta_2 I - Z), \tag{2.15}$$

und zwar unter der Nebenbedingung der Anreizkompatiblität (2.16) und der Glaubwürdigkeit der Regierung (2.17):

$$\theta_1 R(I) - \theta_2 I - Z \geq \bar{G}, \tag{2.16}$$

$$(1-\theta_1)R(I) - (1-\theta_2)I - Z \geq \theta_2 I. \tag{2.17}$$

Das Joint Venture $JV(\theta_1, \theta_2)$ soll Effizienz und Sicherheit der Eigentumsrechte garantieren. Das anreizkompatible Joint Venture lautet:

AUSSAGE 2.13 *(Das effiziente Joint Venture). Das effiziente Public-Private Joint Venture lautet:*

$$\theta_1 = \theta_2 \leq \bar{\theta} \quad \text{mit} \quad \bar{\theta} = min\{Z^*/I^0, 1\}. \tag{2.18}$$

Zur Beweisführung. Annahmegemäß habe die Regierung die vollkommene Verhandlungsmacht. Aus (2.16) wird $Z^* = R(I^0) - I^0 - \bar{G}$, wobei durch die Wahl $\theta_1 = \theta_2$ das effiziente Investitionsvolumen I^0 garantiert wird. Wird (2.16) in (2.15) eingesetzt und dann in der Nebenbedingung (2.17) verwendet, ergibt sich (2.18) und damit das gesuchte anreizkompatible Joint Venture: $Z^* \geq \bar{\theta} I^0$. wobei $Z^*/I^0 = \bar{\theta}$. Wobei in (2.18) gilt: $Z^* = R(I^0) - I^0 - \bar{G}$. □

Gilt die Ungleichung $Z^* > I^0$ so ist das Joint Venture zur Risikopolitik nicht erforderlich (es gilt somit $\theta_1 = \theta_2 = 1$). Ist jedoch die Situation $I^0 > Z^*$ gegeben, so entsteht die Gefahr der Enteignung. Dieser Gefahr kann das Joint Venture zwischen der Regierung und dem ausländischen Investor begegnen. Sind Investitions- und Ertragsanteile gleich groß, jedoch kleiner gleich dem kritischen Wert $\bar{\theta}$, so verhindert das Joint Venture die Gefahr einer Enteignug durch rationale Nutzen-Kosten Überlegungen. Der kritische Wert wird durch das Verhältnis von Transferzahlung zu optimalem Investitionsvolumen bestimmt. Gleich große Erlös- und Kostenanteile $\theta_1 = \theta_2$ sichern die Effizienz, d.h. das gesamtwirtschaftlich optimale Investitionsvolumen $I = I^0$ wird implementiert. Die Bedingung $\theta_1 = \theta_2 \leq \bar{\theta}$ sichert die Investitionen vor dem politischen Risiko. Im vorliegendem Fall wird die Regierung eines Entwicklungslandes durch das Joint Venture am Gewinn und auch am Risiko beteiligt. Durch den Joint Venture erhält die Regierung Anreize, politische Risiken nicht entstehen zu lassen.

Lizenzvertrag

Vertragliche Kooperationsformen zwischen in- und ausländischen Unternehmen stellen Alternativen zum Export und zu Direktinvestitionen dar. Vertragliche Kooperationen sind eine Möglichkeit, ausländische Märkte zu gewinnen, weil beispielsweise Exporte und Direktinvestitionen aus wirtschaftlichen und (oder) wirtschaftspolitischen Gründen nicht möglich sind. Andererseits geben Kooperationen der eher mittelständischen Industrie Möglichkeiten internationale Standortvorteile zu nutzen. Das Problem einer internationalen Unternehmenskooperation als Alternative zu Direktinvestitionen besteht vor allem in einem Delegationsproblem. Eine Möglichkeit, das Problem zu lösen, besteht in der Ausgestaltung eines anreizkompatiblen Vertrags. Dies soll am Beispiel eines internationalen Lizenzvertrags verdeutlicht werden (vgl. ausführlich HORSTMANN und MARKUSEN [1987]).

Eine inländische Unternehmung verfüge über einen unternehmensspezifischen Wettbewerbsvorteil. Die Unternehmung bietet ein Produkt mit einer hohen Qualität an. Die Konsumenten sind *asymmetrisch* informiert, d.h. sie können nur nach Gebrauch des Produkts die Qualität richtig einschätzen. Der Informationsvorsprung des Unternehmens kann dahingehend genutzt werden, daß das Unternehmen durch Abweichen von der hohen Produktqualität einen hohen Extragewinn Π_A (mit $\Pi < \Pi_A$ wobei Π der Monopolgewinn bei der wahren Produktqualität darstellt) erzielen kann. Dieser hohe Gewinn kann aber nur einmal realisiert werden, da die Konsumenten nach dem Gebrauch des Gutes die Produktqualität richtig einschätzen und es zu keinen Wiederholungskäufen mehr kommt. Wie kann es unter diesen Bedingungen zu einem Marktgleichgewicht kommen? Der Monopolist wird genau dann die wahre hohe Produktqualität anbieten, wenn der über eine längere Nutzungszeit abdiskontierte Gewinn Π größer ist als der einmalige Extragewinn Π_A aus der bewußten Täuschung der Konsumenten. Es kommt zu einem Marktgleichgewicht (Reputationsgleichgewicht), wenn folgende Bedingung erfüllt ist:

Reputation

$$\frac{\Pi}{i} > \frac{\Pi_A}{1+i}, \tag{2.19}$$

wobei i den risikofreien Marktzinssatz darstellt.[12]

Mit anderen Worten, das Unternehmen investiert in seine Reputation (oder Goodwill) genau dann, wenn der kapitalisierte Ertrag aus der Investition (linke Seite der Ungleichung) größer ist als aus der Abweichungsstrategie (rechte Seite der Ungleichung). Läßt sich durch einen internationalen Lizenzvertrag dieses Reputationsgleichgewicht aufrechterhalten? Existiert ein Lizenzvertrag, so daß das Reputationsziel der inländischen Unternehmung nicht verletzt wird?

Ein Lizenzvertrag führt zu Einnahmen in Höhe von E. Lizenzgeber und -nehmer produzieren unter sonst gleichen Kostenbedingungen. Es läßt sich nun zeigen, daß eine *interne* Leistungserstellung und -verwertung den Lizenzvertrag dominiert. Der Lizenznehmer kann vom Vertrag abweichen (post-kontraktuelles Verhalten) und einen ein-

[12]Ein Hinweis zur Diskontierung zukünftiger Zahlungen: Eine für eine lange Zeit jährlich eingehende Zahlung in Höhe von Π besitzt den Gegenwartswert (oder Kapitalwert) von ungefähr Π/i. Die Zahlung Π_A erfolgt nur einmal, d.h. der Kapitalwert beträgt $\Pi_A/(1+i)$. Ein Zahlenbeispiel: Durch Abweichen von der hohen Qualität erhält man 1000 Geldeinheiten (GE). Der jährliche Monopolgewinn beträgt 100 GE; der Marktzins sei $i = 0,10$. Obwohl der Extragewinn sehr groß ist, lohnt sich Ehrlichkeit für das Unternehmen. Werden die numerischen Werte in die Ungleichung (2.19) eingesetzt, so zeigt sich, daß sich eine Investition in die Reputation des Unternehmens lohnt.

malig hohen Gewinn $\Pi_A > \Pi$ am Markt erzielen. Durch das post-kontraktuelle Verhalten zerstört der Lizenznehmer den unternehmensspezifischen Wettbewerbsvorteil des Lizenzgebers (denn in der Zukunft läßt sich der Gewinn Π nicht mehr erzielen). Ein anreizkompatibler Lizenzvertrag kann dieses Problem aber lösen. Die Bedingung für einen anreizkompatiblen Vertrag lautet in unserem Beispiel:

$$\frac{\Pi - E}{i} \geq \frac{\Pi_A - E}{(1+i)} \tag{2.20}$$

Der kapitalisierte jährliche Gewinn aus der Lizenzproduktion bei Vertragserfüllung (linke Seite der Ungleichung) ist größer als der einmalige (abdiskontierte) Gewinn aus dem Vertragsbruch (rechte Seite der Ungleichung). Vertragsbruch, bedeutet hier, daß der Lizenznehmer die Reputation, den Goodwill oder das technologische Wissen des Lizenzgebers (eine besonders hohe Produktqualität marktfähig zu machen) bewußt dazu einsetzt, sich wirtschaftliche Vorteile zu verschaffen. Die Bedingung für eine Vertragserfüllung (Gleichung (2.20)) läßt sich umschreiben zu:

$$E \leq \Pi - i\,[\Pi_A - \Pi] < \Pi. \tag{2.21}$$

Für den Lizenzgeber bedeutet dies, daß über den Lizenzvertrag weniger erwirtschaftet werden kann als über eine interne, hierarchische internationale Koordination, denn der Ertrag aus der Lizenz ist geringer als aus der Eigenproduktion ($E < \Pi$). Die interne Koordination ist unter diesen Bedingungen immer effizienter als der Lizenzvertrag, da der anreizkompatible Vertrag nicht kostenlos zu erhalten ist.

AUSSAGE 2.14 *(Lizenzvertrag). Um post-kontraktuelles Verhalten des Vertragspartners zu verhindern, müssen finanzielle Anreize geschaffen werden. Dies kann dazu führen, daß eine Direktinvestition dem Lizenzvertrag als internationale Koordinationsform vorgezogen wird.*

Principal–Agent Problem

Da für die international tätigen Unternehmen das Problem einer anreizkompatiblen Vertragsgestaltung sehr wichtig ist, soll das Delegations– bzw. das Principal–Agent Problem kurz formal dargestellt werden. Das Principal–Agent Problem (oder Delegationsproblem) läßt sich wie folgt verdeutlichen. Wie kann der Eigentümer (der Prinzipal) einer produktiven Ressource den Verwalter (der Agent) der Ressource dazu bewegen, in seinem Interesse (im Interesse des Prinzipals) zu handeln? Es liegt ein zentrales Delegationsproblem vor. Man kann sich folgende Situation vorstellen. Die Entscheidungen in einer großen Aktiengesellschaft werden durch die Manager getroffen. Die Eigentümer der Unternehmung (die Aktionäre) können die Aktionen und Handlungen der Manager nicht beobachten bzw. nicht vollständig kontrollieren und wollen dies in der Regel auch nicht. Unter diesen Bedingungen ergibt sich für den Manager ein diskretionärer Handlungsspielraum den er in der Regel zu nutzen weiß. Um den diskretionären Handlungsspielraum der Manager einzuschränken wird die Entlohnung der Manager mit dem beobachtbaren Unternehmensergebnis gekoppelt. Das Unternehmensergebnis (abgekürzt Π) ist aber eine Mischung aus Zufall $\tilde{z}$ und Managerleistung ℓ. Wie sieht der anreizkompatible Arbeitsvertrag aus? Die Zusammenhänge sollen wieder anhand eines Beispiels verdeutlicht werden.

Der Gewinn der Unternehmung ist mehr oder weniger das Ergebnis aus Zufall (Beschaffung, Absatz, Konjunktur, Präferenzen, Weltmärkte etc.) und gezielten Anstrengungen der Manager. Wir schreiben den Geschäftserfolg als $\tilde{\Pi} = \ell + \tilde{z}$, mit dem erwarteten Gewinn $E(\tilde{\Pi}) = \ell$, wobei unterstellt wird, daß $E(\tilde{z}) = 0$. Je größer der Einsatz ℓ der Manager ist, desto größer ist der erwartete Gewinn $E(\Pi(\ell))$. Die Eigentümer der Unternehmung seien risikoneutral. Ihr Ziel ist es, den erwarteten Gewinn abzüglich der Lohnzahlung an die Manager w zu maximieren: $E(\tilde{\Pi} - w)$. Die Manager haben eine Nutzenfunktion in Abhängigkeit der Lohnzahlung und ihres Arbeitseinsatzes, d.h. $U(w, \ell) = U(w - \ell^2 d/2)$, wobei d den Nutzenentgang aus der Arbeitsanstrengung angibt. Die Manager haben darüberhinaus einen Reservationslohn w^0, d.h. die Eigentümer müssen den Managern mindestens einen Erwartungsnutzen in Höhe dieses Einkommens garantieren, sonst kommt überhaupt kein Vertrag zustande ($E(u(\cdot)) \geq u(w^0)$).

Wir wollen nun wieder in zwei Schritten vorgehen. In (A) wird eine Situation erörtert, bei der die Aktionen des Agenten beobachtbar und kontrollierbar sind. Der Prinzipal würde somit den optimalen Arbeitseinsatz (die Arbeitsqualität, Arbeitsintensität etc.) durch den Arbeitsvertrag vorschreiben. In (B) gehen wir von der realistischeren Annahme aus, daß die Aktionen der Manager weder beobachtbar noch kontrollierbar sind. Die Anstrengungen der Agenten sind allerdings über ein bestimmtes Entlohnungsschema (*sharing rule*) steuerbar.

(A). Die Eigentümer können die Aktionen der Manager beobachten und damit kontrollieren. Unter diesen für sie günstigen Bedingungen (vollständige Information oder "public information") setzen sie den Managereinsatz (die Arbeitsqualität ℓ) als Vertragsbestand fest. Das Entscheidungsproblem des Prinzipals lautet:

$$\max_{\ell} E(\tilde{\Pi} - w),$$

unter der Nebenbedingung:

$$Eu(w - \ell^2 d/2) = u(w^0).$$

Aus der Nebenbedingung ergibt sich die Lohnzahlung $w = w^0 + \ell^2 d/2$ und damit als Zielfunktion der Eigentümer $E(\ell + \tilde{z} - w^0 - \ell^2 d/2) = \ell - w^0 - \ell^2 d/2$. Maximierung führt zum optimalen Arbeitseinsatz $\ell^0 = 1/d$. Der Arbeitgeber würde somit die Qualität der Arbeit vorgeben; jede Abweichung von der Vorgabe kann unter den getroffenen Annahmen (vollständige Information) festgestellt werden.

(B). Die Eigentümer können die Aktionen der Manager nicht beobachten, d.h. sie können den Unternehmenserfolg nicht danach beurteilen, ob der Zufall oder die Manager dafür verantwortlich zu machen sind (unvollständige Information oder "private information"). Den Arbeitseinsatz bzw. die Arbeitsqualität im Arbeitsvertrag festzuschreiben, ist somit ohne Wirkung. Der Arbeitseinsatz ℓ ist nicht mehr länger ein Aktionsparameter der Eigentümer.

Sie können aber über die Art der Entlohnung einen Anreiz (incentive) setzen, damit der Erwartungsgewinn $E(\tilde{\Pi})$ möglichst groß wird.

Die Eigner des Unternehmens haben sich für ein lineares Entlohnungsschema entschieden: $w(\tilde{\Pi}) = f + \alpha\tilde{\Pi}$ mit f als einer festen (sicheren) Einkommenszahlung und $0 < \alpha \leq 1$ als dem Einkommensanteil am stochastischen Unternehmensgewinn. Das Einkommen der Manager wird dabei auch zu einer unsicheren Größe. Die Manager wählen ihren optimalen Arbeitseinsatz. Sie lösen das folgende Optimierungsproblem:

$$\max_{\ell} Eu(w, \ell) = Eu[f + \alpha(\ell + \tilde{z}) - \ell^2 d/2].$$

Die Lösung ergibt einen Arbeitseinsatz $\ell = \alpha/d$. D.h. der Arbeitseinsatz ist eine steigende Funktion im Gewinnanteil α. Je größer dieser Anteil ist, desto größer ist die Anstrengung der Beauftragten. Das Verhalten der Manager kann also über den Gewinnanteil gelenkt werden. Die Eigner des Unternehmens werden α als Instrument der Verhaltenslenkung des Agenten einsetzen.

AUSSAGE 2.15 *(Delegationsproblem). In einer arbeitsteiligen Wirtschaft kann ein Delegationsproblem aufgrund unvollständiger Information über die Aktionen des Beauftragten entstehen. Ein anreizkompatibler Vertrag kann dieses Delegationproblem lösen. Durch ein entsprechend gestaltetes Entlohnungsschema läßt sich das Verhalten des Beauftragten in die gewünschte Richtung lenken.*

Der Prinzipal benutzt das Entlohnungsschema, um die Qualität des Arbeitseinsatzes oder die Anstrengungen des Agenten in die gewünschte Richtung zu lenken. Mit dem linearen Lohnschema (beschrieben durch f, α) setzt der Eigentümer die richtigen Anreize, um das unbeobachtbare Verhalten zu steuern. Andererseits sind Anreize nicht kostenlos. Je größer α ist, desto größer ist zwar der Erwartungsgewinn, aber desto geringer ist der Gewinnanteil der Eigner. Also auch hier kommt es zu einem Zielkonflikt zwischen den Vor- und Nachteilen eines anreizkompatiblen Vertrags (vgl. auch TIROLE [1988], RICHTER [1990]).

Zusammenfassung

Die multinationale Unternehmung als große, mit ihrer Tätigkeit viele Länder umspannende Unternehmenseinheit, ist zu einem herausragenden Merkmal der internationalen Arbeitsteilung geworden. Heute vollzieht sich ein großer Teil der grenzüberschreitenden Leistungserstellung und Leistungsverwertung innerhalb weltweit operierender Unternehmen. Von multinationalen Unternehmen werden internationaler Güterhandel, Kapitalbewegungen und Technologietransfer intern koordiniert und alloziert. Ziel von diesem Kapitel ist, eine außenhandelstheoretische Einführung in das Phänomen der Internationalisierung der Produktion durch Direktinvestitionen, die von multinationalen Unternehmen vorgenommen werden, zu geben. Darüber hinaus wurden Probleme der neuen Formen der Internationalisierung diskutiert.

Eine gute Möglichkeit für eine rasche Wiederbelebung der östlichen, früher zentralverwalteten Wirtschaften ist eine dynamische Erweiterung der ausländischen Kapitalanlagen. Ost-West Joint Ventures spielen als Vorläufer für diesen geplanten Umstrukturierungsprozeß eine wichtige Rolle. Die Umstrukturierung der osteuropäischen Wirtschaftssysteme bietet den westlichen Unternehmen interessante Perspektiven für einen Markteintritt. Für eine Internationalisierung von wirtschaftlichen Aktivitäten kommen mehrere Formen in Frage. Je nach den wirtschaftlichen und institutionellen Rahmenbedingungen sind dabei Exportstrategien, Kooperationen und/oder hierarchische Koordination (über Direktinvestitionen) effizient. Es hat den Anschein, daß im Zusammenhang mit der Liberalisierung der östlichen Wirtschaften die Unternehmenskooperation in Form eines Joint Ventures eine besonders geeignete Form der Internationalisierungsstrategie der westlichen Unternehmen darstellt. Weitere Risiken, die sich für international tätige Unterenhmen aus der internationalen Arbeitsteilung ergeben können, sind vorallem vom Internationalisierungsprofil der Unternehmen abhängig.

Das Risiko aus einem Exportgeschäft kann geringer sein als das politische Risiko das sich bei einer Direktinvestition im Ausland ergeben kann. Die Verschuldungsprobleme der Entwicklungsländer haben zu einer Erhöhung der Marktrisiken als auch der politischen Risiken geführt (vgl. MOHR [1991], OSTERKAMP [1991]).

◇

Übungsaufgaben

1. Erläutern Sie mögliche Internationalisierungsformen von Unternehmen. Nennen Sie Vorteile und Nachteile dieser Strategien.

2. Wann sind Direktinvestitionen im Ausland substitutiv oder kompelementär zum internationalen Handel? Welche wirtschaftspolitische Bedeutung haben Direktinvestitionen?

3. Nennen Sie Bestimmungsgründe für Direktinvestitionen im Ausland! Verwenden Sie bei Ihrer Argumentation auch die Internalisierungsthese!

4. Direktinvestitionen können auch strategischen Zwecken dienen. Diskutieren Sie!

5. Erklären Sie das sogenannte Principal–Agent Problem. Wie kann dieses Delegationsproblem überhaupt entstehen und wie kann es gelöst werden?

6. Was ist ein effizienter Vertrag?

7. Unterscheiden Sie zwischen internationalen Portfolioinvestitionen und Direktinvestitionen!

8. Erklären Sie, wie das (Public–Private) Joint Venture zur Risikopolitik (Risikoteilung) genutzt werden kann.

⋆⋆⋆

Kapitel 3

Monetäre Außenwirtschaft

In einer offenen Volkswirtschaft sind die Möglichkeiten der Geld- und Fiskalpolitik gegenüber dem Fall einer geschlossenen Volkswirtschaft beschränkt. Bei flexiblen Wechselkursen und bei großer internationaler Kapitalmobilität ist die Fiskalpolitik zur Beeinflussung von Produktion und Beschäftigung ungeeignet. Die Geldpolitik ist hingegen ein sehr wirkungsvolles wirtschaftspolitisches Instrument.

◇

Die seit dem Übergang zu einem System flexibler Wechselkurse beobachtete hohe kurzfristige Volatilität und Instabilität der Wechselkurse hat in den vergangenen Jahren zu einer Neuorientierung in der Wechselkurstheorie geführt, wobei eine Reihe wichtiger theoretischer Erklärungsansätze mit unterschiedlichen wirtschaftspolitischen Implikationen entwickelt wurde. Im Gegensatz zur traditionellen Theorie, die den Wechselkurs als Relativpreis von Gütern betrachtet, und damit ein Strom-Gleichgewicht für die Bestimmung des Wechselkurses in den Mittelpunkt rückt, wird in neueren Arbeiten der Wechselkurs als Relativpreis von inländischen und ausländischen Finanzaktiva in unterschiedlichen Währungen interpretiert. Danach befindet sich der Wechselkurs im Gleichgewicht, wenn inländische und ausländische Kapitalanleger die in den betreffenden Währungen angebotenen Bestände an Finanztiteln gerade zu halten wünschen. Der Wechselkurs ist demnach durch ein Bestandsgleichgewicht bestimmt.

Die in diesem Kapitel behandelten Fragen beziehen sich zunächst auf die traditionelle Theorie. Insbesondere beschäftigen wir uns mit dem internationalen Güterhandel und internationalen Kapitalbewegungen, der Zahlungsbilanz, Zahlungsbilanzausgleichen, der Bestimmung des Wechselkurses, den Wechselkurssystemen, Kaufkraft- und Zinsparität, Einkommenseffekten und Stabilisierungspolitik in offenen Volkswirtschaften.[1]

Rück-wirkungen

Ob die deutsche Volkswirtschaft expandiert oder in eine kontraktive Phase übergeht, ist für die übrigen Industrieländer von großer Bedeutung. Umgekehrt ist der internationale Konjunkturzusammenhang auch für die Bundesrepublik Deutschland wirksam. Vermindern sich beispielsweise die Investitionen im Ausland, so geht das ausländische Einkommen zurück und damit auch der internationale Handel. Eine Verminderung des ausländischen Einkommens wirkt kontraktiv auf das inländische Bruttosozialprodukt. Neben dem Einfluß auf das Einkommen gibt es Rückwirkungen auf die Leistungsbilanz der internationalisierten Volkswirtschaften. Der internationale Konjunkturzusammenhang erklärt sich aufgrund der starken Internationalisierung der Güter- und Finanzmärkte.

Kapitel 3 ist wie folgt gegliedert: Abschnitt 3.1 dient zur Einführung in die monetäre Außenwirtschaft. Wir beschäftigen uns mit dem elementaren monetären Ansatz zur Bestimmung des Wechselkurses. Die wesentlichen Elemente des monetären Ansatzes sind Kaufkraftparität,

[1]Vgl. beispielsweise KENEN [1989], MELVIN [1989], GÄRTNER [1990], MEYER, EWERHART und SIEBE [1990], PARKIN und KING [1992], SCHMITT-RINK und BENDER [1992], HALL und TAYLOR [1993], HALLWOOD und MACDONALD [1994].

Zinsparität und das Geldmarktgleichgewicht. Anhand einfacher Darstellungen werden wichtige Implikationen für die Geldpolitik einer offenen Volkswirtschaft aufgezeigt. Weiterhin werden in Abschnitt 3.2 Paritäten der internationalen Güter- und Finanzmärkte vorgestellt. Diese Paritäten sind der Ausgangspunkt für eine Einführung in das Internationale Finanzmanagement. In Abschnitt 3.3 werden die internationalen Wirtschaftsbeziehungen in einer makroökonomischen Analyse berücksichtigt und einführend diskutiert. Im wesentlichen geht es um eine Erweiterung des Keynesianischen makroökonomischen IS–LM Modells für eine offene Volkswirtschaft. Das IS–LM Modell wird um den Effekt der internationalen Wirtschaftsbeziehungen erweitert. Daraus ergeben sich wichtige Implikationen für die Stabilisierngspolitik einer Volkswirtschaft. Darüber hinaus werden zentrale Begriffe der monetären Außenwirtschaft wie Einkommensmultiplikator und internationale Rückwirkungen vertieft.

Elastizität

Wenn im Ausland Preisauftriebstendenzen herrschen, wird die ausländische Inflation auf das Inland übertragen? Wie wirkt sich die Inflation im Ausland auf den inländischen Leistungsbilanzsaldo aus? Wir wollen uns in diesem Abschnitt einführend mit dem Phänomen des direkten internationalen Preiszusammenhangs beschäftigen.

Unter Verwendung einer Partialanalyse (Elastizitätsansatz) sollen die ökonomischen Wirkungen einer Nachfrageänderung im Ausland bei einem konstanten Wechselkurs aufgezeigt werden. Preisverändernde Vorgänge (etwa in Form einer exogenen Nachfrageerhöhung im Ausland) verändern die Marktpreise, die auf den internationalen Wettbewerbsmärkten gebildet werden und die bei Freihandel für In- und Ausländer gleich sind. Infolge von Preisänderungen ändert sich auch der Leistungsbilanzsaldo. **Preise**

(1) Preisänderung auf dem Exportmarkt. Das Inland habe einen Preisvorteil bei dem betrachteten Gut. Die Nachfrage im Ausland erhöht sich, beispielsweise aufgrund einer starken Konjunkturbelebung. Die ausländische Nachfragekurve verschiebt sich in einem Nachfrage–Angebots Diagramm nach rechts. Der Freihandelspreis nimmt aufgrund der Nachfrageänderung zu; die Exportgütermengen ebenfalls. Der inländische Exportwert steigt.

(2) Preisänderung auf dem Importmarkt. Das Inland habe einen Preisnachteil bei dem betrachteten Gut. Die Nachfrage im Ausland erhöht sich. Diese Nachfrageänderung führt bei Freihandel zu einem Preisanstieg und zu einer Reduktion der Importmengen. Wie verhält sich der Importwert (ausgedrückt in inländischen Währungseinheiten)? Es zeigt sich, daß die Elastizität E_{IM} der inländischen Importnachfrage hierfür entscheidend verantwortlich ist.

Aus dem Zusammenwirken der Preisänderungen (1) und (2) ergeben sich ökonomische Konsequenzen für die Entwicklung des inländischen Leistungsbilanzsaldos bzw. in unserem vereinfachten Beispiel für die Entwicklung des Außenbeitrags (vgl. *Tabelle 3.1*).

	Export-wert	Import-wert	Außen-beitrag
a)	steigt	sinkt ($\epsilon_{IM} < 1$)	steigt
b)	steigt	konstant ($\epsilon_{IM} = 1$)	steigt
c)	steigt	steigt ($\epsilon_{IM} < 1$)	steigt bleibt konstant sinkt

Tabelle 3.1: Außenbeitrag

Die Größe, die über das Vorzeichen der Änderung des Außenbeitrags entscheidet, ist in unserem Beispiel die Elastizität der inländischen Importnachfrage ϵ_{IM}. Ist ϵ_{IM} größer als eins, dann sinkt der Importwert infolge der Preiserhöhung. Ist ϵ_{IM} gleich eins, dann bleibt der Importwert unverändert. Ist die Importnachfrage unelastisch, d.h. ϵ_{IM} ist kleiner als eins, dann erhöht sich der Importwert. **Außen–beitrag**

Wie aus der Diskussion hervorgeht, führt eine Nachfrageerhöhung im Ausland zu einer Erhöhung der Exportgüter– und der Importgüterpreise. Durch den Freihandel übertragen sich die Preiserhöhungen auf die heimische Volkswirtschaft. Dieser durch Anpassungsvorgänge auf internationalen Märkten verursachte Mechanismus wird in der Literatur als "direkter internationaler Preiszusammenhang" bezeichnet. Dieser direkte Preiszusammenhang besteht unabhängig davon, ob der Leistungsbilanzsaldo der Volkswirtschaft zu– oder abnimmt. Auch bei einer Abnahme des Leistungsbilanzsaldos kann eine Inflationsübertragung eintreten.

Übungsaufgabe: Die inländische Angebots– und Nachfragefunktion für das Gut X lautet: $X^D = 100 - P$, $X^S = 2P - 50$. Im Ausland gelten folgende Angebots– und Nachfragebedingungen: $X_*^D = 200 - 2P^*$, $X_*^S = 10P^* - 40$. Der Wechselkurs e ist auf eins normiert und konstant. (a) Wird das betrachtete Gut exportiert oder importiert? Welches Land besitzt einen Preisvorteil? Zeigen Sie den Zusammenhang auch graphisch (Angebots–Nachfrage Diagramme). (b) Welcher Preis und welche Handelsmengen stellen sich bei Freihandel ein? (c) Angenommen, das Gut werde importiert. Wie groß ist die Importelastizität ϵ_{IM}? Welche Bedeutung hat die Importelastizität für die Entwicklung des Leistungsbilanzsaldos bzw. des Außenbeitrags einer offenen Volkswirtschaft? (d) Welche ökonomischen Konsequenzen ergeben sich bei einer autonomen ausländischen Nachfrageerhöhung? Erklären Sie anhand des algebraischen Beispiels den direkten internationalen Preiszusammenhang!

Flexible Wechselkurse. Im System flexibler Wechselkurse wird der Wechselkurs endogen über eine Marktgleichgewichtsbedingung bestimmt. Wechselkursänderungen sorgen für einen Ausgleich von Devisen–Angebot und Devisen–Nachfrage. Eine Interventionspflicht der Notenbanken wie im System fixer Kurse, durch die künstliche Nachfrageerhöhungen (d.h. Mengenbewegungen) zur Garantierung eines konstanten Wechselkurses vorgeschrieben sind, entfällt hier. Ausgangspunkt für den Elastizitätsansatz ist die Annahme, daß die DM–Nachfrage durch den Exportwert in DM, X_{DM}, und das DM–Angebot durch den Importwert in DM, IM_{DM}, bestimmt werden. Die Gleichgewichtsbedingung zur Bestimmung des Wechselkurses lautet somit

$$A(e) = X_{DM} - IM_{DM} = 0. \tag{3.1}$$

Wechselkursbewegungen sorgen also dafür, daß der Außenbeitrag A stets ausgeglichen ist. Von autonomen internationalen Kapitalbewegungen wird hier noch völlig abstrahiert. Da Exporte und Importe Strömungsgrößen darstellen, wird dieser Ansatz auch "Flow–Ansatz" zur Wechselkursbestimmung genannt (diese Bezeichnung dient zur Unterscheidung von dem "Stock–Ansatz", bei dem Portfolioüberlegungen und damit Bestandsgrößen im Vordergrund der Wechselkursbestimmung stehen).

Zur Vereinfachung der folgenden Ausführungen unterstellen wir, daß die Güterpreise P und P^* in dem jeweiligen Land konstant sind, d.h. daß die entsprechenden Angebotselastizitäten als unendlich groß angenommen werden. Hieraus ergibt sich, daß die realisierten Exporte und Importe durch die entsprechenden Güternachfragefunktionen bestimmt werden. Für die Gleichgewichtsbedingung zur Bestimmung des Wechselkurses erhalten wir somit

$$A = PX(P/e) - eP^*IM(eP^*) = 0. \tag{3.2}$$

Schnelle Anpassungen des Wechselkurses e sorgen für einen stets ausgeglichenen Außenbeitrag. Als Dynamisierung bietet sich die folgende

Differentialgleichung an:

$$\frac{de}{dt} = -\tau A(e) \quad \text{mit} \quad \tau > 0 \quad \text{und} \quad \tau \rightarrow \infty \tag{3.3}$$

oder

$$\frac{de}{dt} = -\tau[PX(P/e) - eP^* IM(eP^*)]. \tag{3.4}$$

Hiernach führt ein Nachfrageüberschuß nach DM, d.h. $PX - eP^*IM > 0$, wegen des Faktors $-\tau(< 0)$ zu einem Sinken von e (Aufwertung der inländischen Währung). Die obige Differentialgleichung besagt, daß ein Nachfrageüberschuß zu einer Aufwertung der inländischen Währung bzw. zu einer Abwertung der ausländischen Währung führt.

Aus dieser Dynamisierung ergibt sich, daß das Devisenmarktgleichgewicht genau dann stabil ist, wenn

$$\frac{de/dt}{de} < 0 \quad \text{bzw.} \quad \frac{dA}{de} > 0 \tag{3.5}$$

ist. Das Gleichgewicht auf dem Devisenmarkt ist genau dann *stabil*, wenn der Außenbeitrag in heimischer Währung auf eine Abwertung $de > 0$ der heimischen Währung *normal* reagiert.

Wird mit ϵ_X und ϵ_{IM} die Nachfrageelastizität für Exporte und Importe bezeichnet, so läßt sich zeigen, daß

$$\frac{dA}{de} > 0 \quad \text{gleichbedeutend zu} \quad \epsilon_X + \epsilon_{IM} > 1 \tag{3.6}$$

ist, falls die Angebotselastizitäten unendlich groß sind und der Exportwert gleich dem Importwert ist. Oder mit anderen Worten: Im System flexibler Wechselkurse wird die Marshall–Lerner Bedingung zur Stabilitätsbedingung für das Devisenmarktgleichgewicht. **Stabilität**

Abschließend geben wir noch eine grafische Interpretation dieser Stabilitätsbedingung (*Abb. 3.1*). Es werden drei mögliche Konstellationen für den DM–Markt untersucht. Die Marktgleichgewichte in A und C sind stabil. Das Gleichgewicht in B ist instabil.

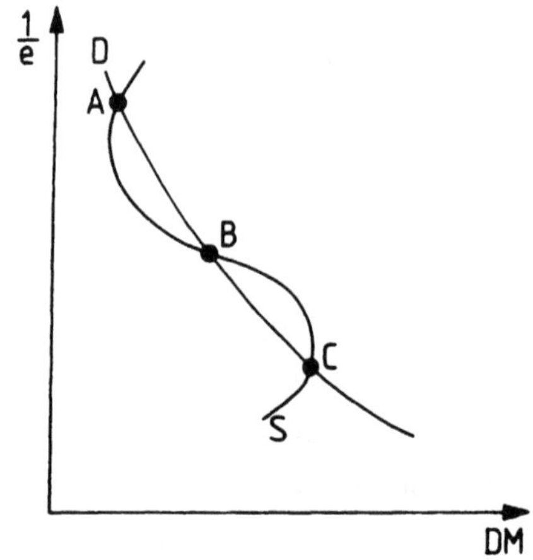

Abbildung 3.1: Devisenmarkt

Der Elastizitätsansatz stellt eine Partialanalyse dar. Es wird nicht ein Gesamtsystem für ein Land oder zwei Länder betrachtet, sondern man beschränkt sich auf die Analyse relativer Preiseffekte im Zusammenhang mit dem Außenbeitrag, d.h. im Zusammenhang mit internationalen Güterströmen. Internationale Kapitalbewegungen werden nicht berücksichtigt. Durch diese Darstellung werden automatisch die Modellerweiterungen nahegelegt, die in den folgenden Kapiteln besprochen werden.[2]

[2]Ein Problem, das allen hier besprochenen Ansätzen gemeinsam ist, besteht in der Annahme, daß die internationalen Güterströme stets sofort auf Wechselkursveränderungen reagieren. Es erscheint jedoch wesentlich plausibler, hier verzögerte Reaktionen zu unterstellen. Die Diskussion um den J–Kurven Effekt beschäftigt sich hiermit.

3.1 Monetärer Ansatz

Nach dem monetären Ansatz der Zahlungsbilanz- und Wechselkurstheorie basiert die Bestimmung des Wechselkurses auf der Kaufkraft- und Zinsparität. Langfristig dominiert die Entwicklung des Preisniveaus der international handelbaren Güter, d.h. der Wechselkurs paßt sich so an, daß die Kaufkraft der in- und ausländischen Währung übereinstimmen (Kaufkraftparität). In der kurzen Frist übernehmen die Zinssätze eine wichtige Rolle bei der Bestimmung des Wechselkurses. Gemäß der Zinsparität paßt sich der Wechselkurs jederzeit so an, daß die Differenz zwischen inländischem und ausländischem Zins der Differenz zwischen dem tatsächlichen und dem erwarteten Wechselkurs entspricht (Zinsparität). Der monetäre Ansatz ist darüberhinaus in der Lage, das Phänomen der starken Wechselkursvariabilität zu erklären.

◇

Die Erklärung des langfristigen Wechselkurses auf der Basis des Preisniveaus und des kurzfristigen Wechselkurses auf der Basis der Zinssätze wird als der monetäre Ansatz der Wechselkurstheorie bezeichnet. Strikt genommen kann die Bezeichnung monetär auch irreführend sein, denn der Wechselkurs gemäß der Kaufkraftparität enthält sowohl monetäre als auch realwirtschaftliche Größen. Die Wechselkursbestimmung auf der Basis der Zinssätze ist rein monetär. Die Zinsparität gründet sich auf den Geldmarkt. Der Geldmarkt ist dabei repräsentativ für alle anderen international handelbaren zinstragenden Wertpapiere. **Geldmarkt**

In den folgenden Kapiteln werden wesentliche Eigenschaften eines einfachen Modells aus der monetären Wechselkurstheorie vorgestellt, das überschießende Wechselkursreaktionen erklären kann. In diesem Ansatz wird unterstellt, daß nach einer Störung auf dem Geldmarkt vorübergehend Abweichungen von der Kaufkraftparität möglich sind, während die Zinsparität selbst kurzfristig immer erfüllt ist. Die kurzfristige Zinsparität bedeutet bei flexiblen Wechselkursen nicht, daß inländischer und ausländischer Zins im kurzfristigen Gleichgewicht übereinstimmen müssen. Die Aussage lautet vielmehr, daß eine Finanzanlage im In- und Ausland unter Berücksichtigung von Kursänderungen stets den gleichen Ertrag erbringen muß. Zur ökonomischen Begründung der kurzfristigen Zinsparität wird von einem vollkommenen internationalen Kapitalmarkt ausgegangen. Durch internationale Arbitragegeschäfte werden dann Ertragsdifferenzen in internationalen Finanzanlagen unmittelbar beseitigt.

Wechselkurs

Die Herleitung und die Bedeutung der Kaufkraft- und Zinsparität werden im ersten Teil dieses Kapitels behandelt. Es folgt die Analyse der Wechselkursbestimmung auf der Basis der Kaufkraft- und Zinsparität einer kleinen offenen Volkswirtschaft. Nicht zuletzt mit den gemachten Erfahrungen hoher kurzfristiger Wechselkursänderungen wichtiger Währungen stellt sich auch die Frage nach den Ursachen der Wechselkursvariabilität. Mit Hilfe des monetären Ansatzes läßt sich eine überschießende Wechselkursreaktion erklären (man spricht auch von einem *overshooting* des Wechselkurses). Eine überschießende Wechselkursreaktion bedeutet, daß die kurzfristigen Wechselkursänderungen stärker als die Änderungen im langfristigen Wechselkurs sind. Das overshooting bedeutet, daß eine Änderung der Geldpolitik große Änderungen der Wechselkurse hervorruft.

Kaufkraftparität & Zinsparität

Im folgenden gehen wir von einer kleinen offenen Volkswirtschaft aus. Das bedeutet, das ausländische Zinsniveau i^* und das Preisniveau P^* sind exogen. In einer komparativ-statischen Analyse werden die kurz- und langfristigen Wirkungen einer expansiven Geldpolitik der inländischen Zentralbank auf wichtige makroökonomische Variablen (wie Wechselkurs, Preisniveau und Zins) untersucht. Dabei werden einige zentrale Begriffe und Zusammenhänge eingeführt, auf die bei der späteren Analyse wichtiger Fragen einer offenen Volkswirtschaft zurückgegriffen wird.

Kaufkraftparität. Die Bestimmung des Wechselkurses mittels der Kaufkraftparität leitet sich aus dem Gesetz eines einheitlichen Preises für international handelbare Güter ab. Dieses Gesetz eines einheitlichen Preises (law of one price) ist nichts anderes als das Theorem der Kaufkraftparität; internationale Preisdifferenzen werden durch Güterarbitrage und Wechselkursänderungen beseitigt. Natürlich kann das Gesetz vom einheitlichen Preis für international handelbare Güter eingeschränkt sein. Die Gründe liegen in Marktverzerrungen wie indirekte Steuern, Protektionismus (Zölle, Importquoten) und nicht genügend integrierte Gütermärkte. Im folgenden wollen wir aber davon ausgehen, daß das Gesetz vom einheitlichen Preis gültig ist. Unter diesen Bedingungen läßt sich der Wechselkurs e (e bezeichnet den Kassakurs, ausgedrückt in inländischen Geldeinheiten) wie folgt angeben:

$$e = \frac{P_H}{P_H^*}, \tag{3.7}$$

wobei P_H (P_H^*) das inländische (ausländische) Preisniveau der handelbaren Güter darstellt. Die Preise für international handelbare Güter stehen zum allgemeinen Preisniveau P (das sowohl das Preisniveau der handelbaren als auch der nichthandelbaren Güter P_N umfaßt) in folgender Beziehung:

$$P = \alpha P_H + (1 - \alpha) P_N.$$

Die Größe α gibt den Anteil der handelbaren Güter am gesamten Warenkorb der Volkswirtschaft an. Der gleichgewichtige Relativpreis für nichthandelbare Güter ist wie folgt definiert:

$$\beta = \frac{P_N}{P_H}.$$

Gemäß dieser Zusammenhänge und Definitionen läßt sich das allgemeine Preisniveau für das Inland darstellen (wobei das Preisniveau für nichthandelbare Güter durch den Ausdruck $P_N = \beta P_H$ ersetzt wird):

$$P = [\alpha + (1-\alpha)\beta]P_H.$$

Der Klammerausdruck läßt sich abkürzen durch γ, so daß gilt

$$P = \gamma P_H.$$

Analog ergeben sich die Zusammenhänge und Definitionen für das Ausland, d.h.

$$P^* = \gamma^* P_H^*.$$

Die Wechselkursbestimmung auf der Basis der Kaufkraftparität lautet demnach (wobei die Preise P_H, P_H^* entsprechend ersetzt werden):

Kauf-kraft-parität

$$e = \frac{P}{P^*}\frac{\gamma^*}{\gamma}. \tag{3.8}$$

Der Term P/P^* stellt die *monetäre* Größe des Wechselkurses dar, denn das allgemeine Preisniveau ist eine nominale, d.h. eine geldwirtschaftliche Variable. Der Ausdruck γ^*/γ stellt eine *realwirtschaftliche* Größe des Wechselkurses dar, da dieser Term von der Güteraufteilung α und vom Relativpreis der nichthandelbaren Güter β bestimmt wird.

In der Literatur wird der Wechselkurs auf der Basis der Kaufkraftparität oft als rein monetär dargestellt. Dies ist ein Extremfall, d.h. wenn γ^*/γ gleich Eins ist, wird der Wechselkurs rein monetär bestimmt. Festzuhalten ist, daß der Wechselkurs gemäß der Kaufkraftparität sowohl monetär als auch realwirtschaftlich bestimmt wird. Ausgangspunkt der Herleitung der Kaufkraftparität ist das Gesetz vom einheitlichen Preis für international handelbare Güter.

Wie aus der Gleichung für die Kaufkraftparität (3.8) ersichtlich ist, verändert sich der Wechselkurs parallel zu den Änderungen in den nationalen Preisniveaus (vorausgesetzt, daß die reale Größe γ^*/γ konstant bleibt). In Einheiten einer relativen Änderung ausgedrückt heißt das $\hat{e} = \hat{P} - \hat{P}^*$. Die Veränderungsrate des Wechselkurses entspricht gerade der Inflationsdifferenz der beiden Länder.[3] Diese Beziehung spiegelt die Tatsache wider, daß eine im Vergleich zum Ausland höhere Inflationsrate langfristig eine entsprechende stetige Abwertung der inländischen Währung bedeutet.

Zinsparität. Die Zinsparität formuliert eine Bedingung die besagt: Eine Geldeinheit, welche im Inland oder im Ausland investiert wird, muß ex ante die gleiche risikolose Rendite abwerfen. Die Zinsparität unter Einfluß von Wechselkurssicherungsgeschäften soll am Beispiel eines inländischen Investors erklärt werden.

Ein inländischer Investor stehe vor dem Entscheidungsproblem, für ein Jahr entweder im Inland einen Betrag von 100DM anzulegen oder diesen Betrag in eine Dollar-Anlage zu investieren. Bei einer Finanzanlage im Inland erhält der Investor nach einem Jahr als Tilgung und Zinsertrag $(1+i)100$ ausgezahlt. Bei einer alternativen Anlage im Ausland muß der Investor zunächst den Anlagebetrag am Devisen-Kassamarkt in Dollar umtauschen, um den Dollar-Wert im Ausland anzulegen. **Rendite** Für den Rücktausch von Dollar in DM (nach einem Jahr erfolgt die Zins- und Tilgungszahlung in Dollar) stehen mehrere Möglichkeiten zur Verfügung. Der Investor kann abwarten und im Zeitpunkt der Rückzahlung die Transaktion am Devisen-Kassamarkt vornehmen, oder er kann den später eingehenden Dollarbetrag bereits heute zum herrschenden Terminkurs e_f verkaufen. Diese Transaktion wird am Devisen-Terminmarkt vorgenommen und schützt den Investor vor dem Wechselkursrisiko (Kurssicherung oder hedging). Dieses Kurssicherungsgeschäft wird im weiteren unterstellt.

Durch internationale Arbitragetransaktionen kommt es zu einem

---

[3] Mit $\hat{e}$ wird die Änderungsrate $\frac{de}{e}$ des Wechselkurses bezeichnet; analog für die Preisänderungsrate $\hat{P} = dP/P$ und $\hat{P}^* = dP^*/P^*$.

Ausgleich der Erträge der Investitionen im In– und Ausland, d.h.

$$(1+i) = \frac{(1+i^*)e_f}{e_0}.$$

Diese Zinsparität (covered interest rate parity) läßt sich umschreiben zu $(e_f - e_0)/e_0 = (i - i^*)/(1+i^*)$. Näherungsweise schreibt man

$$i - i^* = \frac{e_f - e_0}{e_0}. \tag{3.9}$$

Man bezeichnet den Term $(e_f - e_0)/e_0$ auch als Swapsatz oder Terminabschlag. Er ist positiv (negativ), wenn der inländische Zinssatz über (unter) dem ausländischen Zins liegt. In unserer Modellanalyse wird zur Vereinfachung weiterhin unterstellt, daß sich nach einem Jahr der langfristige Wechselkurs $\bar{e}$ entsprechend der Kaufkraftparität einstellt und daß der erwartete Wechselkurs stets mit dem langfristigen Gleichgewichtskurs übereinstimmt $e_f = \bar{e} = E(\tilde{e})$ (wobei E den Erwartungswertoperator darstellt).

Da $e_f = \bar{e}$, wird die vorangegangene Gleichung zu:

$$i = i^* + \frac{\bar{e} - e_0}{e_0}. \tag{3.10}$$

Die Gleichung (3.10) stellt die Zinsparität für das kurzfristige Gleichgewicht dar, da der Kassakurs e_0 vom langfristig gleichgewichtigen Wechselkurs $\bar{e}$ abweicht. Durch die Zinsparität, die im vorliegenden Zusammenhang stets erfüllt ist, ergeben sich wichtige ökonomische Zusammenhänge. Der ausländische Zinssatz ist für die kleine offene Volkswirtschaft ein Datum; der langfristige Wechselkurs ist ebenfalls eine gegebene Größe, da $\bar{e}$ durch die Kaufkraftparität bestimmt ist.

Wechselkursbestimmung

Langfristiges Gleichgewicht. Für eine kleine offene Volkswirtschaft kann der monetäre Ansatz zur Erklärung des Wechselkurses durch folgendes Modell beschrieben werden:

$$
\begin{aligned}
&(3.11) \qquad & e &= P/P^*, \\
&(3.12) \qquad & Y &= \bar{Y}, \\
&(3.13) \qquad & M &= PL(i, Y), \\
&(3.14) \qquad & i &= i^*.
\end{aligned}
$$

Gleichung (3.11) kennzeichnet die Kaufkraftparität in der absoluten Form. Gleichung (3.12) besagt, daß in der betrachteten Volkswirtschaft das Vollbeschäftigungsniveau des realen Sozialprodukts realisiert wird. Das Geldmarktgleichgewicht wird durch Gleichung (3.13) beschrieben. Der Gleichung (3.14) liegt die Annahme zugrunde, daß der internationale Kapitalmarkt vollkommen ist und die internationalen Investoren vollkommen elastisch auf Zinsdifferenzen reagieren. Langfristig wird sich stets ein Zinsausgleich einstellen. Diese Angleichung der Zinssätze erfolgt, wie bereits oben beschrieben, durch internationale Finanzkapitalbewegungen. Nach dem monetären Ansatz können Zinsdifferenzen zwischen In- und Ausland im langfristigen Gleichgewicht nicht bestehen.

Werden die Bedingungen (3.12) und (3.14) in die Gleichung (3.13) eingesetzt, so ergibt sich ein Gleichungssystem in e und P. Der Erklärungsansatz enthält somit zwei endogene Variablen: Wechselkurs und inländisches Preisniveau. Die exogenen Größen des Erklärungsansatzes sind: Geldmenge M, Vollbeschäftigungseinkommen $\bar{Y}$, ausländischer Zins i^* und ausländisches Preisniveau P^*. Das langfristig relevante Preisniveau ist gegeben durch:

$$(3.15) \qquad P = \frac{M}{L(i^*, \bar{Y})}.$$

Aus dieser Gleichung geht hervor, daß das Preisniveau P zunimmt, wenn die inländische Geldmenge M erhöht wird. In Verbindung mit der Kaufkraftparität (3.11) bedeutet dies, daß die inländische Währung in Folge einer Geldmengenerhöhung abgewertet wird. Aus (3.11) und (3.15) ergibt sich die Bestimmungsgleichung für den gleichgewichtigen Wechselkurs:

$$e = \frac{M}{P^* L(i^*, \bar{Y})}. \tag{3.16}$$

Langfristig ergibt sich folgender Zusammenhang. Die Geldmenge $M = M_0$ bestimmt das inländische Preisniveau P_0 und damit den Wechselkurs e_0. Eine Geldmengenerhöhung führt zu einer Preiserhöhung und damit zu einer Abwertung der inländischen Währung (Langfristig: Größere Geldmenge $\longmapsto$ höheres Preisniveau $\longmapsto$ Abwertung). Die Bestimmungsgleichung des Wechselkurses (3.16) besagt, daß der langfristig gleichgewichtige Wechselkurs e_0 eine Funktion des Geldangebots, der realen Geldnachfrage und des ausländischen Preisniveaus ist.

Kurzfristiges Gleichgewicht. Für das kurzfristige Gleichgewicht unter den Bedingungen der Vollbeschäftigung und trägen Preisen gelten die folgenden Bedingungen. Die kurzfristig relevante Zinsparität lautet

$$i = i^* + \frac{\bar{e} - e_0}{e_0}. \tag{3.17}$$

Es herrscht Vollbeschäftigung, d.h. $Y = \bar{Y}$. Die Preise reagieren nur verzögert, d.h. es gilt: $P = P_0$. Unter Berücksichtigung dieser Bedingungen folgt für das Geldmarktgleichgewicht:

$$M_0 = P_0 L(i_0, \bar{Y}). \tag{3.18}$$

Der Inlandzins wird durch die Höhe des Geldangebots M_0 bestimmt. Damit ist der Wechselkurs e_0 bestimmt. Kurzfristig gilt demnach: Größere Geldmenge $\longmapsto$ niedrigeres Zinsniveau $\longmapsto$ Abwertung der heimischen Währung. Diese ökonomischen Zusammenhänge zwischen einem kurzfristigen und langfristigen Gleichgewicht sollen im folgenden mit Hilfe der *Abb. 3.2* veranschaulicht werden.

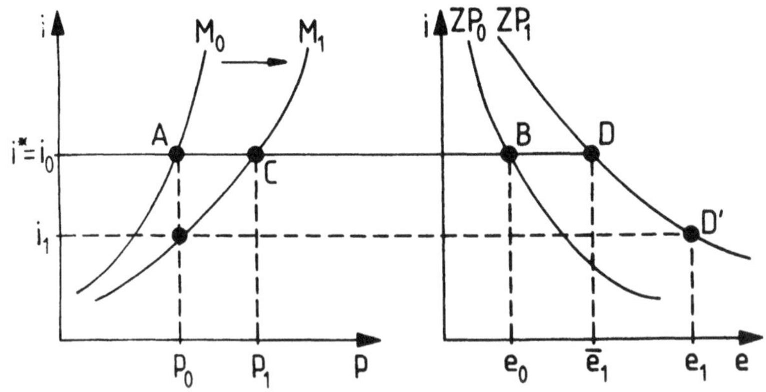

Abbildung 3.2: Langfristiges & Kurzfristiges Gleichgewicht

In der *Abb. 3.2* wird die Wechselkursbildung gemäß der Kaufkraftparität (langfristig) und gemäß der Zinsparität (kurzfristig) dargestellt. Das Ausgangsgleichgewicht (d.h. vor einer Geldmengenänderung) ist durch die Punkte A, B und nach einer expansiven Geldpolitik durch C, D gekennzeichnet. Das kurzfristige Gleichgewicht ist mit C', D' gekennzeichnet. Die M_0M_0 Kurve in der linken Abbildung bezeichnet den geometrischen Ort aller (P, i)-Kombinationen, für die der Geldmarkt im Gleichgewicht ist. Eine Geldmengenerhöhung verschiebt die Kurve parallel nach rechts (z.B. auf M_1M_1). In der rechten Abbildung ist die Kurve der Zinsparität ZP_0 dargestellt. Die Kurve ZP_0 zeigt mögliche Wechselkurs- und Zinskombinationen für die die Zinsparität erfüllt ist. Der langfristige Wechselkurs $\bar{e}$ ist der Lageparameter dieser Kurve, d.h. für einen höheren langfristigen Wechselkurs verschiebt sich die *ZP*–Kurve parallel nach rechts (z.B. ZP_1). Im Ausgangsgleichgewicht stimmen Kassakurs und langfristiger Wechselkurs überein ($e_0 = \bar{e}_0$). Kaufkraftparität und Zinsparität sind erfüllt. Damit gilt der Zins $i_0 = i^*$ und das Preisniveau P_0. Diese Bedingungen sind in den Punkten A und B

erfüllt.

Geldpolitik. Nach einer Ausweitung der Geldmenge ($dM > 0$) verschiebt sich die Geldmarktgleichgewichtskurve nach rechts, ebenso die Zinsparitäts-Kurve, da der langfristige Wechselkurs von $\bar{e}_0$ auf $\bar{e}_1$ steigt, gemäß der langfristigen Gleichgewichtsbedingung (3.16). Das neue langfristige Gleichgewicht ist dadurch gekennzeichnet, daß das Preisniveau P_1 und der Wechselkurs e_1 um den Prozentsatz gestiegen sind, um den sich die Geldmenge erhöht hat. Bei einem gegenüber der Ausgangslage noch unverändertem Preisniveu P_0 führt die expansive Geldpolitik zu einer Zinssenkung. Der Inlandszins fällt von i_0 auf i_1. Die kurzfristige Wechselkursänderung läßt sich im rechten Teil der Abbildung ablesen. Wegen des Anstiegs des langfristigen Wechselkurses gilt die neue ZP_1 Kurve. Da vorübergehend der Inlandszins gesunken ist, ist die Zinsparität im Punkt D' erfüllt. Der gegenwärtige Wechselkurs e_1 übersteigt den langfristigen Wechselkurs $\bar{e}_1$ (D' in *Abb. 3.2*). Es ergibt sich eine überschießende Wechselkursreaktion.

AUSSAGE 3.1 *(Monetärer Ansatz) Der monetäre Ansatz zur Wechselkursbestimmung ist primär langfristig orientiert. Die speziellen Annahmen sind ein gegebenes Einkommen und die Erfüllung der Kaufkraft- und Zinsparität. Als Grundlage für den monetären Ansatz ist die Bedingung für das Bestandsgleichgewicht auf dem Geldmarkt anzusehen. Nach dem monetären Ansatz führt eine Erhöhung des inländischen Geldangebots langfristig zu einer proportional gleichen Änderung von Preisniveau und Wechselkurs. Die Möglichkeit einer überschießenden Wechselkursreaktion erklärt sich aus der Tatsache, daß kurzfristig nur die Zinsparität als erfüllt angesehen werden kann. Bei einer expansiven Geldpolitik überschießt der Kassakurs kurzfristig den langfristigen Gleichgewichtskurs, sofern die Preise träge sind.*

In *Abb. 3.3* sind die Überlegungen des monetären Ansatzes zur Wechselkursbestimmung noch einmal grafisch dargestellt. Kurzfristig bestimmt ein Ungleichgewicht auf Geldmarkt (über die Zinsparität) den Wechselkurs. Daran anschließend reagieren die Preise. Über die Zins- und Kaufkraftparität wird dann langfristig der gleichgewichtige Wechselkurs bestimmt. Dieser monetäre Ansatz besagt nicht nur, daß Störungen auf dem Geldmarkt unmittelbar in Wechselkursänderungen auftreten, sondern auch, daß die Wechselkursänderungen größer sind als jene Wechselkursänderungen, die sich später aufgrund der Kaufkraftparität einstellen.

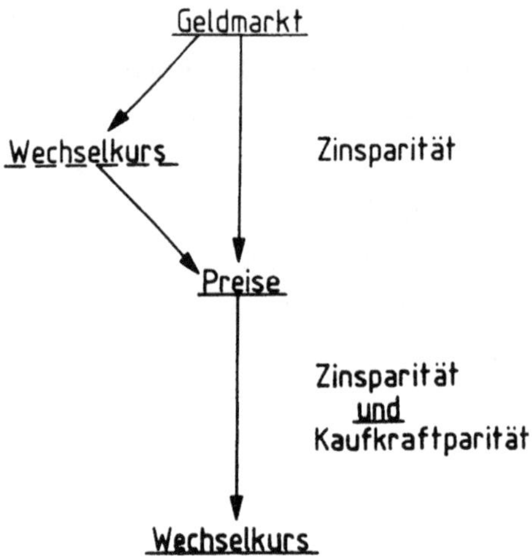

Abbildung 3.3: Wechselkursbestimmung

Feste & Flexible Wechselkurse

Um die zentralen Unterschiede zwischen einer Währungsordnung mit festen und mit flexiblen Wechselkursen darstellen zu können, wird im folgenden ein elementares Modell des monetären Ansatzes verwendet. Im Mittelpunkt steht eine erste Diskussion der wirtschaftspolitischen Implikationen verschiedener Wechselkurssysteme. Das Wechselkurssystem eines Landes gehört zu den institutionellen Rahmenbedingungen der Volkswirtschaft.

Ausgangspunkt der Überlegungen sind die Gültigkeit der Kaufkraftparität und die Bestandsgleichgewichtsbedingungen für den in– und ausländischen Geldmarkt. Wir berücksichtigen somit explizit das Ausland, vernachlässigen aber den Zinseinfluß auf die makroökonomischen Variablen. Das elementare monetäre Wechselkursmodell kombiniert die Kaufkraftparität mit der Quantitätstheorie des Geldes und liefert wichtige Aussagen über den Zusammenhang zwischen der Geldpolitik eines

Landes und der institutionellen Ausgestaltung des Wechselkurssystems (vgl. ausführlich GÄRTNER [1989], [1990]).

Elementarer monetärer Ansatz. Die ökonomischen Zusammenhänge lassen sich wie folgt darstellen: Die Bestimmungsgleichung für den Wechselkurs erfolgt gemäß der Kaufkraftparität (vgl. Gleichung (3.19)), die Geldnachfrage sei lediglich vom (gegebenen) Volkseinkommen $\bar{Y}, \bar{Y}^*$ abhängig (vgl. (3.20) und (3.21) wobei die Parameter k, k^* die Kassenhaltungskoeffizienten der Geldnachfrage darstellen): **Monetärer Ansatz**

$$e = \frac{P}{P^*}, \tag{3.19}$$

$$M = Pk\bar{Y}, \tag{3.20}$$

$$M^* = P^*k^*\bar{Y}^*. \tag{3.21}$$

Die endogenen Variablen sind der Wechselkurs und die Preise: e, P, P^*. Werden die Geldmarktgleichgewichtsbedingungen nach den Preisen aufgelöst und in die Gleichung für die Kaufkraftparität eingesetzt, so ergibt sich

$$e = \frac{M}{M^*}\frac{k^*\bar{Y}^*}{k\bar{Y}}. \tag{3.22}$$

Wie aus dieser Bestimmungsgleichung für den Wechselkurs (3.22) hervorgeht, ist das Wechselkursniveau bestimmt von monetären und realwirtschaftlichen Größen. Im folgenden interessiert uns insbesondere der monetäre Aspekt der Wechselkursbestimmung, d.h. wir gehen von einem konstanten Quotienten $k^*\bar{Y}^*/k\bar{Y}$ aus. Die Gleichung (3.22) in Wachstumsraten geschrieben ergibt dann

$$\hat{e} = \hat{P} - \hat{P}^* = \hat{M} - \hat{M}^*.$$

Über die Kaufkraftparität ergibt sich ein direkter Einfluß der Geldpolitiken beider Länder auf die Wechselkursänderung. Für eine erste Diskussion bezüglich der wesentlichen Unterschiede in einem Wechselkurssystem mit festen und mit flexiblen Wechselkurse ist die folgende

Gleichung zentral:

$$\hat{e} = \hat{M} - \hat{M}^*. \tag{3.23}$$

1. Feste Wechselkurse. In einem System fester Wechselkurse ist die Änderungsrate des Wechselkurses definitionsgemäß identisch null, d.h.

$$\hat{e} = 0 \quad \text{daraus folgt:} \quad \hat{M} = \hat{M}^*.$$

Die Veränderungsrate der inländischen Geldmenge $\hat{M}$ ist vollständig bestimmt durch eine Veränderung der ausländischen Geldmenge $\hat{M}^*$. Das bedeutet, daß die inländische Geldpolitik untrennbar an die

Geldpolitik

ausländische Geldpolitik gebunden ist. Erhöht beispielsweise das Ausland seine Geldmenge um 5%, so muß die inländische Geldmenge zur Stabilisierung des fixen Wechselkurses mit genau derselben Rate wachsen. Würde die inländische Geldmenge nicht um genau 5% zunehmen, käme es zu einer Aufwertung der inländischen Währung; dies widerspricht aber einem festen Wechselkurssystem. Wirtschaftlich bedeuten feste Wechselkurse, daß die Zentralbank zum vereinbarten festen Wechselkurs jede beliebige Menge von Devisen zu kaufen (oder zu verkaufen) bereit ist, um das Wechselkursniveau zu stabilisieren.

Da durch diese Transaktionen Zentralbankgeld geschaffen wird, erkennt man sofort, daß unter einem festen Wechselkurssystem eine eigenständige (d.h. vom Ausland unabhängige) Geldpolitik nicht möglich ist. Dies bedeutet auch, daß eine eigenständige Preisnivaustabilisierung dadurch unmöglich wird. Mit einer Geldmengenerhöhung überträgt sich auch die Inflationsrate vom Ausland auf das Inland. Man erkennt diesen Zusammenhang aus der Gleichung (3.23), welche impliziert, daß die Inflationsrate im Inland genau der Inflationsrate im Ausland entspricht: $\hat{e} = 0 = \hat{P} - \hat{P}^* = \hat{M} - \hat{M}^*$. Wenn die inländische Zentralbank zur Stabilisierung des vereinbarten Wechselkurses Devisen kauft und dadurch die Geldmenge erhöht ($\hat{M} > 0$), so erhöht sich dadurch auch das inländische Preisniveau $\hat{P} > 0$. Die Inflation wird in diesem Zusammenhang zu einem international übertragbaren Problem.

2. Flexible Wechselkurse. Aus Gleichung (3.23) geht hervor, daß die Wechselkursänderungsrate $\hat{e}$ durch die unterschiedlichen Wachstumsraten der in- und/oder ausländischen Geldmenge erklärt wird. Betreibt beispielsweise die ausländische Zentralbank eine expansive Geldpolitik, so schlägt sich dies direkt in einer Änderung im Wechselkurs nieder. Angenommen die inländische Geldmenge wird nicht verändert ($\hat{M} = 0$), so ergibt sich: $\hat{e} = -\hat{M}^*$. In diesem Falle wird die ausländische Währung abgewertet und die inländische Währung aufgewertet und genau um den Prozentsatz, um den die ausländische Geldmenge zunimmt. Bei flexiblen Wechselkursen kann jede Volkswirtschaft eine autonome Geldpolitik verfolgen! Die gewünschte Geldmengenänderung $\hat{M}$ ist frei bestimmbar und damit ein wirtschaftspolitisches Instrument für die geldpolitischen Instanzen der Volkswirtschaften.

AUSSAGE 3.2 *(Wechselkurssystem) (a) Unter einem System mit festen Wechselkursen ist eine autonome Geldpolitik nicht möglich; (b) Bei flexiblen Wechselkursen kann jede Volkswirtschaft eine autonome Geldpolitik verfolgen, d.h., die gewünschte Geldmengenänderung ist für die Volkswirtschaft selbst bestimmbar. Jedes Land kann eine unabhängige Geldpolitik betreiben, womit die Inflation grundsätzlich zu einem nationalen Phänomen wird.*

Übungsaufgaben

1. Beschreiben Sie die für die monetäre Außenwirtschaft wichtigen Begriffe Kaufkraftparität und Zinsparität. *Lösungshinweis:* Die Kaufkraftparität ist erfüllt, wenn man mit einem bestimmten Geldbetrag im In- und Ausland (umgerechnet in die jeweilige Währung) die gleiche Gütermenge erhält. Die Zinsparität ist erfüllt, wenn der (ex ante) Ertrag einer Finanzanlage im In- und Ausland überstimmt: (a) Kurz-

fristig $i - i^* = (\bar{e} - e_0)/e_0$ bzw. $i - i^* = e_f - e_0)/e_0$ und (b) langfristig $i = i^*$.

2. Erklären Sie die Bestimmung des Wechselkurses auf der Basis der Kaufkraft- und der Zinsparität! *Lösungshinweis:* Ausgangspunkt ist die Kaufkraftparität und die kurzfristig stets erfüllte Zinsparität. Im Mittelpunkt der Analyse steht die Gleichungsbedingung für den Geldmarkt (vgl. den Text).

3. Was versteht man unter dem Phänomen einer überschießenden Reaktion des Wechselkurses (overshooting)? Wie läßt sich das Überschießen des kurzfristigen Wechselkurses über seinen langfristigen Wert erklären? *Lösungshinweis:* In der Ausgangslage stimmen Inlandszins und Auslandszins überein und damit auch der Kassakurs und der gleichgewichtige Wechselkurs. Durch eine Erhöhung der Geldmenge sinkt kurzfristig der Inlandszins da die Preise verzögert reagieren. Da kurzfristig der Inlandszins unter dem Weltmarktzins liegt, lohnen sich Kapitalexporte. Dies führt zu einer Abwertung der Inlandswährung. Diese Abwertung geht über den langfristig relevanten Wechselkurs hinaus, so daß der Zinsvorsprung des Auslands durch einen Kursabschlag der Devise ausgeglichen wird. Durch das Überschießen des Wechselkurses wird die Zinsparität erfüllt (vgl. den Text).

4. Wie lassen sich unterschiedliche Anpassungsgeschwindigkeiten auf Güter- und Finanzmärkten begründen? *Lösungshinweis:* In Marktwirtschaften reagieren Güterpreise auf Marktungleichgewichte, aber nicht stark genug, um ein auftretendes Ungleichgewicht sofort zu beseitigen. Finanzmarktpreise hingegen reagieren auf Ungleichgewichte bzw. neue Informationen sehr schnell. Die auf den Finanzmärkten gehandelten Assets sind im Vergleich zu den Gütermärkten homogen, standardisiert und stark organisiert. Die Internationalisierung der Finanzmärkte ist auch Ausdruck dieser großen Anpassungsfähigkeit.

5. Zu welchem Ergebnis gelangt man, wenn man im Rahmen des elementaren monetären Ansatzes ein flexibles Wechselkurssystem mit einem

System fester Wechselkurse wirtschaftspolitisch beurteilen soll?

6. Erläutern Sie die Grundlagen für den elementaren monetären Ansatz zur Bestimmung des Wechselkurses! (a) Welche ökonomischen Implikationen ergeben sich in dem einfachen monetären Ansatz für die Wirksamkeit der Geldpolitik eines Landes? Verwenden Sie dazu die bekannte Beziehung $\hat{e} = \hat{M} - \hat{M}^*$! (b) Diskutieren Sie in diesem Zusammenhang mögliche Vorteile bzw. Nachteile einer Währungsordnung mit festen bzw. flexiblen Wechselkursen!

7. Der folgende Ansatz stellt den Prototyp des monetären Ansatzes zur Wechselkursbestimmung dar. Die Annahmen sind: Güterpreise sind vollkommen flexibel, in- und ausländische Wertpapiere sind vollkommene Substitute, es herrscht vollkommene internationale Kapitalmobilität, das Realeinkommen ist gegeben. Grundlage des Ansatzes ist die kurz- und langfristige Gültigkeit der Kaufkraftparität in ihrer absoluten Form. Es herrscht in jedem Zeitpunkt t die Kaufkraftparität in logarithmischer Schreibweise

$$ln\, e_t = ln\, P_t - ln\, P_t^*.$$

Unter Verwendung einer speziellen (üblichen) Geldnachfragefunktion kann das Gleichgewicht auf den Geldmärkten wie folgt beschrieben werden

$$\begin{aligned} lnM_t - lnP_t &= klnY_t - g\, i_t, \\ lnM_t^* - lnP_t^* &= klnY_t^* - g\, i_t, \end{aligned}$$

wobei k die Einkommenselastizität der Geldnachfrage bezeichnet, M, M^* ist das nominale Geldangebot im In- und Ausland, Y, Y^* stellte das gegebene reale Einkommen der beiden Länder dar und g bezeichnet den Einfluß der Zinsen auf die Geldnachfrage (Semi-Zinselastizität). (a) Wie lautet die reduzierte Form des Modells? (b) Erläutern Sie die einzelnen Komponenten der gefundenen monetaristischen Wechselkursgleichung! (c) Erläutern Sie den Einfluß der Zinsdifferenz auf den Wechselkurs! Vergleichen Sie diesen Einfluß zu anderen Wechselkursmodellen!

Paritäten auf internationalen Märkten

In diesem Abschnitt werden Paritätsbeziehungen vorgestellt, die sich aus der Bedingung arbitragefreier internationaler Märkte ergeben. Die Paritäten beziehen sich dabei auf internationale Unterschiede in den Zinssätzen, erwartete Wechselkursänderungen und Unterschiede in den erwarteten Inflationsraten. Alle Paritäten beruhen dabei auf Arbitragegleichgewichtsbedingungen. Es werden Aussagen über Relationen zwischen Wechselkursänderungen, Inflationsraten, nominalen und realen Zinssätzen, Kassa- und Terminkursen gemacht, die zusätzliche risikofreie Gewinnmöglichkeiten durch internationale Güter- und Finanztransaktionen ausschließen![4]

Paritäten

Im weiteren interessiert uns die ökonomische Begründung dieser für den internationalen Handel und die internationalen Finanzkapitalbewegungen so wichtigen Paritätsbeziehungen. Im folgenden kurzen Abschnitt werden die kursgesicherte Zinsparität, die Fisher–Open Parität, die Kaufkraftparität und die Terminparität entwickelt. Anschließend wird ein numerisches Beispiel hierzu angegeben.

Zinsparität. Die Zinsparität besagt, daß eine Geldeinheit, welche im Inland oder im Ausland investiert wird, ex ante die gleiche risikolose Rendite ergeben muß. Internationale Abitragetransaktionen garantieren die Renditegleichheit, d.h.

$$(1+i) = \frac{(1+i^*)e_f}{e_0}. \tag{3.24}$$

[4] Eine Darstellung der theoretischen und der empirischen Relevanz der Paritätsbeziehungen vgl. beispielsweise SPÖRNDLI [1992].

Diese Parität läßt sich schreiben $e_f/e_0 = (1+i)/(1+i^*)$ bzw.

$$\frac{e_f - e_0}{e_0} = \frac{i - i^*}{1 + i^*}.$$

Der Term $(e_f - e_0)/e_0$ wird als Swapsatz oder Terminabschlag bezeichnet. Im weiteren wird die Zinsparität näherungsweise durch die Gleichung

$$(e_f - e_0)/e_0 = i - i^*, \tag{3.25}$$

beschrieben.

Fisher–Open. Diese Parität basiert auf der sogenannten Fisher-Gleichung, die besagt, daß sich die nominelle Verzinsung einer Anlage aus der erwarteten realen Verzinsung und der erwarteten Inflationsrate zusammensetzt. Näherungsweise bedeutet das in unserer Schreibweise

$$i_{nom.} = E(i_{real}) + E(\hat{P}).$$

Inflationserwartungen gehen somit in die Bildung nominaler Zinssätze $i_{nom.}$ ein. Je größer die Inflationserwartungen, umso geringer die reale Verzinsung für eine gegebene nominale Verzinsung. Für das Ausland ergibt sich analog:

$$i^*_{nom.} = E(i^*_{real}) + E(\hat{P}^*).$$

Die Fisher–Open Parität besagt nun, daß internationale Arbitragetransaktionen zu einem Ausgleich der erwarteten realen Zinssätze führen. Aus $E(i_{real}) = E(i^*_{real})$ folgt sofort,

$$i - i^* = E(\hat{P}) - E(\hat{P}^*). \tag{3.26}$$

Unterschiedliche nominale Zinssätze (i, i^*) sind auf unterschiedliche Inflationserwartungen zurückzuführen.

Kaufkraftparität. Die Kaufkraftparität beruht auf der Überlegung eines einheitlichen Preises für international handelbare Güter. Die Kaufkraftparität in der komparativen Form läßt sich wie folgt darstellen

$$e_0 = kP/P^*, \tag{3.27}$$

wobei $P(P^*)$ den Preisindex für das Inland (Ausland) angibt und k eine realwirtschaftliche Größe für In- und Ausland bezeichnet. Veränderungen von k reflektieren reale Störungen der beiden Volkswirtschaften. Bildet man die Veränderungsrate des Wechselkurses, so ergibt sich

$$\hat{e} = \hat{k} + \hat{P} - \hat{P}^*. \tag{3.28}$$

Geht man davon aus, daß sich die realen Größen (wie der Relativpreis der nichthandelbaren Güter und Güteraufteilung) im Zeitablauf gleichmäßig verändern oder gar konstant bleiben ($\hat{k} = 0$), dann folgt

$$\hat{e} = \hat{P} - \hat{P}^*. \tag{3.29}$$

Gleichung (3.29) besagt, daß gemäß der Kaufkraftparität unterschiedliche Inflationsraten durch Wechselkursänderungen ausgeglichen werden. Schließlich muß beachtet werden, daß die Höhe der Inflationsraten ex ante unbestimmt ist und deshalb auch die durch die Kaufkraftparität implizierten Wechselkursänderungen. Deshalb werden die Änderungsraten in Erwartungswerten ausgedrückt, d.h.

$$E(\hat{e}) = E(\hat{P}) - E(\hat{P}^*). \tag{3.30}$$

Terminparität. Durch die Zinsparität $(e_f - e_0)/e_0 = i - i^*$, durch Fisher–Open $i - i^* = E(\hat{P}) - E(\hat{P}^*)$ und durch die Kaufkraftparität $E(\hat{e}) = E(\hat{P}) - E(\hat{P}^*)$ wird eine vierte Parität impliziert: die sogenannte Terminparität:

$$\frac{e_f - e_0}{e_0} = E(\hat{e}). \tag{3.31}$$

Die Termin- oder Fristenparität besagt, daß die Differenz zwischen Termin- und Kassakurs eine im Durchschnitt korrekte Prognose über die Veränderung des Wechselkurses darstellt. Mit anderen Worten: Der Terminkurs liefert eine im Durchschnitt korrekte Prognose des tatsächlichen zukünftigen Wechselkurses.

Alle soeben dargestellten Paritätsbeziehungen beruhen auf internationalen Arbitragetransaktionen in Gütern und Finanzanlagen. Die wichtigen vier Paritätsbeziehungen lassen sich auch in Gleichungsform einbringen. Ein internationales Arbitragegleichgewicht führt zu folgender Relation:

$$i - i^* = \frac{e_f - e_0}{e_0} = E(\hat{e}) = E(\hat{P}) - E(\hat{P}^*). \tag{3.32}$$

Das bedeutet, die Differenz in der nominalen Verzinsung $i - i^*$ entspricht dem Swapsatz $(e_f - e_0)/e_0$. Der Terminabschlag entspricht der erwarteten Wechselkursänderung $E(\hat{e})$ und diese entspricht der erwarteten Inflationsdifferenz $E(\hat{P}) - E(\hat{P}^*)$.

Beispiel: Die Paritätsbeziehungen sollen anhand eines Beispiels vertieft werden. Angenommen, das Preisniveau im Inland betrage $P = 100$ und im Ausland $P^* = 50$. Die inländische (ausländische) Inflationsrate wird mit einem Wert in Höhe von 0,05 (0,10) von den Wirtschaftssubjekten erwartet (in unserer Schreibweise: $E(\hat{P}) = 0{,}05$, $E(\hat{P}^*) = 0,10$). Der (erwartete) reale Zinssatz betrage im In- und Ausland 2% (in unserer Schreibweise $E(i_{real}) = E(i^*_{real}) = 0,02$). Die Gültigkeit der absoluten Kaufkraftparität wird unterstellt. Es ergeben sich folgende Aufgaben:

1. Ermitteln Sie aus den Paritätsbeziehungen den Kassakurs e_0, die nominelle in- und ausländische Verzinsung i, i^*, den Devisen-Terminkurs e_f! Weiterhin soll der Swapsatz $(e_f - e_0)/e_0$ ermittelt werden!

2. Gehen Sie von den oben genannten Paritätsbeziehungen aus. Wie würden Sie den zukünftigen Wechselkurs prognostizieren?

3. Das Preisniveau im Ausland habe sich erhöht: $P^* = 60$. Die Investoren ziehen aber daraus nicht den Schluß, daß sich dadurch die Inflationsrate ändert, die Inflationserwartungen werden nicht

revidiert. Das neue ausländische Preisniveau ändert einige Gleichgewichtswerte. Welche wirtschaftlichen Variablen ändern sich?

4. Aus dem Ausland kommen neue Informationen über die Preisniveauentwicklung. Das neue Preisniveau sei $P^* = 60$. Die Marktteilnehmer interpretieren die Preisniveauänderung als Signal für die zukünftige jährliche Inflationsrate und ändern entsprechend ihre Erwartungen. Ermitteln Sie die neuen gleichgewichtigen Werte für den Wechselkurs, den Devisen–Terminkurs, die nominale Verzinsung im In- und Ausland und den Swapsatz: $e, e_f, i, i^*, (e_f - e_0)/e_0$.

Lösungshinweis:

(zu 1.) Der Wechselkurs beträgt $e_0 = P/P^* = 100/50 = 2$. Die nominale Verzinsung im Inland: $i = i_{real} + E(\hat{P}) = 0{,}02 + 0{,}05 = 0{,}07$; für das Ausland ergibt sich: $i = i^*_{real} + E(\hat{P}^*) = 0,02 + 0,10 = 0,12$. Die erwartete Wechselkursänderung beträgt damit – 0,05 und der Terminkurs $e_f = 1,90$, der sich über die Terminparität ($(e_f - 2)/2 = -\,0,05$) errechnen läßt. Der Kursabschlag beträgt demnach ca. 5%.

(zu 2.) Man geht i.d.R. davon aus, daß der heute (t) gültige Terminkurs $e_f(t; t+1)$ für ein Devisentermingeschäft morgen ($t+1$) dem erwarteten Wechselkurs von morgen $E(e(t+1))$ entspricht zuzüglich einer Risikoprämie RP:

$$e_f(t; t+1) = E(e(t+1)) + RP.$$

Bei einer positiven Risikoprämie ergibt sich unmittelbar: $e_f(t; t+1) > E(e(t+1))$, d.h. der tatsächliche Wechselkurs wird im Durchschnitt unter 1,90 liegen, allerdings nur geringfügig. Diese Prognose hat aber leider den Nachteil, daß die Varianz sehr groß ist.

(zu 3.) Da sich die Inflationserwartungen nicht verändern, bleiben die nominalen Verzinsungen unverändert $i = 0,07$ und $i^* = 0,10$. Folg-

lich kann sich auch der Terminabschlag nicht ändern, wohl daber der Devisen-Terminkurs (auf $e_f = 1,583$).

(zu 4.) Der neue Wechselkurs beträgt $e_0 = P/P^* = 100/60 = 1,666$. Der neue ausländische nominale Zins: $i^* = 0,02+0,20 = 0,22$ mit $\hat{P}^* = 0,20$. Es kommt zu einem niedrigeren Devisen-Terminkurs $e_f = 1,4167$ und zu einem Terminabschlag von ca. 15%.

Für das Internationale Finanzmanagement sind diese vier Paritäten zentral. Vor allem stellt sich die Frage, ob diese Paritäten eine Basis zur Wechselkursprognose darstellen. Ein direkter Zusammenhang zwischen den oben genannten Paritäten und einer Wechselkursprognose ergibt sich über die Terminparität. Sie gibt einen ersten Hinweis auf eine empirisch überprüfbare Hypothese zur Wechselkursänderung: Der Swapsatz $(e_f - e_0)/e_0$ soll die Wechselkursänderung $E(\hat{e})$ anzeigen. Aufgrund dieser Terminparität sollte man beobachten, daß der Swapsatz eine unverzerrte Prognose für die Wechselkursänderung darstellt, d.h. die Prognose müßte im Durchschnitt korrekt sein. Zur empirischen Evidenz dieser und anderer Fragen vgl. etwa BAILLIE und MCMAHON [1989], MACDONALD und TAYLOR [1992].

Zusammenfassung

Ausgehend von einem einfachen makroökonomischen Modell für eine offene Volkswirtschaft wurden drei Probleme erörtert: (1) Wodurch wird der Wechselkurs bestimmt? (2) Wie läßt sich die Wechselkursvariabilität erklären und (3) wie lassen sich Wechselkurssysteme wirtschaftspolitisch einschätzen? Trotz einiger Schwächen beantwortet der monetäre Ansatz ganz klar die gestellten Fragen.

Nach dem monetären Ansatz erfolgt die Bestimmung des Wechselkurses auf der Basis von zwei Paritäten: der Kaufkraftparität und der Zinsparität. Langfristig dominiert die Entwicklung der Preisniveaus der handelbaren Güter bei der Bestimmung des Wechselkurses (Kaufkraftparität). Kurzfristig hingegen übernehmen die Zinssätze, d.h. die Preise für Finanzaktiva, die entscheidende Rolle bei der Bestimmung des Wechselkurses (Zinsparität).

Bei der Kaufkraftparität paßt sich der Wechselkurs derart an, daß die Kaufkraft der inländischen Währung der Kaufkraft der ausländischen Währung entspricht. Bei der Zinsparität paßt sich der Wechselkurs so an, daß sich die Differenz zwischen dem tatsächlichen und dem erwarteten Wechselkurs entspricht. Diese Unterscheidung zwischen einem kurzfristigen und einem langfristigen Gleichgewicht ist vor allem dann wichtig, wenn die Güterpreise langsamer auf real- und geldwirtschaftliche Veränderungen reagieren als die Preise der Finanzaktiva.

Das Phänomen einer überschießenden Wechselkursreaktion kann wie folgt zusammenfassend dargestellt werden. Betrachten wir dazu noch einmal die Zinsparität: $i = i^* + (e_f - e_0)/e_0$. Im langfristigen Gleichgewicht, das unseren Ausgangspunkt bildete, stimmen langfristiger Wechselkurs $\bar{e}$, Terminkurs e_f und Kassakurs e gerade überein (der Swapsatz ist identisch null). Daraus folgt, daß inländisches und ausländisches Zinsniveau übereinstimmen. Nach einer expansiven Geldpolitik (d.h. Erhöhung der Geldmenge M) sinkt kurzfristig der inländische Zins auf das Niveau i_1 (vgl. *Abb. 3.2*). Diese Zinsreduktion ergibt sich nur vorübergehend, da langfristig die Gleichgewichtsbedingung auf dem Geldmarkt durch eine Erhöhung des Preisniveaus herbeigeführt wird. Die kurzfristige Zinssenkung beruht somit auf der verzögerten Reaktion der Preise. Da nach der Geldmengenerhöhung der Inlandszins im kurzfristigen Gleichgewicht unter dem Auslandszins liegt, sind Finanzanlagen im Ausland gewinnbringend. Die dadurch ausgelöste zusätzliche Devisennachfrage läßt den gegenwärtigen Wechselkurs ansteigen. Die Abwertung der heimischen Währung ist dabei so stark, daß sie den langfristigen neuen Wechselkurs $\bar{e}_1$ übersteigt; der Zinsvorsprung ausländischer Finanztitel wird somit durch einen Kursabschlag ($e_f = \bar{e}_1 < e_1$) ausgeglichen. Nach dieser kurzfristigen Reaktion kommt es durch eine Aufwertung der heimischen Währung und durch einen gleichzeitigen Anstieg des Preisniveaus zu der langfristig wirksamen Zinsparität mit $i = i^*$.

Im Rahmen des elementaren monetären Ansatzes wurde versucht, feste und flexible Wechselkurssysteme wirtschaftspolitisch einzuschätzen. Feste bzw. flexible Wechselkurse gehören zu den institutionellen Rahmenbedingungen, denen die Wirtschaftspolitik ausgesetzt ist. Im vorliegenden einfachen Ansatz wurde gezeigt, daß in einem Wechselkurssystem mit festen Tauschrelationen die inländische Geldpolitik fest an die ausländische Geldpolitik gebunden ist. Mit der Geldpolitik überträgt sich auch eine Inflation vom Ausland ins Inland.

Die Ursache liegt darin, daß in einem festen Wechselkurssystem der Devisenkurs stabilisiert werden muß. Zur Stabilisierung kauft die Zentralbank Devisen und erhöht damit die inländische Geldmenge, die dann zur Inflation führt. Erhöht beispielsweise die ausländische Zentralbank die Geldmenge um 10%, so muß in einem System fester Wechselkurse die inländische Geldmenge zur Stabilisierung des Wechselkurses mit genau derselben Wachstumsrate zunehmen. Erfolgt dies nicht, dann ergäbe sich eine Abwertung der ausländischen Währung, was in einem festen Wechselkurssytem nicht vorgesehen ist. Um dies zu verhindern, muß die Zentralbank solange Devisen erwerben, bis die auf diese Art geschaffene Marktnachfrage dem Angebot der Devisen entspricht. Praktisch bedeuten feste Wechselkurse, daß die Zentralbank sich verpflichtet, jede beliebige Menge an Devisen zu kaufen (oder zu verkaufen) um den Wechselkurs zu stabilisieren. Das heißt, daß eine nationale Politik der Preisniveaustabilität unmöglich ist. Mit der Geldmenge überträgt sich nämlich Inflation vom Ausland auf das Inland. Dagegen kann bei frei schwankenden Wechselkursen jede Volkswirtschaft eine autonome (d.h. von der ausländischen Geldmengenpolitik unabhängige) Geldpolitik betreiben. Die gewünschte Geldmengenänderung ist frei bestimmbar, wobei letztlich auch die Inflation wieder zu einem nationalen Phänomen wird.

⋆⋆⋆

3.2 Einkommen, Zins und Wechselkurs

In diesem Kapitel wird das grundlegende Keynesianische Makromodell offener Volkswirtschaft behandelt. Dies gibt uns auch die Gelegenheit, stabilitätspolitische Maßnahmen offener Volkswirtschaften zu erörtern. Ausgangspunkt ist der Keynesianische Makroansatz, wie er im bekannten IS–LM Diagramm zum Ausdruck kommt. Für eine kleine offene Volkswirtschaft soll in einem System mit festen bzw. flexiblen Wechselkursen aufgezeigt werden, wie Volkseinkommen, internationale Kapitalbewegungen, Zahlungsbilanzsaldo und Wechselkurs im Gleichgewicht bestimmt sind und wie diese wichtigen makroökonomischen Variablen durch Änderungen exogener Größen (insbesondere im Zusammenhang mit stabilitätspolitischen Maßnahmen) beeinflußt werden.

◇

IS–LM Modell

Die ersten systematischen makroökonomischen Analysen im Sinne der Keynesianischen Makromodelle für offene Ökonomien bei festen bzw. flexiblen Wechselkursen gehen auf MUNDELL [1963] und FLEMING [1962] zurück. Das sogenannte *Mundell-Fleming* Modell ergänzt das Keynesianische IS–LM Modell um außenwirtschaftliche Zusammenhänge. Die Märkte in diesem Ansatz sind der heimische *Güter-* und *Geldmarkt* und der *Devisenmarkt*. In den folgenden drei Abschnitten stellen wir die drei wesentlichen Komponenten des Modells vor: den heimischen Gütermarkt, den heimischen Geldmarkt und die Zahlungsbilanz.

Die betrachtete kleine offene Volkswirtschaft besteht aus drei Märkten. Der Begriff kleine offene Volkswirtschaft soll darauf hinweisen, daß

Veränderungen im Inland weder den Weltmarktpreis noch den Weltmarktzins beeinflußen. Offen ist die Ökonomie deshalb, weil sie über den internationalen Handel und die internationalen Kapitalbewegungen mit den internationalen Güter- und Kapitalmärkten verbunden ist.

Gütermarkt. Das Gütermarktgleichgewicht läßt sich in der bekannten Form darstellen:

$$Y = C(Y) + I(i) + G + X(R, Y^*) - R \cdot IM(R, Y), \tag{3.33}$$

wobei die Investitionsausgaben I vom Zins i abhängig sind und mit G die Staatsausgaben berücksichtigt werden. Die Variable $R = eP^*/P$ ist eine Abkürzung für den *realen* Wechselkurs. Bezüglich der makroökonomischen Variablen wird folgendes Verhalten unterstellt:

$$C = C(Y), \quad \frac{\partial C}{\partial Y} > 0, \tag{3.34}$$

$$I = I(i), \quad \frac{\partial I}{\partial i} < 0, \tag{3.35}$$

$$X = X(R, Y^*), \quad \frac{\partial X}{\partial R} > 0, \quad \frac{\partial X}{\partial Y^*} > 0, \tag{3.36}$$

$$IM = IM(R, Y), \quad \frac{\partial IM}{\partial R} < 0, \quad \frac{\partial IM}{\partial Y} > 0. \tag{3.37}$$

Aus der Gleichgewichtsbedingung für den Gütermarkt einer offenen Volkswirtschaft erhalten wir die IS-Kurve als implizite Funktion von Zins und Einkommen, oder mit anderen Worten, das Sozialprodukt Y wird in Abhängigkeit von Inlandszins, Wechselkurs, Staatsausgaben und Auslandseinkommen bestimmt. Der ökonomische Zusammenhang zwischen i und Y wird durch die bekannte IS–Kurve dargestellt (vgl. *Abb. 3.4*).

Geldmarkt. Das Geldmarktgleichgewicht wird durch die LM–Kurve dargestellt. Die LM–Kurve ergibt sich durch die folgende Beziehung:

$$\frac{M}{P} = L(i,Y). \tag{3.38}$$

Eine Ausdehnung des Geldangebots M verschiebt die LM-Kurve im (Y,i)–Diagramm nach rechts, da bei gegebenem Einkommmen die Opportunitätskosten der Geldhaltung sinken müssen, damit die zusätzliche Liquidität am Markt auch nachgefragt wird. Eine Veränderung im Wechselkurs verschiebt die LM–Kurve nicht.

Anmerkung: Fiskalpolitik im IS–LM Modell. Zur Übung der rechnerischen Schritte einer komparativen Statik betrachten wir eine expansive Fiskalpolitik $dG^a > 0$. Die Gütermarkt– und Geldmarktgleichgewichtsbedingungen sind die Ausgangspunkte (mit $S(Y) = Y - C(Y)$):

$$S(Y) - I(i) - G^a = 0, \tag{3.39}$$

$$L(i,Y) - \frac{M}{P} = 0. \tag{3.40}$$

Das gesamte Differential führt zu folgendem linearen Gleichungssystem:

$$\begin{aligned} S_Y(Y)dY - I_i(i)di &= dG^a \\ L_Y(Y,i)dY + L_i(Y,i)di &= 0. \end{aligned}$$

oder in Matrixschreibweise:

$$\begin{pmatrix} S_Y & -I_i \\ L_Y & L_i \end{pmatrix} \begin{pmatrix} dY \\ di \end{pmatrix} = \begin{pmatrix} dG^a \\ 0 \end{pmatrix}$$

Die Anwendung der Cramer'schen Regel führt zur Lösung der komparativ–statischen Fragestellungen: Wie ändert sich das gleichgewichtige Einkommen Y bzw. wie ändert sich der gleichgewichtige Zins i, wenn eine expansive Fiskalpolitik $dG^a > 0$ vom Staat verfolgt wird?

$S_Y(Y)L_i(i,Y) + I_i(i)L_Y(i,Y)$ ist die (negative) Determinante des Systems. Entsprechend der Verhaltensannahmen ist sie negativ, so daß das Vorzeichen von $dY/dG^a > 0$ und $di/dG^a > 0$ eindeutig bestimmt ist. Als Ergebnis bleibt festzuhalten: Zusätzliche Staatsausgaben erhöhen das reale Einkommen und den realen Zins. Wichtig sind die weiteren Eigenschaften der komparativ-statischen Lösung. Ist die Geldnachfrage L nicht zinselastisch (d.h. $L_i(Y,i) = 0$), dann gibt es keinen Realeinkommenseffekt. Sind die Investitionsausgaben zinsunelastisch ($dI/di = 0$), dann entspricht der Einkommenseffekt dem elementaren Einkommensmultiplikator ($dY/dG^a = 1/S_Y$). Ist die Geldnachfrage vollkommen zinselastisch (d.h. dL/di geht gegen null), ergibt sich wieder der elementare Einkommensmultiplikator ($dY/dG^a = 1/S_Y$) und darüberhinaus ist die Zinssenkung gleich null.

Devisenmarkt. Neben dem Güter- und Geldmarkt muß für eine offene Volkswirtschaft der Devisenmarkt berücksichtigt werden. Analog zur IS–LM Analyse wollen wir im folgenden eine sogenannte Z-Kurve (Zahlungsbilanzgleichgewicht im Sinne der Devisenbilanz) entwickeln. Dazu werden wir zuerst inhaltliche Überlegungen, dann grafische und formale Überlegungen anstellen, ganz analog zu den Kurven für das Gütermarkt- und Geldmarktgleichgewicht. Mit dem IS–LM–Z Diagramm können dann unmittelbar Probleme eines internen und externen makroökonomischen Gleichgewichts erörtert werden.

In unserem Erklärungsansatz geht man davon aus, daß am Kassamarkt nur eine ausländische Währung gehandelt wird. Im weiteren interessiert uns das Devisenangebot und die Devisennachfrage. Exporteure, Importeure und Kapitalanleger in unserer Wirtschaft tätigen ihre Devisentransaktionen auf dem Devisen–Kassamarkt. Dies führt dazu (wenn wir zunächst die Transaktionen der Zentralbank vernachlässigen), daß das Devisenangebot in der Wirtschaft dem Wert der Exporte und der Kapitalimporte entspricht. Die Devisennachfrage entspricht dem Wert der Importe und der Kapitalexporte. Diese Größen der Devisennachfrage und des Devisenangebots lassen sich in eine Gleichung übertragen:

$$Z = A + K, \tag{3.41}$$

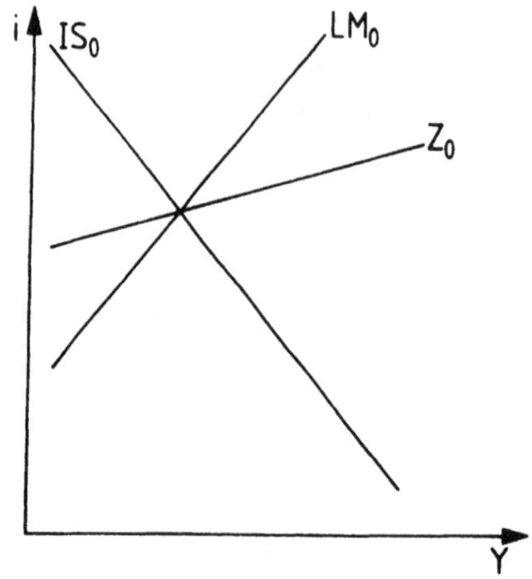

Abbildung 3.4: Güter-, Geld- und Devisenmarktgleichgewicht

wobei Exporte und Importe zum Außenbeitrag A und Kapitalimporte und Kapitalexporte zum Nettokapitalimport K zusammengefaßt werden.[5]

Devisen-markt

Wenn wir von den möglichen Interventionen der Notenbank absehen, dann muß es bei einem flexiblen Wechselkurssystem zu einem Ausgleich von Devisenangebot und Devisennachfrage unter den Marktteilnehmern kommen. Wie bereits erwähnt sind die Marktteilnehmer am Devisenmarkt die international tätigen Unternehmen und die Kapitalanleger. Flexible Wechselkurse führen somit zu einem Ausgleich der Devisenangebote und der Devisennachfrage. Ein außenwirtschaftliches (externes) Gleichgewicht besteht dann, wenn der Saldo der Devisenbi-

[5] An dieser Stelle sollte erwähnt werden, daß in unserer Diskussion nur Portfolioinvestitionen betrachtet werden. Direktinvestitionen sind von Portfolioinvestitionen zu unterscheiden, obwohl beide Investitionen zu internationalen Kapitalbewegungen führen. Direktinvestitionen dienen (neben dem Ertragsmotiv) der wirtschaftlichen Kontrolle ausländischer Unternehmen, während Portfolioinvestitionen nur Ertragsabsichten implizieren.

lanz ausgeglichen ist: $Z = 0$, wenn also ohne Intervention der Notenbank das Devisenangebot der Devisennachfrage entspricht.

Devisenmarktgleichgewicht Z–Kurve. Werden die Verhaltensannahmen für den Außenbeitrag A und die Nettokapitalimporte K in der Gleichungsgewichtsbedingung für den Devisenmarkt berücksichtigt (mit $P = 1, P^* = 1$), so ergibt sich für die Z–Kurve:

$$Z = A(e, Y, Y^*) + K(i, i^*).$$

Die Z–Kurve besitzt im i/Y Diagramm die Steigung

$$\left.\frac{di}{dY}\right|_Z = -\frac{A_Y}{K_i} > 0.$$

Der Devisenmarkt ist im Gleichgewicht, wenn ein steigendes Einkommen (das den Außenbeitrag verschlechtert $A_Y < 0$) durch ein steigendes inländisches Zinsniveau (mit zunehmendem Zins verbessert sich die Kapitalbilanz $K_i > 0$) kompensiert wird.

Bei vollkommener internationaler Kapitalmobilität verläuft die Z–Kurve horizontal, denn K_i ist sehr groß, d.h. $di/dY = 0$. Im anderen Extremfall, wenn Kapital aufgrund strenger Kapitalverkehrskontrollen vollkommen immobil ist, dann ist gilt: $K_i = 0$ und damit geht die Steigung der Z–Kurve gegen unendlich. Die Z–Kurve ist bei vollkommener Immobilität des Kapitals vertikal. Die Zahlungsbilanz ist dann nur bei einem ganz bestimmten Einkommen ausgeglichen. In der folgenden *Abb. 3.5* sind mögliche Z–Kurven eingezeichnet. Auf der Z–Kurve ist die Zahlungsbilanz ausgeglichen. Jede Abweichung von der Z–Kurve führt zu einem Zahlungsbilanzungleichgewicht und damit zu einem Devisenmarktungleichgewicht. Neben der Steigung der Z–Kurve ist auch die Lage der Devisenmarktgleichgewichtskurve wichtig. Wie verändert sich die Gleichgewichtskurve für den Devisenmarkt, wenn das ausländische Einkommen Y^* zunimmt, der reale Wechselkurs e sich erhöht, wenn sich Wechselkurserwartungen ändern oder der Weltmarktzins erhöht? **Z–Kurve**

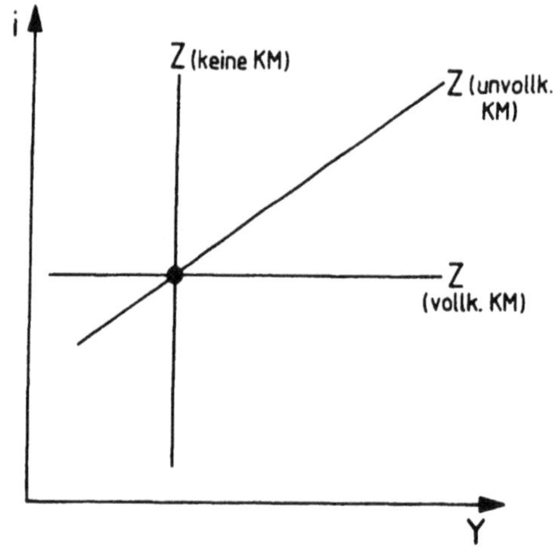

Abbildung 3.5: Devisenmarktgleichgewicht Z–Kurve

Es läßt sich zeigen, daß die Z–Kurve nach rechts verschoben wird, wenn das ausländische Einkommen zunimmt, bzw. wenn die inländische Währung abgewertet wird (unter der Voraussetzung, daß die Marshall–Lerner Bedingung erfüllt ist). Eine Abwertungserwartung bzw. eine Erhöhung des ausländischen Zinssatzes verändert den inländischen Zins um den gleichen Betrag. Die Z–Kurve wird also nach oben verschoben.

Es wird hier schon deutlich, daß die Kapitalmobilität für die makroökonomischen Implikationen einer offenen Volkswirtschaft eine zentrale Bedeutung erlangen wird. Die Zahlungsbilanz setzt sich in unserem Beispiel aus den Teilbilanzen Leistungsbilanz und Kapitalverkehrsbilanz $A + K = 0$ zusammen. Auf der einen Seite bestimmt der in der Leistungsbilanz A erfaßte Strom an Gütern und Diensten wieviel Devisen angeboten und nachgefragt werden. Auf der anderen Seiten führen Änderungen in der Kapitalverkehrsbilanz K zu einer Änderung von Angebot und Nachfrage an Devisen. Diejenige Teilbilanz, die stärker auf makroökonomische Änderungen reagiert, bestimmt letztlich den Wechselkurs. Aus diesem Grund lassen sich Wechselkurstheorie in Strom–

(flow) und Bestandsansätze (stock) einteilen. Bei Stromansätzen bestimmt die Leistungsbilanz den Wechselkurs. Bei Stockansätzen bestimmt die Kapitalverkehrsbilanz (Vermögensbestand) den Wechselkurs.

Die Gleichung (3.41) ist eine Definitionsgleichung. Uns interessiert neben der definitorischen Beziehung vor allem die Änderung im gesamtwirtschaftlichen Gleichgewicht, wenn sich Störungen monetärer oder realwirtschaftlicher Art ergeben.

Im folgenden beschäftigen wir uns mit dem Zusammenhang zwischen Einkommen Y, Zins i, Zahlungsbilanzsaldo Z und festem (oder flexiblen) Wechselkurs e. Um das vollständige makroökonomische Gleichgewicht des Mundell-Fleming Ansatzes auswerten zu können, müssen die Gleichgewichtsbedingungen für den Gütermarkt, für den Geldmarkt und für die Zahlungsbilanz simultan erfüllt sein. Daraus ergibt sich folgendes System:

$$\begin{aligned} Y &= C(Y) + I(i) + G + A(e, Y, Y^*), && \text{Gütermarkt} \\ M &= L(i, Y), && \text{Geldmarkt} \\ Z &= A(e, Y, Y^*) + K(i, i^*) && \text{Zahlungsbilanzsaldo.} \end{aligned}$$

Das Gleichungssystem erklärt bei einem festen Wechselkurssystem die endogenen Variablen: Einkommen, Zins und Zahlungsbilanz (Y, i, Z). Für eine Währungsordnung mit flexiblen Wechselkursen ergeben sich die zu erklärenden Größen: Einkommen, Zins und Wechselkurs (Y, i, e). Die Marktgleichgewichte werden zunächst grafisch (mit einigen Erläuterungen) bestimmt, wobei auf dem IS–LM Diagramm einschließlich der Z–Kurve aufgebaut wird. Im Y, i–Diagramm haben sowohl die LM– als auch die Z–Kurve eine positive Steigung. Zunächst sei unterstellt, daß die Kurve für die Zahlungsbilanz flacher verlaufe als die Geldmarktgleichgewichtskurve (LM) (vgl. *Abb. 3.6*).

Feste Wechselkurse: Unter Bedingungen eines festen Wechselkurses (und ohne Neutralisierungspolitik der Notenbank) führen Devisenbilanzüberschüsse zu einer Erhöhung der inländischen Geldmenge (weil die Zentralbank Devisen gegen inländische Währung ankaufen muß) und Devisenbilanzdefizite zu einer Reduktion der inländischen Geldmenge (da die Zentralbank Devisen gegen inländische Währung verkauft). Die Geldmenge M ändert sich entsprechend dem Devisenbilanzsaldo, d.h. M ist endogen. Solange die Devisenbilanz nicht ausgeglichen ist (d.h. sofern es noch zu Geldmengenänderungen kommt), verschiebt sich die LM–Kurve. Ein langfristiges Gleichgewicht ist erst erreicht, wenn der neue Schnittpunkt zwischen der IS– mit der LM–Kurve auf der Z–Kurve liegt. Der Devisenbilanzsaldo muß also im Gleichgewicht einen Wert von null aufweisen $Z = 0$.

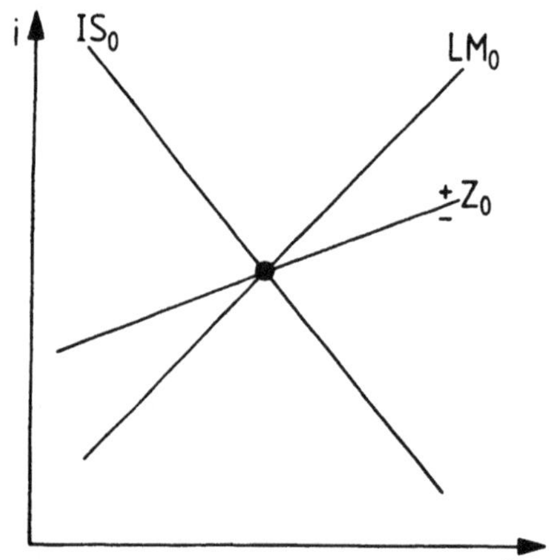

Abbildung 3.6: Makroökonomisches Gleichgewicht

Bei festem Wechselkurs hält die Notenbank den Preis der ausländischen Währung konstant. Sie erreicht das, indem sie Devisen zu festen Wechselkursen kauft oder verkauft. Daraus ergibt sich die Folgerung: Eine Währungsordnung mit festen Wechselkursen führt zu einem endogenen Geldbestand, da die Notenbank jederzeit die Devisen oder inländisches Geld bereitstellen muß, die vom Markt zu einem festen

Wechselkurs nachgefragt werden.

AUSSAGE 3.3 *(Feste Wechselkurse) Bei festen Wechselkursen und vollkommener internationaler Mobilität des Kapitals kann eine Volkswirtschaft keine souveräne Geldpolitik betreiben. Jeder Versuch einer autonomen Geldpolitik führt zu internationalen Kapitalströmen und damit zur Notwendigkeit der Intervention der Notenbank.*

Flexible Wechselkurse: Eine Ökonomie mit einer Währungsordnung, die flexible Wechselkurse institutionalisiert, läßt sich in den wichtigen makroökonomischen Zusammenhängen wie folgt beschreiben. Der Ausgleich am Devisenmarkt erfolgt nicht wie in einem System fester Wechselkurse durch Intervention der Zentralbank, sondern durch eine freie Wechselkursbildung. Der Wechselkurs e stellt sich so ein, daß ohne Intervention der Zentralbank Devisenangebot und Devisennachfrage übereinstimmen. Damit entfallen bei freier Wechselkursbildung auch die Einflüsse auf die Geldmenge. Eine souveräne Geldpolitik ist für die Volkswirtschaft wieder möglich. In der Schreibweise unserer Makroökonomik ergibt sich:

$$Y = C(Y) + I(i) + G^a + A(e, Y, Y^*), \tag{3.42}$$

$$M_0 = L(i, Y), \tag{3.43}$$

$$0 = A(e, Y) + K(i, i^*). \tag{3.44}$$

Das makroökonomische System erklärt die Größen: Einkommen, Zins und Wechselkurs (Y, i, e). Exogen sind der ausländische Zins i^*, die Geldmenge M_0, die Ausgaben des Staates G^a.

AUSSAGE 3.4 *(Flexible Wechselkurse) Ohne Intervention der Zentralbank führen flexible Wechselkurse zu einem ständigen Ausgleich der Devisenbilanz. Infolge der freien Wechselkursbildung und Wechselkursänderung, werden aber auch Einkommen und Zins verändert.*

Expansive Geldpolitik (vgl. *Abb. 3.7*). Eine expansive Geldpolitik verschiebt die LM_0 Kurve auf LM_1. Im Punkt GG_1 sind gesamtwirtschaftlicher Güter– und Geldmarkt im Gleichgewicht, aber es liegt ein außenwirtschaftliches Ungleichgewicht (Zahlungsbilanzdefizit) vor. Der inländische Zins ist geringer als der Auslandszins, so daß tendenziell Finanzkapital ins Ausland strömen wird. Die Zahlungsbilanz weist ein Defizit auf, der Wechselkurs wird sich abwerten. Eine Abwertung der inländischen Währung bedeutet, daß sich der Außenbeitrag A verbessert. Der Außenbeitrag nimmt zu und verschiebt die IS–Kurve nach rechts. Dieser Prozeß setzt sich solange fort, bis der Gleichgewichtspunkt GG_2 erreicht ist. Der Zinssatz ist wieder auf dem Weltmarktniveau; die Abwertung hat zu einem höheren Einkommen geführt. Fazit: Die expansive Geldpolitik bei flexiblen Wechselkursen wirkt dadurch, daß sie den Außenbeitrag erhöht.

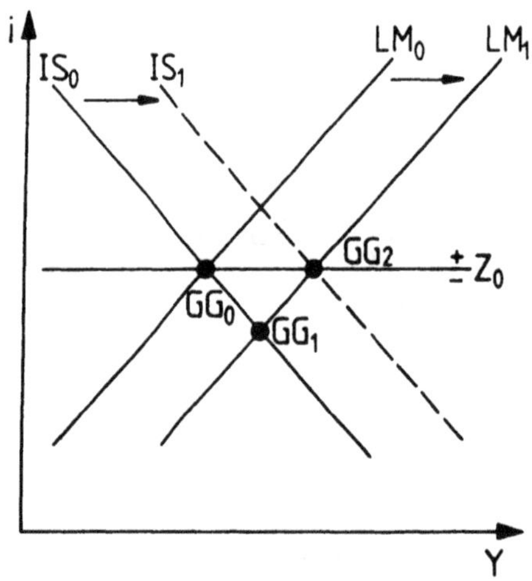

Abbildung 3.7: Expansive Geldpolitik

Expansive Fiskalpolitik (vgl. *Abb 3.8*). Eine expansive Fiskalpolitik verschiebt die IS–Kurve nach rechts. Die Zinserhöhung wird zu einer Wechselkursverbesserung (Aufwertung) führen. Eine Aufwertung bewirkt einen Rückgang der Exporte und eine Zunahme der Importe. Bei vollständiger internationaler Kapitalmobilität und flexiblen Wechselkurs hat eine expansive Fiskalpolitik keine Wirkung auf den gesamtwirtschaftlichen Output. Fazit: Die Fiskalpolitik bei flexiblen Wechselkursen ist unwirksam, weil die Aufwertung der inländischen Währung den Außenbeitrag vermindert und die IS–Kurve wieder nach links verschiebt, bis das ursprüngliche Gleichgewicht GG_0 wieder hergestellt ist.

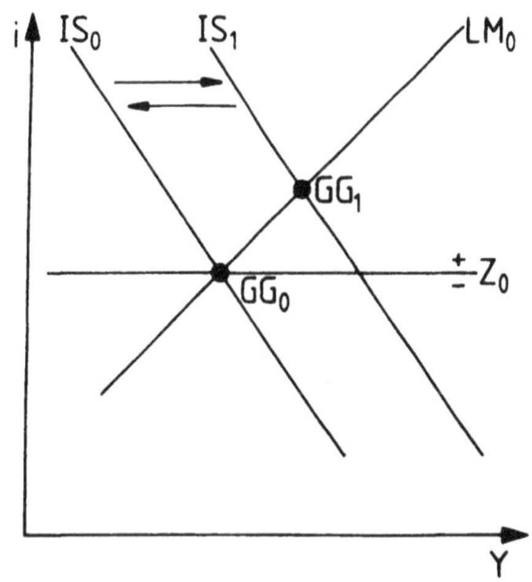

Abbildung 3.8: Expansive Fiskalpolitik

Beispiel: Wir betrachten das bekannte IS–LM Modell für eine offene Volkswirtschaft (Mundell–Fleming Modell). Die Währungsordnung besteht aus flexiblen Wechselkursen und freien internationalen Kapitalbewegungen. Die internationale Kapitalmobilität ist vollkommen. Wir gehen von folgendem Handelsbilanzsaldo aus:

$$A(e, Y) = \bar{A} + vR - mY, \quad \text{mit} \quad R = \frac{eP^*}{P}.$$

Der reale Wechselkurs wird mit R bezeichnet und alle übrigen exogenen Größen (wie beispielsweise das ausländische Einkommen Y^*) werden in $\bar{A}$ als konstante Größen berücksichtigt. Der Handelsbilanzsaldo

A steigt, wenn der reale Wechselkurs zunimmt; der Parameter v ist positiv. Damit sind die wichtigen Zusammenhänge für die Entwicklung der Handelsbilanz genannt: Eine Einkommenserhöhung vermindert (über eine Erhöhung der Importe) den Handelsbilanzsaldo. Eine Abwertung ($dR > 0$) verbessert die Handelsbilanz. Die IS–Kurve lautet dann: $Y = C^a + I^a + G^a + \bar{A} - hi - mY + vR$ oder wenn wir nach dem Einkommen auflösen (mit $1 - c = s$ und $i = i^*$ wegen der vollkommenen internationalen Kapitalmobilität):

$$Y = \frac{C^a + I^a + G^a + \bar{A} - hi^* + vR}{s + m}.$$

Gegeben sei der Handelsbilanzsaldo (mit $P_0 = P_0^* = 1$ und $R = e$):

$$A = \bar{A} + ve - mY,$$

wobei $\bar{A}$ eine Konstante bezeichnet, die autonome Exporte, autonome Importe und ausländisches Einkommen beinhaltet. Der Koeffizient v ist positiv, d.h. eine Abwertung der inländischen Währung verbessert die Handelsbilanz des Landes (somit ist die Marshall–Lerner Bedingung für eine normale Reaktion des Außenbeitrags erfüllt).[6] Eine Einkommenserhöhung verschlechtert die Handelsbilanz, da ein Anstieg des Einkommens die Importe erhöht; m bezeichnet die marginale Importneigung. Das Geldmarktgleichgewicht wird durch folgende Gleichung beschrieben:

$$M_0 = kY - gi.$$

Wir gehen von einer kleinen offenen Volkswirtschaft aus, in der die internationale Kapitalmobilität vollkommen ist: $i = i^*$. Es herrscht ein System flexibler Wechselkurse. Berechnen Sie den gleichgewichtigen

[6] Gegeben sei der Außenbeitrag $A(e) = X(e) - eIM(e)$ in Abhängigkeit des realen Wechselkurses e. Gesucht ist eine Bedingung dafür, daß $dA/de > 0$. Aus der Ableitung und der Annahme $X = eJM$ ergibt sich durch einfaches Umformen die Marshall–Lerner Bedingung.

Wechselkurs! Erklären Sie den Lösungsweg und das Ergebnis! Zeigen Sie, wie sich der Wechselkurs verändert, wenn sich die reale Geldmenge erhöht (monetäre Expansion) oder wenn der Staat eine expansive Fiskalpolitik betreibt. Zeigen Sie anhand des algebraischen Beispiels unsere oben abgeleiteten Ergebnisse: Eine Fiskalpolitik kann das Einkommen nicht erhöhen. Es kommt lediglich zu einer Aufwertung und zu einer Reduzierung der Nettoexporte. Die Geldpolitik führt zu einer Einkommenserhöhung bei einer Abwertung der inländischen Währung. Die Abwertung verbessert dabei die Handelsbilanz.

Lösungshinweis: Zuerst wird die Kurve für das Gütermarktgleichgewicht entwickelt. Folglich suchen wir die Gleichung für die IS–Kurve. Werden der Konsum $C = C^a + cY$, die Investitionen $I = I^a - hi$, die Ausgaben des Staates G^a und der Handelsbilanzsaldo A in die Bestimmungsgleichung für das Einkommen eingesetzt und nach dem gleichgewichtigen Produktionswert Y aufgelöst, so ergibt sich:

$$(3.45) \qquad Y = \frac{C^a + I^a + G^a + \bar{A} - hi + ve}{1 - c + m}.$$

Wird die Geldmarktgleichgewichtsbedingung $M_0 = kY - gi$ nach dem Zins aufgelöst, so ergibt sich:

$$i = \frac{1}{g}(kY - M_0).$$

Bei vollkommener internationaler Kapitalmobilität kann der inländische Zins i in den beiden Gleichungen durch den ausländischen Zinssatz i^* ersetzt werden. Wird das System nach e aufgelöst, so ergibt sich der gleichgewichtige Wechselkurs:

$$(3.46)\; e = \frac{s+m}{kv}M_0 - \frac{C^a + I^a + G^a + \bar{A}}{v} + \left[\frac{(s+m)g + kh}{kv}\right] i^*.$$

Eine expansive Geldpolitik führt zu einer Abwertung $de/dM > 0$, eine expansive Fiskalpolitik zu einer Aufwertung $(de/dG^a < 0)$ der inländischen Währung.

Für die Wirksamkeit der Stabilisierungspolitik einer offenen Volkswirtschaften erhalten wir aus dem reduzierten Gleichungssystem folgende Erklärungen. Im gesamtwirtschaftlichen Marktgleichgewicht ergibt sich das Einkommen

$$Y = Y(G^a, e(G^a, M_0)).$$

Unter Verwendung der Gleichungen (3.45) und (3.46) ergeben sich die folgende makroökonomischen Effekte einer expansiven Fiskal- bzw. Geldpolitik:

$$\frac{\partial Y}{\partial G^a} = 0, \quad \frac{\partial Y}{\partial M} > 0.$$

KAPITALMOBILITÄT UND WECHSELKURS. *Auf der einen Seite erklärt die Leistungsbilanz (der Strom an Gütern und Diensten) wieviel Devisen angeboten und nachgefragt werden. Auf der anderen Seite führen Änderungen des Bestands an ausländischen Finanzaktiva, die in der Kapitalverkehrsbilanz erfaßt werden, zu Angebot oder Nachfrage nach Devisen. Die Leistungsbilanz oder die Kapitalverkehrsbilanz, die auf eine Änderung stärker reagiert, bestimmt den Wechselkurs der sich auf dem Devisenmarkt bildet. Aus diesem Grund lassen sich Ansätze zur Erklärung des Wechselkurses nach Stromansätze (die Leistungsbilanz bestimmt den Wechselkurs) oder nach Bestandsansätze (der Wechselkurs wird durch die Kapitalverkehrsbilanz bestimmt) unterscheiden.*[7]

Zusammenfassung

Erstes Ergebnis der makroökonomischen Analyse für Volkswirtschaften mit internationalen Wirtschaftsbeziehungen. (a) Die Zahlungsbilanz eines Landes besteht aus der Summe von Leistungsbilanz und Kapitalbilanz. Ein Zahlungsbilanzdefizit bedeutet, daß die Summe aller Zahlungen die an das Ausland geleistet worden sind größer ist die Summe aller

[7] Vgl. BALTENSPERGER und BÖHM [1982], BALTENSPERGER [1992].

Zahlungen die vom Ausland an das Inland geleistet worden sind. Die Währungen zur Leistung dieser Zahlungen werden durch die Zentralbank bereitgestellt. (b) In einem System fester Wechselkurse kauft bzw. verkauft die Zentralbank Devisen um den Wechselkurs konstant zu halten. Um diese Interventionen am Devisenmarkt durchführen zu können, muß die Zentralbank Devisenreserven halten. (c) In einem System flexibler Wechselkurse wird der Preis der Währungen durch das Angebot und die Nachfrage ohne Intervention der Zentralbank bestimmt. In der Praxis intervenieren die Zentralbanken, mit dem Ziel, den Wechselkurs zu beeinflussen. (d) Die Berücksichtigung des Außenbeitrags in der Bestimmung des Einkommens bedeutet, daß ein Teil der Güternachfrage aus dem Ausland stammt und ein Teil der inländische Güternachfrage auf ausländische Güterangebote entfällt. Die Nachfrage nach inländischen bzw. nach ausländischen Gütern ist abhängig vom realen Wechselkurs, dem inländischen und dem ausländischen Einkommen. Eine reale Abwertung der heimischen Währung erhöht den Außenbeitrag und damit das Einkommen. (e) Die Berücksichtigung internationaler Finanzkapitalbewegungen führt (über die Zinsabhängigkeit makroökonomischer Größen) zu wichtigen Implikationen der makroökonomischen Analyse offener Volkswirtschaften. Ein Anstieg des inländischen Zinssatzes im Vergleich zum Auslandszins führt zu einem Nettokapitalimport, der ein Leistungsbilanzdefiziet finanzieren kann. (f) Ist die internationale Kapitalmobilität vollkommen, so können sich die realen Zinssätze im In- und Ausland nicht unterscheiden. Dies führt zu wichtigen wirtschaftspolitischen Implikationen. Die Wirksamkeit der Geld- und Fiskalpolitik wird durch die internationale Kapitalmobilität stark beeinflußt. Bei festen Wechselkursen ist die Geldpolitik wirkungslos. Eine autonome Geldpolitik ist nicht möglich, wenn der Wechselkurs konstant und die internationale Kapitalmobilität vollkommen ist. Die Fiskalpolitik ist bei festen Wechselkurs sehr wirksam.

Bei flexiblen Wechselkursen ist die Geldpolitik wirksam. Eine expansive Geldpolitik führt zu einer realen Abwertung der heimischen Währung, zunehmenden Exporten und zu einem größeren Einkommen. Die Fiskalpolitik ist bei flexiblen Wechselkursen und vollkommener Kapitalmobilität unwirksam. Eine expansive Fiskalpolitik führt zu einer realen Aufwertung der heimischen Währung und damit zu einer Verschlechterung der internationalen Wettbewerbsbedingungen. Der Außenbeitrag verschlechtert sich, das Einkommen vermindert sich.

Die Effekte geld- und fiskalpolitischer Maßnahmen bei festen bzw. flexiblen Wechselkursen und vollkommener internationaler Kapitalmobilität (und konstantem Preisniveau P) können der *Tabelle 3.2* entnommen werden (vgl. ausführlich DORNBUSCH und FISCHER [1992], FRANKEL und RAZIN [1992]).

	Flexible Wechselkurse	Feste Wechselkurse
Geldpolitik ($\Delta M > 0$)	Einkommenser-, höhung, Abwertung und Handelsbilanz- verbesserung	Keine Einkommens- erhöhung
Fiskalpolitik ($\Delta G > 0$)	Keine Einkommenser- höhung, Aufwertung und Rückgang der Nettoexporte	Einkommenserhöhung und Verschlechterung der Handelsbilanz

Tabelle 3.2

Güterpreise & Finanzmarktpreise

Das Dornbusch Modell. Die monetäre Außenwirtschaft bei flexiblen Wechselkursen hat das oben ausführlich dargestellte Mundell–Fleming Modell durch einen tragfähigeren Erklärungsansatz ergänzt: Das Dornbusch Modell (vgl. DORNBUSCH [1976]). Im folgenden wird ein Wechselkursmodell einer kleinen offenen Volkswirtschaft eingeführt, dessen zentrale Annahmen wie folgt lauten: (1) Es herrscht Vollbeschäftigung, (2) Änderungen auf dem Gütermarkt führen zu Preisänderungen; die Güterpreise sind wenig flexibel, d.h. sie benötigen Zeit, um auf Nachfrageänderungen reagieren zu können, (3) Zins und Wechselkurs sind vollkommen flexibel, das bedeutet, daß Geld- und internationaler Kapitalmarkt zu jedem Zeitpunkt im Gleichgewicht sind.

Die betrachtete Volkswirtschaft besteht aus drei aggregierten Märkten: Gütermarkt, Geldmarkt und internationaler Kapitalmarkt. Auf dem Gütermarkt trifft die gewünschte Nachfrage y^D auf ein gegebenes Güterangebot y (wobei hier Kleinbuchstaben den natürlichen Logarithmus der betreffenden Variablen bezeichnen, z.B. $y \equiv lnY, p \equiv lnP$). Die Güterpeise p ändern sich in der Zeit, sofern sich Nachfrageänderungen ergeben. Der Geldmarkt ist permanent im Gleichgewicht. Störungen auf dem Geldmarkt werden durch sofortige Änderungen im Zins aufgefangen. Es wird unterstellt, daß in- und ausländische Kapitalanlagen perfekte Substitute sind und Finanzkapital vollkommen international mobil ist. Dies bedeutet, daß die Zahlungsbilanz im Gleichgewicht ist, wenn die (erwartete) Rendite im In- und Ausland gleich groß ist. Die Formulierung der Wechselkurserwartungen bedeutet hier, daß die Marktteilnehmer erwarten, daß sich der Wechselkurs $s \equiv lne$ asymptotisch seinem langfristigen Gleichgewichtswert $\bar{s}$ annähert.

Damit läßt sich der Güter-, Geld- und internationaler Kapitalmarkt wie folgt beschreiben:

(3.47) $y^D = c_0 y + g + v(s - p)$ Güternachfrage

(3.48) $\frac{dp}{dt} = a(y^D - y)$ Preisänderung

(3.49) $m = p + ky - \lambda i$ Geldmarktgleichgewicht

(3.50) $i = i^* + E(\hat{s})$ Kapitalmarktgleichgewicht

(3.51) $E(\hat{s}) = \theta(\bar{s} - s)$ Wechselkurserwartungen.

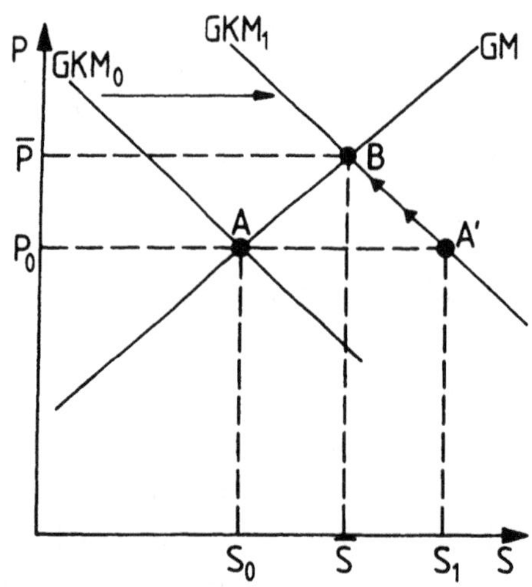

Abbildung 3.9: Kurzfristige & langfristige Reaktionen

Aus dem Gütermarktgleichgewicht folgt für ein stabiles Preisniveau (d.h. $dp/dt = 0$):

(3.52) $$p = e + \frac{g - (1 - c_0)y}{v}. \quad (GM)$$

Das Gütermarktgleichgewicht (GM–Kurve) läßt sich grafisch verdeutlichen (vgl. *Abb. 3.9*). Das Geld- und das Kapitalmarktgleichgewicht ergibt sich wie folgt: Einsetzen der Wechselkurserwartungsbildung in die Zinsparität und des Resultats in die Geldmarktgleichgewichtsbedingung ergibt (vgl. GKM-Kurve in der *Abb. 3.9*):

$$p = m - ky + \lambda i^* + \lambda\theta(\bar{s} - s). \quad (GKM) \tag{3.53}$$

Eine Abweichung von der Geld- und Kapitalmarktgleichgewichtskurve (GKM) ist nicht möglich, da die Finanzmarktpreise (Zins und Wechselkurs) sich an jede Störung sofort anpassen, so daß der monetäre Sektor der Wirtschaft stets im Gleichgewicht ist.

Die Steigung der GKM-Kurve $dp/ds = -\lambda\theta$ wird von zwei Verhaltensparametern der Ökonomie bestimmt. Die Zinsparität λ und die Geschwindigkeit θ, mit der die Wirtschaftssubjekte die Anpassung des Wechselkurses s an den Gleichgewichtswert erwarten. Je kleiner die Werte der Parameter sind desto flacher verläuft die GKM-Kurve.

Langfristige und *kurzfristige* Reaktionen. Wird $s = \bar{s}$ in Gleichung (3.53) eingesetzt ergibt sich

$$\bar{p} = m - ky + \lambda i^*.$$

Das bedeutet, langfristig ist das Preisniveau monetär bestimmt $d\bar{p}/dm = 1$. Wird $\bar{p}$ in Gleichung (3.52) eingesetzt ergibt sich der langfristige Gleichgewichtswert für den Wechselkurs

$$\bar{e} = \bar{p} - \frac{g + (1 - c_0)y}{v} = m - ky + \lambda i^* - \frac{g + (1 - c_0)y}{v}.$$

Langfristig ist die Parität der Kaufkraft erfüllt: $d\bar{e}/d\bar{p} = 1$.

Die kurzfristige Reaktion entnehmen wir der Gleichgewichtsbedingung für das Geldmarkt- und Kapitalmarktgleichgewicht (Gleichung (3.53). Aus (3.53) ergibt sich für den kurzfristigen Wechselkurs

$$s = \bar{s} + \frac{m - p - ky}{\lambda\theta} + \frac{i^*}{\theta}.$$

Der Einfluß einer Geldmengenerhöhung lautet demnach:

$$\frac{ds}{dm} = \frac{d\bar{s}}{dm} + \frac{1}{\lambda\theta} = 1 + \frac{1}{\lambda\theta}.$$

Bevor das Preisniveau reagieren kann, steigt kurzfristig der Wechselkurs stärker als die Geldmenge. Der Wechselkurs überschießt seinen langfristig relevanten Gleichgewichtswert.

Die Ergebnisse in dem vereinfachten Dornbusch Modell lassen sich wie folgt zusammenfassen: *Langfristig gilt die Kaufkraftparität: Der Wechselkurs ist nach Ablauf aller ökonomischen Anpassungsvorgänge durch die in- und ausländischen Preisniveaus bestimmt. Langfristig ist die Quantitätstheorie des Geldes erfüllt: Das Preisniveau wird durch die Geldmenge bestimmt. Kurzfristig reagiert der Wechselkurs stärker als erforderlich. Ursache für dieses Überschießen des Wechselkurses ist die Trägheit der Güterpreise.*

Übungsaufgaben

1. (Zur Wiederholung bzw. Vertiefung der IS–LM Kurven). (a) Zeigen Sie unter Verwendung der IS- und LM-Kurve wie sich fiskalpolitische und geldpolitische Maßnahmen in Einkommens- und Zinsänderungen niederschlagen. Wodurch wird die Wirksamkeit der Stabilisierungspolitik wesentlich mitbestimmt? (b) Was versteht man unter dem Phänomen eines crowding out? Unter welchen ökonomischen Bedingungen ist das crowding out vollkommen? Verwenden Sie dazu das IS–LM Diagramm. (c) Einkommen und Zins passen sich Ungleichgewichten auf Güter- und Vermögensmärkten an. Zeigen Sie im IS–LM Diagramm: Marktungleichgewichte und die Dynamik von Einkommen- und Zinsänderungen.

2. Erklären Sie die Wirksamkeit geld- und fiskalpolitischer Maßnahmen im Rahmen einer Stabilisierungspolitik am Beispiel einer offenen Volkswirtschaft mit (a) festen und (b) flexiblen Wechselkursen!

3. Gegeben ist das makroökonomische Modell für eine kleine offene Volks-

wirtschaft aus:

$$
\begin{aligned}
Y &= C + I + G + A, \\
C &= 80 + 0,63Y, \\
I &= 750 - 2.000i, \\
\frac{M}{P} &= 0,1625Y - 1,000i, \\
A &= 500 - 0,1Y + \frac{eP^*}{100P},
\end{aligned}
$$

wobei der Staatsverbrauch $G = 750$ und der gegebene Weltzinssatz $i^* = 0,5$ beträgt. Der feste Wechselkurs e und die Preisniveaus im In- und Ausland sind auf 1,0 normiert worden. Der inländische Zins muß dann den Wert $i = 0.05$ annehmen. (a) Erklären Sie, warum die Geldmenge M die endogene Größe der Ökonomie ist und nicht etwa der Zins i wie im Modell der geschlossenen Volkswirtschaft! (b) Berechnen Sie die endogenen Werte von Y, C, I, A und M die sich durch den makroökonomischen Zusammenhang ergeben! (c) Die Ausgaben des Staates erhöhen sich um 50 Einheiten. Wie verändern sich Einkommen, Konsum, Investition und Außenbeitrag der Volkswirtschaft? Ändert sich das Geldangebot in der Ökonomie? Wenn ja, warum?

4. Gehen Sie von einem Zwei-Länder Modell aus. Die relevanten makroökonomischen Gleichungen für In- und Ausland lauten:

$$
\begin{aligned}
Y &= C + I + G + A, \\
C &= 80 + 0,63Y, \\
I &= 750 - 2.000i, \\
\frac{M}{P} &= 0,1625Y - 1.000i, \\
Y^* &= C^* + I^* + G^* + A^*, \\
C^* &= 80 + 0,63Y^*, \\
I^* &= 750 - 2.000i^*, \\
\frac{M^*}{P^*} &= 0,1625Y^* - 1.000i^*,
\end{aligned}
$$

$$A = -A^* = 100 - 0,1(Y - Y^*) + \frac{eP^*}{100P},$$

und es gilt: $i = i^*$, $P = 1, P^* = 1, e = 1$.

(a) Berechnen Sie Einkommen, Konsum, Investition, Außenbeitrag beider Volkswirtschaften und die ausländische Geldmenge M^*, wenn $G^a = 750, G^* = 750$ und $M = 600$ betragen! (b) Die inländische Geldmenge steigt von 600 Geldeinheiten (GE) auf 650 GE. Wie und warum ändert sich die ausländische Geldmenge M^*? (c) Wie ändern sich die endogenen Größen, wenn durch eine expansive inländische Fiskalpolitik die Staatsausgaben um 50 GE ansteigen, aber die inländische Geldmenge M und der ausländische Staatsverbrauch G^* unverändert bleiben?

5. Zur Hypothese der Preisanpassung auf Märkten: Gegeben sei folgende Preisanpassungsgleichung:

$$e_t - e_{t-1} = \alpha\left(D(e_{t-1}) - S(e_{t-1})\right).$$

Die Nachfragefunktion $D(e)$ und die Angebotsfunktion $S(e)$ lauten:

$$D = ae_t + b, \quad \text{und} \quad S = Ae_t + B,$$

wobei a, b, A, B positive Koeffizienten der Nachfrage- und Angebotsfunktion darstellen. Bestimmen Sie mit diesen Angaben den Gleichgewichtspreis e^g und die gleichgewichtige Anpassungsfunktion. Unter welchen Bedingungen ist die Anpassung stabil?

6. Beschreiben und erklären Sie die wichtigen Annahmen und die zentralen Ergebnisse im einfachen Dornbusch Modell!

7. Erläutern Sie im (vereinfachten) Erklärungsansatz von R. Dornbusch die kurzfristigen und die langfristigen Wirkungen einer Geldmengenerhöhung! Zeigen Sie, daß der langfristig relevante reale Wechselkurs $\bar{s} - \bar{p}$ auf reale Größen (z.B. Fiskalpolitik) reagiert!

8. Die wichtigste Aussage des Dornbusch Modells lautet: Wechselkurse sind volatiler als die den Wechselkurs bestimmenden (langfristigen) Variablen. Das Überschießen des Wechselkurses ist aber keine zwingende Eigenschaft des Modells! Zeigen Sie dies am Beispiel einer Erhöhung des Einkommens. Wie ändert sich der Wechselkurs, wenn sich das Einkommen y erhöht? Wie robust ist das overshooting?

9. Wie könnte Ihrer Meinung nach im Dornbusch Modell eine unvollkommene Kapitalmobilität berücksichtigt werden? Welche ökonomischen Konsequenzen könnten sich aus der Berücksichtigung unvollkommener Kapitalmobilität ergeben?

10. Im Dornbusch Modell wird die Geldpolitik auf eine ganz bestimmte Art behandelt: Jede Geldmengenänderung ist eine unerwartete Geldmengenänderung und nach einer Geldmengenänderung glauben die Marktteilnehmer, die Geldmenge werde sich nicht mehr weiter ändern. Wird nun aber realistischerweise eine endogene Geldmengenerwartung unterstellt, ergeben sich unter Umständen neue Wechselkursreaktionen. Wie könnte Ihrer Meinung nach eine Geldmengenerwartung in das Modell aufgenommen werden und welche wirtschaftlichen Konsequenzen könnten sich hieraus ergeben?

⋆⋆⋆

Hysterese im Außenhandel

Von einer Hysterese (griechisch: das Zurückbleiben) wird in den Wirtschaftswissenschaften gesprochen, wenn eine ökonomische Größe, die eine Änderung erfahren hat, nicht auf ihr ursprüngliches Niveau zurückkehrt, nachdem der Grund für die Änderung entfallen ist. Oder mit anderen Worten: Man beobachtet eine dauerhafte Änderung aufgrund einer nur temporären Ursache.

◊

Ein Beispiel für die Hysterese im Außenhandel, bietet der US-amerikanische Dollarkurs und die US-amerikanische Handelsbilanzentwicklung während der achtziger Jahre. Die (zwar vorübergehende) starke Aufwertung des Dollars führte zu Marktaustritten amerikanischer und zu Markteintritten nicht-amerikanischer Unternehmen auf dem US-Markt. Die Rückkehr des Dollarkurses auf sein ursprüngliches Niveau führte jedoch nicht zu einer Rückgängigmachung der Markteintritts- und Marktaustrittsentscheidungen der Unternehmen. Ausländische Konkurrenzanbieter sind im US-amerikanischen Markt verblieben und zwar trotz eines schwächeren Dollars. Umgekehrt genügte den amerikanischen Unternehmen eine Rückkehr des Dollars auf sein früheres Niveau nicht, um sie zu einem erneuten Markteintritt zu veranlassen. Starke Wechselkursschwankungen führten somit zu einem Strukturbruch in der Beziehung zwischen dem Außenhandel und dem Wechselkurs (vgl. WELZEL [1992]).

Für die monetäre Außenwirtschaft stellt dieses Phänomen eine Herausforderung dar, denn bislang wurde stets unterstellt, daß der Wechselkurs die Exporte und Importe stetig und kontinuierlich verändert. D.h. die Rückkehr des Wechselkurses auf das Ausgangsniveau hätte den ökonomischen Zustand vor der Aufwertung wieder herstellen sollen. Lediglich in Form der J-Kurve wird in der monetären Außenwirtschaft erklärt, daß vorübergehend die Wechselkursänderung die Handelsströme nicht sofort in die Richtung lenkt. Die empirische Forschung zeigt aber: Starke Wechselkursschwankungen führen zu einem Strukturbruch in der Beziehung zwischen dem Wechselkurs und dem internationalen Handel.

Markteintritt

In der Literatur wird gezeigt, wie Markteintrittskosten international tätiger Unternehmen die Hysterese im Außenhandel erklären. Markteintrittskosten (man spricht auch von "versunkenen Kosten" oder *sunk cost*) bedeuten, daß einem Unternehmen beim Eintritt in den Exportmarkt einmalige fixe Kosten entstehen, die beim Verlassen des Marktes nicht oder nur teilweise erstattet werden. Diese Asymmetrie bei der Markteintritts- und bei der Marktaustrittsentscheidung auf dem Exportmarkt kann Hysterese im Außenhandel erklären.

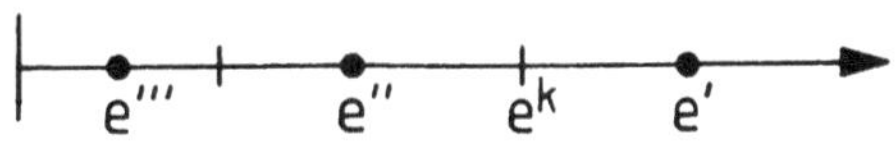

Abbildung 3.10:

Dauerhafte Wirkung einer temporären Ursache

Beispiel. Wir betrachten das Markteintritts- und Marktaustrittsverhalten auf dem Exportmarkt in Abhängigkeit des Wechselkurses e. F bezeichnen die fixen Kosten, die einem inländischen Unternehmen entstehen, wenn es in den ausländischen Markt als Exporteur eintritt; c bezeichnen die konstanten variablen Kosten. Zur Vereinfachung wird der Output pro Periode und der Absatzpreis (in ausländischer Währung) auf Eins normiert. Damit ergibt sich für die Planung des Unternehmens ein kritischer Wechselkurs e^k, bei dem die Exporterlöse die Produktionskosten decken. Wird der Zahlungsstrom aus dem Export, der über einen langen Planungszeitraum betrachtet wird, abdiskontiert, so ergibt sich als kritischer Wechselkurs

$$e^k = c + rF.$$

Bei einem Wechselkurs von $e \geq e^k$ lohnt sich der Markteintritt. Marktaustritt erfolgt nach der Entscheidungsregel: $e \leq c$. Die Marktaustrittsentscheidung orientiert sich an den variablen Kosten c. Die Markteintrittsentscheidung orientiert sich an den gesamten Kosten $c + rF$. Hysterese läßt sich nun anhand dieser vereinfachten Überlegungen wie folgt darstellen (vgl. *Abb. 3.8*). Lautet der tatsächliche Wechselkurs e'' so erfolgt kein Markteintritt. Steigt der Wechselkurs auf e' so tritt das Unternehmen in den profitablen Exportmarkt ein, da $e' > e^k$. Fällt der Wechselkurs wieder auf e'' so bleibt das Unternehmen im Markt. Wird die inländische Währung aber stark aufbewertet (z.B. e'''), so wird das inländische Unternehmen den Exportmarkt verlassen und auch dann nicht wieder eintreten, wenn der neue Wechselkurs auf e'' ansteigt. Die Marktaustrittsentscheidung ist eine dauerhafte Folge einer temporären Ursache (Wechselkursschwankungen).

Europäisches Währungssystem (EWS)

Das Europäische Währungssystem (EWS) wurde Ende der siebziger Jahre institutionalisiert. Das EWS war gedacht als Antwort auf die starken Wechselkursschwankungen der vorangegangenen Jahre. Die Volatilität der Wechselkurse wichtiger europäischer Währungen war viel größer, als man nach der Ablösung des festen Wechselkurssystems erwartet hatte. Mit der Institutionalisierung des EWS wurde der Versuch unternommen, eine Zone der monetären Stabilität zu schaffen, in der extreme Schwankungen vermieden werden. Das Fernziel des EWS ist die vollständige monetäre Integration Europas und die Schaffung einer einheitlichen europäischen Währung.

◇

Das wichtigste Nahziel des EWS, die Kursschwankungen der beteiligten Währungen untereinander zu begrenzen, wird durch einen Mechanismus vereinbarter Leitkurse (Parität) und Schwankungsbreiten erreicht. Die am EWS beteiligten Länder sind verpflichtet, ihre

EWS

Währungen an einer Parität zu orientieren. Abweichungen vom Leitkurs (Parität) sind in einer Bandbreite von (zur Zeit) jeweils 15% nach oben oder unten erlaubt. Erreichen die Devisenkurse den oberen oder den unteren Bereich der Schwankungsbreite, dann sind die beteiligten Notenbanken verpflichtet, durch An- bzw. Verkauf ihrer Währungen (Intervention auf dem Devisenmarkt) einer noch stärkeren Kursabweichung vorzubeugen.[8]

European Current Unit (ECU): Die Leitkurse im EWS werden nicht direkt zwischen den beteiligten Währungen fixiert. Jedes Land legt zunächst die Parität seiner Währung gegenüber der Europäischen Währungseinheit ECU fest. Mit Hilfe der so errechneten Leitkurse werden dann die Währungen ermittelt. Daraus ergibt sich ein vollständiges Netz bilateraler Leitkurse, das sogenannte Paritätengitter. Die ECU als gemeinsame Bezugsgröße zur Berechnung der bilateralen Leitkurse ist gleichzeitig auch die Rechengröße in allen finanzwirtschaftlichen Bereichen der EG. Außerdem dient sie als Buchgeld zwischen den Zentralbanken.

ECU

Zusammenfassung

Zahlungsbilanz, Wechselkurs, Zins und Einkommen. Ökonomische Transaktionen, die über die Grenzen einer Volkswirtschaft hinausgehen, setzen sich zusammen aus Übertragungen von Waren und Dienstleistungen und aus Übertragungen von finanziellen Aktiva in Gestalt von Eigentumsrechten, Forderungen und Geld. Ihre systematische Aufzeichnung wird in der Zahlungsbilanz eines Landes vorgenommen. Der ökonomische Charakter der einzelnen international wirksamen Transaktionen findet seinen Niederschlag in der Gliederung der Zahlungsbilanz.

Die Leistungsbilanz registriert die grenzüberschreitenden Lieferun-

[8] Für eine Diskussion der Entwicklung und Leistungsfähigkeit des Europäischen Währungssystems vgl. GIAVAZZI und GIOVANNINI[1989], NEUMANN [1992], [1994].

gen von Waren und Dienstleistungen, sowie die Übertragungen. Diese verschieden Arten der Leistungstransaktionen führen zu der weiteren Untergliederung der Leistungsbilanz in Handelsbilanz, Dienstleistungs- und Übertragungsbilanz. Handelsbilanz und Dienstleistungsbilanz zusammengenommen werden in der Volkswirtschaftlichen Gesamtrechnung als Außenbeitrag bezeichnet. Der Außenbeitrag ist in der makroökonomischen Analyse offener Volkswirtschaften eine wichtige Größe bei der Bestimmung des Einkommens, der Beschäftigung, des Zinses und des Wechselkurses.

Für die Kapitalverkehrsbilanz wird unterstellt, daß Finanzkapital immer dorthin strömt, wo die höhere Rendite erwartet wird. Die Rendite für Anleihen im Inland entspricht dem inländischen Nominalzins, die erwartete Rendite für ausländische Wertpapiere dem ausländischen Nominalzins plus der erwarteten Wechselkursänderung. Es wird unterstellt, daß die Inländer ihr Finanzvermögen in inländischer Währung abrechnen, da die Inländer ihr Vermögen auch im Inland verwenden wollen. Ist die internationale Kapitalmobilität sehr groß, so können sich die Zinssätze im Inland nicht von den ausländischen unterscheiden. Daraus ergeben sich wichtige Folgerungen für die Wirksamkeit der Geld- und Fiskalpolitik einer Volkswirtschaft.

Auf die Frage nach den Bestimmungsgrößen eines freien Wechselkurses ist zunächst festzuhalten, daß der Wechselkurs im freien Austausch auf dem Devisenmarkt durch Angebot und Nachfrage bestimmt wird. Diese Aussage gilt sowohl für den Devisenkassa- als auch für den Devisenterminkurs. Export- und Importgeschäfte, in Anspruch genommene oder erbrachte Dienstleistungen sowie internationale Kapitalbewegungen sind wichtige ökonomische Determinanten, die den Wechselkurs beeinflussen und ihren Niederschlag in der Entwicklung der Leistungs- und Kapitalverkehrsbilanz und damit in der Zahlungsbilanz einer Volkswirtschaft finden. Als relevant werden auch politische Ereignisse angesehen. Ein wichtiger Bestimmungsgrund für die Erklärung des Wechselkurses ist die Inflationsrate einer Volkswirtschaft. So mindert beispielsweise eine hohe Inflationsrate die internationale Wettbewerbsfähigkeit und übt bereits heute einen Einfluß auf die Währung aus.

⋆⋆⋆

Übungsaufgaben

1. Was versteht man unter einem internen und einem externen (außenwirtschaftlichen) Gleichgewicht einer Volkswirtschaft?

2. Das Verhältnis der relativen Änderung aus Importen (IM) und der relativen Änderung des Bruttoinlandsprodukts (BIP) einer Volkswirtschaft kann als Importelastizität bezeichnet werden:

$$\frac{\partial IM(BIP)}{\partial BIP}\frac{BIP}{IM}.$$

   Diese Elastizität wurde für einen Zeitraum 1965–1973 am Beispiel der Industrieländer geschätzt. Der Wert beträgt 2,1. (a) Was besagt diese Importelastizität? Ist die Nachfrage der Industrieländer nach Importen elastisch oder unelastisch? Erklären Sie die ökonomischen Zusammenhänge und Implikationen![9]

3. Die formale Begründung dafür, daß eine Abwertung der heimischen Währung die Handelsbilanz des abwertenden Landes verbessert, nennt man die Marshall–Lerner Bedingung. Erläutern Sie diese Bedingung und leiten Sie diese Bedingung für eine Verbesserung der Handelsbilanz formal her!

[9]Beispiel für eine Elastizität: Ursprünglich betrage der Preis $P_0 = 1,98$ Geldeinheiten (GE) und die nachgefragte Menge $X_0 = 10,5$ Mengeneinheiten (ME). Eine Preiserhöhung auf $P_1 = 2,00$ (GE) führt zu einer Nachfrage $X_1 = 10$ (ME). Berechnen Sie die Preiselastizität der Nachfrage!

Exkurs: Zahlungsbilanz, IS–LM Analyse & Einkommenseffekt

Zahlungsbilanz

Als Zahlungsbilanz eines Landes bezeichnet man die Aufzeichungen aller wirtschaftlichen Vorgänge zwischen Inländern und Ausländern für eine bestimmte Periode, beispielsweise ein Jahr. Wirtschaftliche Transaktionen im Sinne der Zahlungsbilanzstatistik liegen vor, wenn Güter, Dienstleistungen und Vermögenstitel (Geld, Forderungen, Eigentumsrechte) von Inländern auf Ausländer (oder umgekehrt) übertragen werden. International wirksame Einkäufe und Verkäufe von Gütern und Diensten (und Übertragungen) werden als Leistungstransaktionen bezeichnet. Diese Leistungstransaktionen führen zu einer Veränderung des Geldvermögens, d.h. der Nettoauslandsposition einer Volkswirtschaft. Der vereinfachte Aufbau einer Zahlungsbilanz ist in *Abb. 3.11* dargestellt.

Zahlungsbilanz		
Exporte von Gütern und Diensten, Unentgeltliche Übertragungen vom Ausland	Importe von Gütern und Diensten, Unentgeltliche Übertragungen an das Ausland	} Leistungsbilanz
Kapitalimporte	Kapitalexporte	} Kapitalbilanz
Abnahme der Nettoauslandsposition der Zentralbank	Zunahme der Nettoauslandsposition der Zentralbank	} Devisenbilanz

Abbildung 3.11: Zahlungsbilanz

Zahlungsbilanzgleichgewicht und Wechselkurssystem: Ein Zahlungsbilanzgleichgewicht liegt vor, wenn der Saldo der Leistungsbilanz LB dem Saldo der Kapitalbilanz KB (mit umgekehrten Vorzeichen) entspricht. Die Zahlungsbilanz eines Landes ist im Gleichgewicht, wenn ein Leistungsbilanzdefizit durch einen Nettokapitalimport finanziert wird, oder wenn der Leistungsbilanzüberschuß der Volkswirtschaft mit einem entsprechenden Nettokapitalexport einhergeht $LB = -KB$. Ein Zahlungsbilanzgleichgewicht bedeutet somit, daß die Nettoauslandsposition der Zentralbank unverändert bleibt. Oder mit anderen Worten: Der Bestand an Devisenreserven der Zentralbank DR bleibt unverändert ($\Delta DR = 0$).

Ein Zahlungsbilanzungleichgewicht ist demnach eine Situation, in dem der Saldo der Leistungsbilanz (absolut) ungleich ist dem Saldo der Kapitalbilanz $LB \neq KB$. In diesem Falle ändern sich die Devisenreserven der Zentralbank. So liegt beispielsweise ein Zahlungsbilanzdefizit vor, wenn die Leistungsbilanz defizitär ist und das Leistungsbilanzdefizit absolut größer ist als der Nettokapitalimport. Die Devisenreserven der Zentralbank nehmen ab $\Delta DR < 0$.

Für eine einführende Diskussion von Zahlungsbilanzgleichgewichten und Zahlungsbilanzungleichgewichten eignet sich die Gleichung:

$$Z = LB + KB = \Delta DR, \tag{3.54}$$

wobei Z der Zahlungsbilanzsaldo, LB den Leistungsbilanzsaldo, KB den Kapitalbilanzsaldo und ΔDR die Veränderung der Devisenreserven DR anzeigen. Im Fall eines Zahlungsbilanzgleichgewichts ist der Saldo der Zahlungsbilanz gleich null: $Z = \Delta DR = 0$. Im Falle eines Zahlungsbilanzungleichgewichts gilt: $Z = \Delta DR > 0$ (Zahlungsbilanzüberschuß) bzw. $Z = \Delta DR < 0$ (Zahlungsbilanzdefizit).

In einem System flexibler Wechselkurse nimmt die Zentralbank am Devisenhandel nicht teil. Die Wechselkurse bilden sich aus Angebot und Nachfrage am internationalen Devisenmarkt, ohne daß die

Zentralbanken der Länder auf den Devisenmärkten agieren. In einer Währungsordnung mit flexiblen Wechselkursen kann es folglich auch nicht zu einer Änderung der Devisenreserven der Zentralbank kommen. Ein flexibles Wechselkurssystem bedeutet nicht, daß es ex-ante keine Zahlungsbilanzungleichgewicht gibt. Es kann durchaus ein Angebotsüberschuß oder ein Nachfrageüberschuß am Devisenmarkt entstehen. Nur müssen sich in diesem Fall andere Größen als die Devisenreserven ändern. Im Idealsystem flexibler Wechselkurse ändern sich der Wechselkurs, das Einkommen, die Zinsen, um Zahlungsbilanzungleichgewicht und hierdurch am Devisenmarkt auftretende Angebots- und Nachfrageüberschüsse abzubauen.

Zahlungsbilanzgleichgewicht als wirtschaftspolitisches Ziel. Langfristig wirksame Zahlungsbilanzungleichgewichte haben negative Auswirkungen auf die Volkswirtschaften. Interveniert die Zentralbank am Devisenmarkt, so ergeben sich im Falle eines Zahlungsüberschusses Gefahren für die Preisstabilität. Zahlungsbilanzungleichgewichte führen zu protektionistischen Maßnahmen. Defizitländer versuchen Leistungsbilanzdefizite durch Importrestriktionen abzubauen. Kapitalimporte werden begünstigt und Kapitalexporte behindert. Diese protektionistischen Eingriffe in die internationale Arbeitsteilung verringern die Effizienz der internationalen Ressourcenallokation. Dies führt zu einem Verlust an Wirtschaftswachstum und zu einem Rückgang der Beschäftigung.

IS–LM Gleichungen

Zur Wiederholung und zur Übung werden die IS- und LM-Kurvengleichungen noch einmal verwendet, um die fiskal- und geldpolitischen Multiplikatoren abzuleiten und zu erklären. Zum Verständnis und zur Vertiefung des Inhalts der monetären Außenwirtschaft sollten diese IS–LM Beziehungen um die Effekte der internationalen Wirtschaftsbeziehungen erweitert werden.

Gütermarktgleichgewicht: *IS-Kurve.* Die gesamtwirtschaftliche Nachfrage besteht aus der Nachfrage nach Konsumgütern $C = C^a + c(1-t)Y$, der Investitionsnachfrage $I = I^a - hi$ und den Staatsausgaben G^a für Güter und Dienste. Die Investitionsausgaben sind negativ vom Zinssatz i abhängig. Wir erhalten damit **IS–Kurve**

$$Y\Big|_{IS} = \frac{A^a}{1-c(1-t)} - \frac{h}{1-c(1-t)}i \tag{3.55}$$

dabei stellt $\frac{1}{1-c(1-t)}$ den Multiplikator dar und $A^a = C^a + I^a + G^a$ repräsentiert die autonomen Ausgaben. Die wichtigsten Eigenschaften der IS–Kurve sind: (1) Die IS–Kurve ist der geometrische Ort aller Zins- und Einkommenskombinationen, bei denen der Gütermarkt im Gleichgewicht ist, (2) die IS-Kurve ist negativ geneigt (da eine Erhöhung des Zinssatzes die geplanten Investitionen vermindert, die aggregierte Nachfrage reduziert und somit das Gleichgewichtseinkommen vermindert), (3) je kleiner der Multiplikator und je weniger stark die Investitionen auf Veränderungen des Zinses reagieren, desto steiler verläuft die IS–Kurve, (4) die IS-Kurve wird durch Veränderungen der autonomen Ausgaben verschoben (so verschiebt ein Anstieg der autonomen Staatsausgaben die IS-Kurve nach rechts).

Geldmarktgleichgewicht: *LM-Kurve.* Im Mittelpunkt der LM-Kurve steht das Geldmarktgleichgewicht. Die nominale Geldmenge M wird durch die Zentralbank bestimmt. Wir nehmen an, daß das Preisniveau P konstant ist, so daß das reale Geldangebot M/P ebenfalls eine Konstante darstellt. Die LM-Kurve zeigt nun alle Kombinationen von Zinssätzen und Einkommensniveaus, bei denen die Nachfrage nach Realkasse $L = kY - gi$ genau gleich ist dem verfügbaren Angebot. Entlang der LM-Kurve ist der Geldmarkt im Gleichgewicht. Die Geldmarktgleichgewichtsbedingung lautet: Geldangebot = Geldnachfrage oder **LM–Kurve**

$$\frac{M}{P} = kY - gi.$$

Lösen wir nach dem Zinssatz auf, so ergibt sich

$$i\Big|_{LM} = \frac{1}{g}(kY - \frac{M}{P}). \tag{3.56}$$

Die wichtigsten Eigenschaften der LM–Kurve sind: (1) Die LM–Kurve zeigt jene Kombination von Zins und Einkommen, für die der Geldmarkt im Gleichgewicht ist, (2) Die LM–Kurve besitzt eine positive Steigung, bei gegebenem festen Geldangebot wird ein Anstieg des Einkommens, der die Geldnachfrage erhöht, von einem Anstieg des Zinssatzes begleitet sein; eine Erhöhung des Zinses reduziert die Geldnachfrage und führt somit zum Geldmarktgleichgewicht zurück, (3) Die LM–Kurve wird durch Veränderung des Geldangebots verschoben, ein Anstieg des Geldangebots M verschiebt die LM–Kurve nach rechts. Mit der IS– und LM–Kurvengleichung (3.55) und (3.56) liegen zwei Gleichungen mit zwei Unbekannten i, Y vor. Gesucht ist das gesamtwirtschaftlich gleichgewichtige Einkommmen. Einsetzen von (3.56) in (3.55) ergibt

$$Y = \frac{1}{1-c(1-t)}A^a - \frac{h}{(1-c(1-t))g}(kY - \frac{M}{P}).$$

Wird diese Beziehung nach Y aufgelöst und wird die Abkürzung $\mu = \frac{1}{1-c(1-t)}$ für den einfachen Einkommensmultiplikator verwendet, so ergibt sich:

$$Y = \frac{\mu}{1+\frac{\mu hk}{g}}A^a + \frac{\mu}{1-\frac{\mu hk}{g}}\frac{h}{g}\frac{M}{P}. \tag{3.57}$$

wird der allgemeine Einkommensmultiplikator mit $z = \frac{\mu}{1+\frac{\mu hk}{g}}$ bezeichnet, so lautet das Einkommen:

$$Y = zA^a + \frac{zh}{g}\frac{M}{P}. \tag{3.58}$$

Die Multiplikatoren für eine expansive Fiskalpolitik und für eine expansive Geldpolitik sind wie folgt gegeben:

$$\frac{dY}{dG^a} = z \quad \text{und} \quad \frac{dY}{d(\frac{M}{P})} = \frac{zh}{g}. \tag{3.59}$$

Um wichtige gesamtwirtschaftlich relevante Fragen beantworten zu könnnen, ist man an der genauen Beziehung einer Fiskalpolitik bzw. einer Geldpolitik und den sich daraus ergebenden Einkommensänderungen interessiert. Die oben hergeleiteten fiskalpolitischen und monetären Einkommensmultiplikatoren (3.59) enthalten die wichtigen Informationen.

Internationale Rückwirkungen

Im folgenden Abschnitt beschäftigen wir uns mit der Bestimmung des Einkommens und des Außenbeitrags bei Berücksichtigung internationaler Rückwirkungen. Oder mit anderen Worten: Wir beschäftigen uns mit dem internationalen Konjunkturzusammenhang. Der internationale Konjunkturzusammenhang entsteht durch den internationalen Handel und ist umso bedeutender für eine Volkswirtschaft, je stärker diese Volkswirtschaft in die internationale Arbeitsteilung integriert ist.

◇

Einkommenseffekt

(Zur Vertiefung wird der einfache Einkommensmultiplikator für eine offene Volkswirtschaft noch einmal dargestellt). Im grundlegenden makroökonomischen Ansatz für eine offene Volkswirtschaft soll zeigt werden, wodurch das reale Volkseinkommen bestimmt wird und wie sich der Außenbeitrag bildet. Das Einkommen und Außenbeitrag sind zentrale makroökonomische Größen, von denen die Beschäftigung von Arbeit und Kapital, der Wohlstand und die Zukunft eines Landes abhängen.

In diesem Abschnitt gehen wir vom Keynesianischen IS–LM Modell aus und erweitern dieses um wichtige Aspekte für offene Volkswirtschaften. Für offene Volkswirtschaften wird neben dem Gütermarkt– und

Geldmarktgleichgewicht (kurz $IS - LM$) auch der Zahlungsbilanzsaldo (im Sinne der Devisenbilanz, mit Z abgekürzt) berücksichtigt.

Die wichtigen Elemente dieses makroökonomischen Ansatzes sind die Gleichgewichtsbedingungen für den Gütermarkt, für den inländischen Geldmarkt und die Berücksichtigung der Zahlungsbilanz. Zur Vereinfachung wird unterstellt, daß in- und ausländische Güter vollkommen preiselastisch angeboten werden. Das bedeutet, daß der DM-Preis bzw. der Preis des ausländisches Gutes konstant ist. Die Gütermärkte sind also von der Nachfragerseite her bestimmt.

Betrachten wir den Fall einer kleinen offenen Volkswirtschaft. In diesem Fall kann das auf den Überlegungen von J.M. KEYNES basierende System einer geschlossenen Ökonomie ohne Schwierigkeiten auf den Fall einer offenen Volkswirtschaft übertragen werden. Unterstellt wird eine vom Einkommen abhängige Konsumfunktion: $C = C^a + cY$, einer vom Einkommen abhängigen Importfunktion $IM = IM^a + mY$, wobei autonome Ausgaben mit dem Index a versehen werden und die Parameter c, m die marginale Konsumquote und die marginale Importquote darstellen (mit $0 < m < c < 1$). Die Investitionsausgaben I^a und die Exporte X^a sind autonom festgelegt.

Die Bestimmungsgleichung für das gleichgewichtige Einkommen und den Außenbeitrag lautet allgemein:

$$Y = C + I + X - IM, \tag{3.60}$$

$$A = X - IM. \tag{3.61}$$

Setzen wir die linearen Verhaltensfunktionen in diese Beziehungen ein, so ergeben sich das Gleichgewichtseinkommen und der Außenbeitrag in Abhängigkeit dieses Einkommens:

$$Y = \frac{C^a + I^a + X^a - IM^a}{1 - c + m}, \tag{3.62}$$

$$A = \frac{s(X^a - IM^a)}{1 - c + m} - \frac{m(C^a + I^a)}{1 - c + m}. \tag{3.63}$$

Um eine Änderung im Einkommen oder eine Änderung im Außenbeitrag zu berechnen, muß lediglich die Gleichung (3.62) bzw. (3.63) nach der entsprechenden Größe differenziert werden. Erhöhen sich beispielsweise die inländischen autonomen Investitionsausgaben, so ergibt sich als Einkommenseffekt bzw. eine Änderung im Außenbeitrag:

$$\frac{dY}{dI^a} = \frac{1}{s+m}, \tag{3.64}$$

$$\frac{dA}{dI^a} = -\frac{m}{s+m}, \tag{3.65}$$

wobei die Abkürzung $1 - c = s$ (mit s der marginalen Sparquote) verwendet wurde. Eine autonome Erhöhung der Investitionsausgaben bewirkt eine Erhöhung des Einkommens, die stets größer ist als die ursprüngliche Ausgabenerhöhung. Durch die Einkommenserhöhung wird andererseits mehr importiert, so daß sich der Außenbeitrag verschlechtert.

Ein numerisches Beispiel möge die Zusammenhänge veranschaulichen. Die autonomen Ausgaben für Konsum und Investitionen betragen $C^a + I^a = 400$, die autonomen Exporte $X^a = 250$, die autonomen Importe $IM^a = 0$ und die marginale Konsum- und Importquote betragen $c = 0,8$ und $m = 0,2$. Das Gleichgewichtseinkommen beträgt $Y = 1625$, der Außenbeitrag ist negativ, d.h. $A = -75$. Es gibt ein Einkommen, das mit einem gleichgewichtigen Außenbeitrag vereinbar ist $A(Y = 1250) = 0$, mit dem das interne Gleichgewicht jedoch nicht erreicht wird. Dieses einfache Beispiel zeigt folgendes Problem auf. Im kurzfristigen Gleichgewicht kann nicht automatisch garantiert werden, daß der Außenbeitrag ausgeglichen ist. Es existiert zwar ein Einkommen, das mit einem ausgeglichenen Außenbeitrag konform geht, dies ist aber nicht notwendigerweise das Einkommen, bei dem sich die Volkswirtschaft im Gleichgewicht befindet.

Die Einkommenseffekte für eine offene Volkswirtgschaft (aber ohne internationale Rückwirkungen) lassen sich wie folgt zusammenfassen: *Eine autonome Erhöhung der Investitionsausgaben führt zu einem An-*

stieg des Einkommens und zu einer Verminderung des Außenbeitrags. Eine Erhöhung der autonomen Exporte steigt das Einkommen und den Außenbeitrag. Die Einkommenserhöhung fällt dabei stets größer aus als die autonome Ausgabenerhöhung (Multiplikatoreffekt).

Anmerkung. *Einkommensmultiplikator.* Um eine Änderung des Einkommens zu berechnen, muß die Gleichung (3.62) nach der entsprechenden Größe differenziert werden. Erhöhen sich beispielsweise die inländischen autonomen Investitionen so ergibt sich

$$\frac{dY}{dI^a} = \frac{1}{1-c+m}\,. \tag{3.66}$$

Die Ableitung (3.66) bedeutet, daß eine autonome Erhöhung der Investitionsausgaben eine Erhöhung des Einkommens bewirkt, die immer größer ist als die Zunahme der Investitionen. Der Multiplikator ist nämlich stets größer als eins, da $c + m < 1$.

Zur ökonomischen Interpretation des Einkommensmultiplikators wird folgende Überlegung angestellt. In der Ausgangslage erhöht sich das Einkommen gerade um die Erhöhung der autonomen Ausgaben: $\Delta Y_0 = \Delta I^a$. In der nächsten Runde ändern sich die einkommensabhängigen Ausgaben für den Konsum $C(Y)$ und die Importe $IM(Y)$. Diese Änderung in der Nachfrage ändert das Einkommen, d.h. $\Delta Y_1 = c\Delta Y_0 - m\Delta Y_0$ oder $\Delta Y_1 = (c-m)\Delta I^a$. In der zweiten Runde erhöht sich aufgrund der Einkommensänderung die Nachfrage: $\Delta Y_2 = (c-m)\Delta Y_1$ oder $\Delta Y_2 = (c-m)^2\Delta I^a$. Ein Einkommensanstieg führt stets zu einer Nachfrageerhöhung und damit wiederum zu einer Einkommenserhöhung. Aus den verschiedenen Runden ergibt sich ein Multiplikatorprozeß, der sich in der Formel darstellen läßt:

$$\sum_{t=0}^{T} \Delta Y_t = [1 + (c-m) + (c-m)^2 + ... + (c-m)^T]\Delta I^a.$$

In einer Näherungsformel (für ein großes T) läßt sich die Summe als

$1/(1-c+m)$ darstellen, d.h.

$$\Delta Y = \frac{1}{1-c+m}\Delta I^a.$$

Dieses Ergebnis entspricht der Ableitung (3.66) wenn nicht endliche Änderungen (d.h. Δ), sondern sehr kleine (infinitesimale) Änderungen betrachtet werden.

Wie sich aus der Analyse der Einkommenseffekte ergibt, ist der Multiplikatorprozeß einer autonomen Ausgabenerhöhung im Vergleich zu einer geschlossenen Volkswirtschaft, für die sich ein Multiplikator in Höhe von $1/(1-c)$ ergibt, kleiner. Die ökonomische Begründung kann darin gesehen werden, daß bei einem Anstieg der autonomen Ausgaben Sickerverluste nicht nur in Form von Ersparnissen eintreten, sondern auch in Form von Importen.

Internationale Rückwirkungen: Einkommen und Außenbeitrag

In der Realität haben Änderungen in den inländischen autonomen Ausgaben auch Auswirkungen auf die ausländische Ökonomie, die ihrerseits Rückwirkungen auf das Inland haben können. Solche Rückwirkungen entstehen durch den internationalen Handel, denn die inländischen Importe sind die Exporte der ausländischen Volkswirtschaft, bzw. die inländischen Exporte stellen die Importe der ausländischen Ökonomie dar. Wir wollen im folgenden diesen wichtigen Zusammenhang, der sich aufgrund der Internationalisierung der Märkte immer wichtiger wird, genauer betrachten.

In einer Zwei–Länder Welt wollen wir die Interdependenz des Einkommens und des Außenbeitrags untersuchen. Die Bestimmungsgleichung für das inländische und ausländische Einkommen (wobei nun die inländischen Exporte X in Abhängigkeit des ausländischen Einkommens Y^* bzw. die ausländischen Exporte X^* in Abhängigkeit des inländischen Einkommens Y dargestellt werden):

$$(3.67)\qquad Y = C(Y) + I + X(Y^*) - IM(Y),$$

$$(3.68)\qquad Y^* = C^*(Y^*) + I^* + X^*(Y) - IM^*(Y^*),$$

$$(3.69)\qquad A = X - IM(Y).$$

Bei der weiteren Analyse ist zu berücksichtigen, daß die inländischen Exporte die ausländischen Importe darstellen: $X^a + X(Y^*) = IM^{a*} + IM^*(Y^*)$. Die Exporte der ausländischen Volkswirtschaft sind die Importe des Inlands, d.h. $X^{a*} + X^*(Y) = IM^a + IM(Y)$. Werden diese Konsistenzbedingungen in den Gleichungen (3.67)–(3.69) berücksichtigt, ergibt sich folgendes Gleichungssystem für die endogenen Größen Y, Y^*, A:

$$(3.70)\quad Y = C(Y) + I^a + IM^{a*} + IM^*(Y^*) - IM^a - IM(Y),$$

$$(3.71)\quad Y^* = C^*(Y^*) + I^{a*} + IM^a + IM(Y) - IM^{a*} - IM^*(Y^*),$$

$$(3.72)\quad A = IM^{a*} + IM^*(Y^*) - IM^a - IM(Y).$$

Diese Beziehungen erklären einen einfachen internationalen Konjunkturzusammenhang. Die Konjunktur im In– und Ausland ist nicht unabhängig voneinander. Ändert sich das inländische Einkommen, so wird sich auch das ausländische Einkommen verändern. Um den systematischen Einfluß inländischer autonomer Ausgabenänderungen auf das inländische und ausländische Einkommen bzw. auf den inländischen und ausländischen Außenbeitrag festzustellen, wird wie folgt vorgegangen.

Wie verändert ein Anstieg der autonomen Investitionsausgaben ($dI^a > 0$) bzw. eine autonome Erhöhung der inländischen Exporte ($dX^a = dIM^{a*} > 0$) das in– und ausländische Einkommen und den in– und ausländischen Außenbeitrag? Eine komparativ–statische Analyse ergibt folgende Wirkungen:

$$(3.73)\qquad \frac{dY}{dI^a} = \frac{s^* + m^*}{ss^* + sm^* + s^*m},$$

$$\frac{dY^*}{dI^a} = \frac{m}{ss^* + sm^* + s^*m}, \tag{3.74}$$

$$\frac{dA}{dI^a} = \frac{-\,s^*m}{ss^* + sm^* + s^*m}. \tag{3.75}$$

Aus diesen Multiplikatoren ergibt sich:

- *das inländische Volkseinkommen Y nimmt zu, und zwar stärker als es bei Vernachlässigung der internationalen Rückwirkungen der Fall wäre*
- *das ausländische Volkseinkommen Y^* nimmt zu*
- *der inländische Außenbeitrag nimmt ab, der ausländische Außenbeitrag nimmt zu.*

Da im Zwei–Länder Fall (mit einem konstanten und auf eins normierten Wechselkurs) die Beziehung $A = -A^*$ erfüllt ist, ergibt sich, daß sich der Außenbeitrag der ausländischen Ökonomie verbessert, wenn er sich im Inland verschlechtert ($dA/dI^a = -\,dA^*/dI^a < 0$).

Auch grafisch läßt sich die Interdependenz zwischen beiden Volkswirtschaften verdeutlichen. In der *Abb. 3.12* sind Reaktionskurven für das In– und Ausland eingezeichnet. Ein Punkt auf der Reaktionskurve (z.B. $R(Y^*)$) gibt das gleichgewichtige inländische Einkommen bei gegebenem ausländischen Einkommen. Analog ist dies für die ausländische Reaktionskurve $R^*(Y)$ in Abhängigkeit des inländischen Einkommens der Fall. Ein simultanes Gleichgewicht stellt sich im Punkt E_0 ein. Aus der *Abb. 3.12* wird weiterhin ersichtlich, daß die Einkommensniveaus ohne internationale Rückwirkungen (B, B^*) geringer sind als bei der Berücksichtigung internationaler Rückwirkungseffekte (Punkt E_0). So beträgt beispielsweise das inländische Einkommen in Punkt B: $Y = (C^a + I^a + X^a - IM^a)/(s + m)$. Der auf dem internationalen Handel beruhende Konjunkturzusammenhang zwischen In– und Ausland

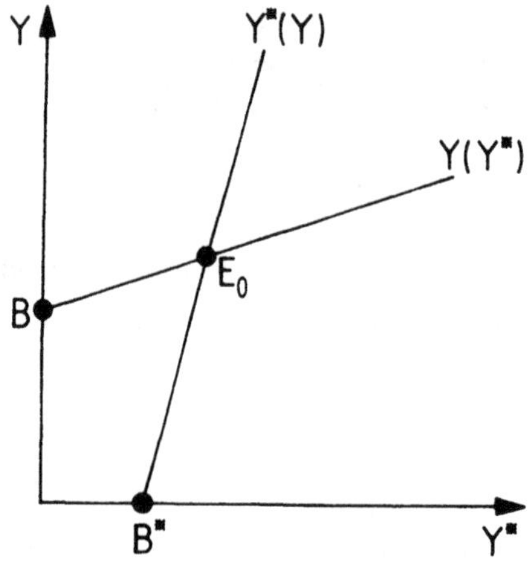

Abbildung 3.12: Internationale Rückwirkungen

wird auch dann wirksam, wenn im Inland (Ausland) die autonomen Investitionen zurückgehen und dadurch das Einkommen sinkt. In dieser Situation gehen auf das Einkommen im Ausland (Inland) kontraktive Impulse aus. Neben der Rückwirkung auf das Einkommen ist der Einfluß auf den Außenbeitrag (oder die Handels- und Dienstleistungsbilanz) bedeutsam.

Übungsaufgaben

1. Erklären Sie den Zusammenhang zwischen Zinsparität, Kaufkraftparität und Wechselkurs! Weshalb wird der Wechselkurs kurzfristig nicht auf der Basis der Kaufkraftparität bestimmt?

2. Wie läßt sich das Überschießen des kurzfristigen Wechselkurses über seinen langfristigen Wert (bzw. das Phänomen der Wechselkursvariabilität) erklären?

3. Für eine geschlossene Volkswirtschaft wurden die folgenden ma-

kroökonomischen Verhaltensfunktionen für den Güter- und Geldmarkt geschätzt:

$$
\begin{aligned}
C(Y) = c(1-t)Y = 0{,}8(1-0{,}25)Y, &\quad \text{Konsumfunktion} \\
I = I^a - hi = 400 - 20i, &\quad \text{Investitionsfunktion} \\
G = G^a = 500, &\quad \text{Staatsausgaben}
\end{aligned}
$$

wobei $t > 0$ den Einkommenssteuersatz bezeichnet.

$$
\begin{aligned}
L = kY - gi = 0{,}25Y - 30i, &\quad \text{Geldnachfrage} \\
\frac{M_0}{P_0} = 350, &\quad \text{reale Geldmenge.}
\end{aligned}
$$

(a) Ermitteln Sie unter Verwendung der oben genannten Verhaltensfunktionen die IS-Kurve. Stellen Sie die IS-Kurve in einem i/Y-Diagramm dar. Welche Eigenschaften hat die IS-Kurve? Wo liegt im i/Y-Diagramm eine Überschußnachfrage bzw. ein Überschußangebot auf dem Gütermarkt vor? Wie können die Anpassungsvorgänge auf Gütermarktungleichgewichte erklärt werden?

(b) Ermitteln Sie unter Verwendung der oben gegebenen Daten die LM-Kurve. Stellen Sie die Kurve in einem i/Y-Diagramm dar. Welche Eigenschaften hat die LM-Kurve? Wo liegt im i/Y-Diagramm ein Überschußangebot bzw. eine Überschußnachfrage auf dem Geldmarkt vor? Wie sehen die Anpassungsvorgänge bei einem Geldmarktungleichgewicht aus?

(c) Beschreiben Sie die gesamtwirtschaftliche Dynamik der Anpassungen auf dem Güter- und Geldmarkt, wenn Marktungleichgewichte vorliegen. Verwenden Sie dazu das IS-LM Diagramm. (d) Beschreiben Sie kurz den ökonomischen Inhalt des IS-LM-Z Diagramms für eine offene Volkswirtschaft!

(d) Wie läßt sich die Stabilisierungspolitik (Fiskal- und/oder Geldpolitik) einer Volkswirtschaft im IS-LM Diagramm zeigen? Gibt es im IS-LM Diagramm Situationen, in denen eine Stabilisierungspolitik keine Wirkungen auf das Einkommen der Volkswirtschaft hat? Wodurch können sich solche Situationen ergeben?

(e) Berechnen Sie (algebraisch und numerisch) die allgemeinen Gleichgewichtswerte für die makroökonomischen Variablen i und Y! Ist der Staatshaushalt ausgeglichen? Überprüfen Sie: $S = I + (G - T)$!

4. Erklären Sie den Begriff vollkommene internationale Kapitalmobilität. Wie läßt sich der Grad der internationalen Kapitalmobilität grafisch im IS–LM Diagramm verdeutlichen?

5. Für eine offene Volkswirtschaft seien folgende Werte festgestellt worden: Autonome Ausgaben $C^a + I^a = 400$, marginale Konsumquote $c = 0{,}80$, Zins $i = 5\%$, autonome Importe $IM^a = 0$, marginale Importquote $m = 0{,}20$, autonome Exporte $X^a = 250$. Der Koeffizient für die Zinsempfindlichkeit der Investitionen betrage $h = 30$.

   (a) Berechnen Sie den Wert des gleichgewichtigen Einkommens! Wie groß ist der Außenbeitrag, wenn sich der Gütermarkt im Gleichgewicht befindet?

   (b) Wie groß ist der Einkommensmultiplikator?

   (c) Die autonomen Exporte verringern sich um 1 (Million) Geldeinheiten. Welche wirtschaftlichen Konsequenzen ergeben sich?

   (d) Das gesamtwirtschaftliche Zinsniveau steigt von 5% auf 6%. Verändert sich dadurch das Einkommen und möglicherweise der Außenbeitrag? Erläutern Sie die ökonomischen Zusammenhänge!

6. Wodurch kommt es bei der Bestimmung des Einkommens zu internationalen Rückwirkungseffekten, und welche Implikationen ergeben sich daraus?

7. Erläutern Sie folgende Aussage: "In einer Währungsordnung mit festen Wechselkursen und vollständiger internationaler Kapitalmobilität kann ein Land keine unabhängige Geldpolitik betreiben".

8. Erklären Sie folgende Behauptung: "Bei flexiblen Wechselkursen ohne Intervention der Notenbank stellt sich stets ein Zahlungsbilanzsaldo von Null ein".

9. Der Zahlungsbilanzsaldo Z ist gleich dem Handelsbilanzsaldo A zuzüglich dem Kapitalbilanzsaldo K. Unter Bedingungen bestimmter Verhaltensannahmen ergibt sich folgende Gleichung:

$$Z = A(R, Y, Y^*) + K(i, i^*).$$

Die Bestimmungsgleichung zeigt die Handelsbilanz in Abhängigkeit des realen Wechselkurses $R = eP^*/P$, des inländischen und ausländischen Einkommens Y, Y^* und die Nettokapitalimporte in Abhängigkeit des in- und ausländischen Zinssatzes i, i^*. Erläutern Sie diese Bestimmungsgleichung! Wie ändern sich Handelsbilanzsaldo und Nettokapitalimport, wenn sich realer Wechselkurs, Zins und Einkommen erhöhen? Zeigen Sie diese Zusammenhänge auch in einem i/Y-Diagramm!

10. Die formale Bedingung dafür, daß eine Abwertung der Währung die Handelsbilanz des abwertenden Landes verbessert, nennt man in den Wirtschaftswissenschaften die Marshall-Lerner-Bedingung. Erläutern Sie diese Bedingung! Leiten Sie diese Bedingung für eine Verbesserung der Handelsbilanz mathematisch her!

11. Geht man von der Marshall-Lerner Bedingung aus, so führt eine Abwertung zu einer Verbesserung der Handelsbilanz. Dies ist empirisch festgestellt worden, aber nur für die lange Frist. Kurzfristig kann sich die Handelsbilanz nach einer Abwertung zunächst verschlechtern, bevor die in der Marshall-Lerner-Bedingung genannten Reaktionen in der erforderlichen Stärke einsetzen und die Handelsbilanz verbessern. Stellen Sie die J-Kurve dar und erläutern Sie die makroökonomischen Zusammenhänge!

12. Zeigen Sie analytisch folgendes Resultat im makroökonomischen Modell mit internationalen Rückwirkungen: (a) Eine Erhöhung der auto-

nomen Exporte $dX^a > 0$ bedeutet einen schwächeren Einkommensanstieg und (b) eine geringere Zunahme des Außenbeitrags im Vergleich zum Modell ohne internationale Rückwirkungen. (c) Das Einkommen im Ausland sinkt.

⋆⋆⋆

3.3 Fremdwährungsrisiken

Die hohe kurzfristige Variabilität und Instabilität der Wechselkurse bei gleichzeitig starker Internationalisierung der Finanzmärkte haben in beachtlichem Umfang zur Bereitstellung von Hedginginstrumenten zur Kurssicherung geführt. Hedginginstrumente dienen u.a. dazu international wirksame Transaktionen vor Währungsrisiken zu schützen. Das Risiko, Verluste durch ungünstige Wechselkursentwicklung zu erleiden, behindert die internationale Arbeitsteilung.

◇

Wechselkursänderungen können zu erheblichen wirtschaftlichen Risiken für die am internationalen Handel beteiligten Unternehmen führen. Beispielsweise drohen einem Exporteur Einkommensverluste, wenn zwischen dem Zeitpunkt, in dem seine Güterproduktion verladen wird, und dem Moment, in dem er seine Zahlung erhält, die inländische Währung aufwertet, so daß er letztlich einen geringeren Betrag in inländischer Währung erhält, als er zur Zeit des Exports erwartet hatte. Ist der Exporteur jedoch in der Lage sich durch ein Gegengeschäft abzusichern, so kann das Transaktionsrisiko vermindert oder sogar ganz ausgeschaltet werden.

Wechselkursrisiken

Die Frage nach der Auswirkung von Wechselkursschwankungen auf den internationalen Handel und die Direktinvestitionen ist Gegenstand der neueren außenwirtschaftlichen und finanzwirtschaftlichen Literatur. Ausgangspunkt vieler Überlegungen ist die Behauptung, daß das Wechselkursrisiko den internationalen Handel behindert. Die Risikoeinstellung der Exporteure und Importeure spielt dabei eine wichtige Rolle. Die Hypothese, wonach Wechselkursschwankungen den internationalen Handel behindern, konnte jedoch bislang empirisch nicht überzeugend belegt werden. Eine Erklärung könnte darin bestehen, daß die international tätigen Unternehmen Wechselkursrisiken auf Devisen-Terminmärkten bzw. auf Devisen-Optionsmärkten in großem Umfang hedgen. Der Abschluß eines Devisen-Terminkontrakts bzw. der Kauf oder Verkauf von Devisenoptionen zu Hedgingzwecken hat versicherungsähnliche Wirkungen. **Hedging**

Die hohe Variabilität und Instabilität der Wechselkurse hat zu einer erheblichen Zunahme der Hedgingaktivitäten international tätiger Unternehmen geführt. Neben den Hedginginstrumenten wie Devisen-Termin- und Devisen-Optionskontrakte kann auch ein Fremdwährungskredit am Euromarkt zur Risikoreduktion eingesetzt werden. Gegenstand unserer Überlegungen ist die Analyse des Zusammenhangs zwischen dem internationalen Handel, dem Wechselkursrisiko und der Existenz von Risikomärkten am Beispiel eines exportierenden Unternehmens.

Die flexiblen Wechselkurse, insbesondere zwischen den westlichen Industrieländern, haben sich als außerordentlich volatil erwiesen. Neben den Wechselkursschwankungen stellen Änderungen im staatlichen Devisenrecht eine weitere Quelle für Währungsrisiken dar. Sie lassen sich zu den politischen Risiken der internationalen Arbeitsteilung zählen. Derzeit verstärkt diskutiert wird die Frage, ob nicht ein *Wechselkurs-*

hedging die Wechselkursrisiken für die international tätigen Unternehmen gestaltbar und damit beherrschbar machen. Diese Beziehung zwischen dem internationalen Handel und den Hedgingmöglichkeiten auf internationalen Finanzmärkten ist Gegenstand unserer Analyse.[10]

In der Literatur überwiegend die These vertreten, daß Wechselkursschwankungen den internationalen Güterhandel behindern. Die Argumentation davon aus, daß risikoscheue Exporteure dem mit zunehmenden Wechselkursschwankungen steigenden Erfolgsrisiko durch eine Verringerung ihres Exports entgegenwirken, denn aus Wechselkursschwankungen können für international tätige Unternehmen erhebliche Erlös– und Kostenrisiken entstehen. Als Beispiel soll eine Aufwertung der heimischen Währung für einen Exporteur betrachtet werden. In der Regel nimmt der Exporterlös in heimischer Währung ab, da der internationale Wettbewerb eine Erhöhung der Preise entsprechend der Aufwertungsrate nicht zuläßt. Fällt die Aufwertung entsprechend hoch aus, ist unter Umständen kein gewinnbringender Export mehr möglich. Daraus folgt, daß das Wechselkursrisiko die Unternehmungsentwicklung beeinträchtigen, ja sogar die Existenz des Unternehmens in Frage stellen kann. Damit sind die Interessen der Kapitalgeber, der Manager, der Arbeitnehmer, der Kunden und der Lieferanten des Unternehmens tangiert. In diesem Licht ist die Beobachtung nicht überraschend, daß international tätige Unternehmen ihr Wechselkursrisiko zu hedgen versuchen. Die Unternehmen bedienen sich vor allem der Devisentermin– und der Devisionoptionskontrakte.

Bevor wir in den folgenden Abschnitten auf die Wirkungen von Hedgingaktivitäten eingehen, sollen zunächst in groben Zügen die wichtigsten Merkmale von Futures und Optionen als Hedginginstrumente dargestellt werden. Bei einem Future handelt es sich um einen an der

[10]Vgl. hierzu auch Kawai und Zilcha [1986], Jarchow und Rühmann [1988], Broll [1993], Broll und Zilcha [1994].

Börse gehandelten, standardisierten Terminkontrakt. Standardisierung bedeutet, daß der Gegenstand, die Einheit und der Liefertermin fest vorgeschrieben sind. Für das Risikomanagement aus internationalen Aktivitäten sind als Handelsgegenstand insbesondere Devisen von Bedeutung. Die an den Börsen gehandelten Optionen sind ebenfalls standardisiert. Devisenoptionen gewannen in den letzten Jahren erheblich an Bedeutung, insbesondere in den floatenden Währungen der wichtigsten Industrieländer, d.h. US-$, £, Yen, DM und SFr. Devisenoptionen stellen für den Optionskäufer das Recht - nicht aber die Pflicht (im Gegensatz zum Terminkontrakt) - dar, einen bestimmten Währungsbetrag zu einem vereinbarten Kurs (dem Basiskurs) vom Stillhalter (= Verkäufer) der Option zu kaufen oder an den Stillhalter zu verkaufen. Der wichtige Unterschied zwischen einem Futures- und einem Optionskontrakt läßt sich vereinfacht wie folgt angeben: Eine Devisenoption stellt ein Instrument zur einseitigen Risikobekämpfung dar, ein Terminkontrakt hingegen führt zu einer zweiseitigen Risikoreduktion. Mit anderen Worten: Ein Terminkontrakt zur Kurssicherung einer offenen Position erzeugt in inländischer Währung ein sicheres Ergebnis, ganz unabhängig davon, ob der Devisen-Kassakurs während der Laufzeit des Kontraktes nach oben oder nach unten vom Devisen-Terminkurs abweicht. Dagegen erzeugt eine Option ein deterministisches Ergebnis nur unter der Bedingung, daß es für den Inhaber der Option vorteilhaft ist, die Option auszuüben.

Beispiel: Ein inländisches Unternehmen verkauft heute (3. Juli) nach Nordamerika Waren im Wert von US-Dollar 100 000. Als Zahlungsziel wird der 3. Januar des kommenden Jahres vereinbart. Heute (d.h. am 3. Juli) wird der US-$ mit 1,8280DM gehandelt (Kassakurs).

Nach dem heutigen Stand des Wechselkurses beträgt der Exporterlös 182 800DM. Ein risikoaverser Eigentümer des Unternehmens oder Finanzmanager wird das latent vorhandende Wechselkursrisiko, das in dem Zahlungsziel von sechs Monaten steckt, nicht in Kauf nehmen, da der DM-Dollar Wechselkurs deutlichen Kursschwankungen unterliegt. Sicherlich besteht in den kommenden sechs Monaten auch eine Chance für einen Kursgewinn! Durch den Abschluß eines Devisentermingeschäfts vermeidet der Finanzmanager jedes Risiko aus Wechselkursänderungen und sichert dem Unternehmen eine feste Kalkulationsbasis (vgl. TOPRITZHOFER [1989]).

Ganz allgemein werden den international tätigen Unternehmen von den Finanzmärkten folgende Kurssicherungsmöglichkeiten angeboten:

- Verkauf der ausländischen Währung per Termin 5. Januar des kommenden Jahres (Devisentermingeschäft)
- Kauf einer Verkaufsoption (Put Option)
- Aufnahme eines Fremdwährungskredits (am Euromarkt) und Transferierung in DM (mit anschließender Anlage).

Für ein risikoaverses Unternehmen ist nicht die Frage entscheidend, ob kursgesichert werden sollte, sondern welche Art von Kurssicherung gewählt wird. Die Unternehmen können sich nicht darauf verlassen, daß sich Währung immer nur in der von ihnen gewünschten Richtung entwickeln. Anhand unseres Beispiels soll die Kurssicherung durch einen Devisenterminkontrakt dargestellt werden. Das Unternehmen schließt (über seine Hausbank) am Devisenterminmarkt einen Terminkontrakt über 100 000$ auf Termin (6 Monate) ab. Mit diesem Terminkontrakt übernimmt das Unternehmen die Verpflichtung, am Fälligkeitstag 5. Januar des kommenden Jahres 100 000$ zu liefern. Diese 100 000$ werden entsprechend dem zugrunde liegenden Exporgeschäft vom US-amerikanischen Geschäftspartner am 5. Januar des kommenden Jahres gezahlt (dabei wird ein Erfüllungsrisiko ausgeschlossen). Die Hausbank hat wiederum die Verpflichtung, zum Fälligkeitstag die US-Dollar zu dem vereinbarten Devisenterminkurs abzunehmen und den DM-Gegenwert dem Exporteur zur Verfügung zu stellen. Hier ist es ganz unerheblich, wie sich nach Abschluß des Geschäfts der Wechselkurs entwickelt. Der vereinbarte Devisenterminkurs ist für beiden Seiten verbindlich. Beträgt beispielsweise der Devisenterminkurs 1,8540DM, beträgt der tatsächliche Exporterlös 185 400DM.

⋆⋆⋆

3.4 Export– und Risikopolitik

Im internationalen Handel entsteht für die Unternehmen ein Wechselkursrisiko, wenn zum Zeitpunkt des Geschäftsabschlusses der für den Zahlungstermin geltende Wechselkurs noch nicht bekannt ist. Diese zeitliche Abweichung zwischen dem Vertragsabschluß und dem Zahlungstermin, die das Wechselkursrisiko hervorruft, kann aber dadurch ausgeschaltet werden, daß bereits bei Vertragsschluß mit Wirkung zum späteren Zahlungstermin der Devisenverkauf vorgenommen wird. Diese Transaktion dient der Kurssicherung und wird auf dem Terminmarkt vorgenommen. Andererseits hat das Unternehmen die Möglichkeit eine Verkaufsoption zu kaufen, um Wechselkursrisiken zu hedgen (vgl. auch FRENKEL [1991]).

Zur Verdeutlichung ein Beispiel für ein Devisen–Termingeschäft: Ein inländisches Unternehmen habe am 2.1. des Jahres die Gütermenge x_0 zu einem gegebenen Dollar–Preis p^* exportiert. Der Zahlungseingang erfolgt am 31.12. des Jahres, d.h., durch den sich ständig ändernden Wechselkurs e ist der Gegenwert in inländischer Währung bis zum 31.12. des Jahres unsicher. Diese offene Position kann die Unternehmung durch ein Gegengeschäft in Höhe von p^*x_0 auf dem Devisen–Terminmarkt begleichen. Der Zahlungseingang wird zu einer sicheren Größe, denn am 2.1. ergibt sich folgende Situation:

$$\Pi = \tilde{e}p^*x_0 + p^*x_0(e_f - \tilde{e}) = e_f p^* x_0,$$

wobei $\tilde{e}$ den unsicheren Wechselkurs und e_f den im Terminkontrakt vereinbarten sicheren Wechselkurs (Terminkurs oder forward rate) darstellt. Der Zahlungseingang aus dem Exportgeschäft wird durch den Terminkontrakt zu einer sicheren Größe $e_f p^* x_0$. Das Exportunternehmen hat ein vollständiges Hedging des Wechselkursrisikos erreicht.

In den Industrieländern wurden Institutionen und Risikomärkte geschaffen, die eine große Auswahl von Kurssicherungsinstrumenten zur Verfügung stellen. Insbesondere sind dies Devisen–Futures und Devisen–Optionen. Aber auch ein Fremdwährungskredit (money market hedge) kann das Wechselkursrisiko vermindern. Der Fremdwährungskredit als Hedginginstrument ist Gegenstand der folgenden Überlegungen.

Das Ziel der Untersuchung besteht in der Beantwortung folgender Fragen: Wie beeinflußt das Wechselkursrisiko die Allokationsentscheidung eines risikoaversen Exportunternehmens? Wie ändert sich die Allokationsentscheidung, wenn ein internationaler Kreditvertrag als Hedginginstrument eingesetzt werden kann? Was besagt die Separationseigenschaft vollkommener Kapitalmärkte? Es zeigt sich nämlich folgendes wichtige Ergebnis: Hedgt das Unternehmen mittels eines Fremdwährungskredits, so ist die Allokationsentscheidung des Exporteurs *unabhängig* von den unternehmerischen Wechselkurserwartungen und der Risikoaversion. Realwirtschaftliche und finanzwirtschaftliche Entscheidungen sind trennbar.

Im folgenden wollen wir den Zusammenhang zwischen der Exportentscheidung des internationalen Unternehmens und seiner Hedgingpolitik am Beispiel eines Fremdwährungskredits analysieren. Dazu wird ein einfaches Entscheidungsmodell eingeführt.

Fremdwährungskredit als Hedginginstrument

Wir betrachten ein kompetitives risikoscheues Exportunternehmen, das zur Absicherung des Wechselkursrisikos einen internationalen Kreditvertrag in Betracht zieht. Das Entscheidungsproblem läßt sich wie folgt beschreiben. Der zukünftige Wechselkurs $\tilde{e}_1$ ist unsicher. Die Exportproduktion erfolgt mit der Technologie F unter Einsatz der Produktionsfaktoren Realkapital K und Arbeit L. Die inländischen Lohnkosten betragen w. Die Realinvestition K wird (neben der eigenen Finanzvermögen des Unternehmens I) auf einem vollkommenen in- *und* ausländischen Kapitalmarkt finanziert. Das Unternehmen habe Zugang zum internationalen Kapitalmarkt. Der inländische (ausländische) Zinssatz wird mit $i(i^*)$, das inländische (ausländische) Kreditvolumen wird mit $B(B^*)$ bezeichnet. Der konstante Absatzpreis für die Exportproduktion ist p^*.

Der Unternehmer maximiert den erwarteten Konsumnutzen aus dem heutigen und zukünftigen realen Konsum C_0 und $\tilde{C}_1$. Der zukünftige Konsum $\tilde{C}_1$ ist unsicher, da das Einkommen aus dem Export unsicher ist. Die inländischen Preisniveaus heute und morgen seien konstant: $P_0 = 1, P_1 = 1$. Die reale Konsum C_0, C_1 in den beiden Perioden ist wie folgt bestimmt:

$$
\begin{aligned}
C_0 &= I + B + e_o B^* - K, \\
\tilde{C}_1 &= \tilde{e}_1[p^* F(K, L) - (1 + i^*)B^*] - wL - (1 + i)B.
\end{aligned}
$$

Der Zahlungseingang B^* aus dem Kreditvertrag in ausländischen Währungseinheiten wird mit dem heutigen (sicheren) Kassakurs e_0 umgerechnet. Das intertemporale Entscheidungsproblem bei Wechselkursunsicherheit lautet demnach:[11]

$$
\max_{B, B^*, K, L} U(C_0) + \beta E U(\tilde{C}_1), \tag{3.76}
$$

mit der Nutzenfunktion U, E dem Erwartungswertoperator und unter Beachtung der Konsummöglichkeiten C_0, C_1. Die Zeitpräferenz wird

[11]Vgl. auch LAYARD und WALTERS [1988], BAMBERG und COENENBERG [1992], VARIAN [1992].

durch β angegeben. Die Bedingungen erster Ordnung für ein erwartetes Nutzenmaximum lauten:

$$
\begin{aligned}
U'(C_0) - \beta(1+i)EU'(\tilde{C}_1) &= 0, \\
e_0 U'(C_0) - \beta(1+i^*)E[U'(\tilde{C}_1)\tilde{e}_1] &= 0, \\
-U'(C_0) + \beta p^* \frac{\partial F}{\partial K} E[U'(\tilde{C}_1)\tilde{e}_1] &= 0, \\
E[U'(\tilde{C}_1)(\tilde{e}_1 p^* \frac{\partial F}{\partial L} - w)] &= 0.
\end{aligned}
$$

Der Grenznutzen U' ist positiv und abnehmend. Die partiellen Ableitungen der Produktionsfunktion F stellen die Grenzproduktivitäten der Faktoren dar.

Die Möglichkeit, den internationalen Kapitalmarkt mittels einer Kreditaufnahme in ausländischer Währung zum Zweck der Risikoabsicherung zu nutzen, beeinflußt die optimale Allokation des Unternehmens in positiver Weise. Es ergibt sich folgendes Resultat:

AUSSAGE 3.5 *(Separation). Ein Hedging mittels internationalem Kreditvertrag führt dazu, daß die optimale Allokationsentscheidung des Unternehmens sowohl von dem Ausmaß der Risikoaversion als auch von seinen Wechselkurserwartungen unabhängig ist. Die Allokationsregel für Arbeit und Realkapital lautet:*

$$\frac{\partial F(K,L)}{\partial K} = \frac{(1+i^*)}{e_0 p^*}, \tag{3.77}$$

$$\frac{\partial F(K,L)}{\partial L} = \frac{w(1+i^*)}{e_0 p^*(1+i)}. \tag{3.78}$$

Der *Beweis* der Separationseigenschaft folgt aus der Verrechnung der Optimalitätsbedingungen. Wird in (3.77) und (3.78) die (gedeckte) Zinsparität

$$\frac{e_f}{e_0} = \frac{1+i}{1+i^*}$$

eingesetzt, so ergibt die bei Sicherheit bekannte Optimalitätsregel:

$$\begin{aligned} e_f p^* \frac{\partial F}{\partial K}(K,L) &= (1+i) \\ e_f p^* \frac{\partial F}{\partial L}(K,L) &= w \end{aligned}$$

□

Die Unternehmung trifft eine Produktionsentscheidung, die aus der Unternehmenstheorie bei Sicherheit wohl bekannt ist: Das Grenzprodukt der Inputfaktoren entspricht den realen (intertemporalen) Grenzkosten.

Ein Hedging mittels eines internationalen Kreditvertrages führt dazu, daß der Einsatz der produktiven Ressourcen (Allokation) sowohl von dem Ausmaß der Risikoaversion des Unternehmens als auch von seinen Wechselkurserwartungen unabhängig ist. Die Allokationentscheidung findet statt, als ob Sicherheit vorliege. Die Separationseigenschaft, d.h., die Trennbarkeit von Allokations- und Finanzentscheidung erlaubt die Delegation dieser Entscheidungen auf unterschiedliche Abteilungen bzw. Personen innerhalb des Unternehmens.

Die Separationseigenschaft ist auch Ausdruck dafür, daß der Zugang zu internationalen Kapitalmärkten den internationalen Handel stabilisiert. Dies läßt sich aufgrund unseres Erklärungsansatzes wie folgt darstellen. Ist für das Unternehmen der Zugang zum internationalen Kapitalmarkt ausgeschlossen, dann gilt $B^* \equiv 0$. Somit kann die Allokationsentscheidung nicht mehr unabhängig von der Risikopräferenz und den Erwartungen getroffen werden. Da die Kovarianz zwischen dem Wechselkurs $\tilde{e}_1$ und dem Grenznutzen $U'(\tilde{C}_1)$ negativ ist, läßt sich zeigen:

$$\bar{e}_1 p^* \frac{\partial F}{\partial K}(K,L) - (1+i) > 0 \quad \bar{e}_1 p^* \frac{\partial F}{\partial L}(K,L) - w > 0. \tag{3.79}$$

Mit $\bar{e}_1$ wird der erwartete Wechselkurs bezeichnet. Die Unternehmung verfolgt eine vorsichtigere Exportpolitik, wenn keine Hedgingmöglichkeiten zur Verfügung stehen. Oder mit anderen Worten: Fehlen Risikomärkte so führt eine zunehmende Wechselkursvolatilität zu abnehmenden Exporten.

Die Separationseigenschaft löst auch mögliche Interessenskonflikte zwischen den Investoren oder Unternehmenseignern. Gründen beispielsweise zwei Kapitalgeber ein Exportunternehmen, dann kommt es ohne einen internationalen Kapitalmarkt zu Konflikten über die Exportpolitik, da jeder Investor eigene Vorstellungen über das Risiko und den erwarteten Wechselkurs besitzt. Die Separationseigenschaft löst dieses Problem, da die optimale Exportpolitik in diesem Fall nur noch von Marktdaten und der Technologie des Unternehmens abhängig ist (vgl. auch HIRSHLEIFER [1984]).

Die hohe kurzfristige Variabilität und Instabilität der Wechselkurse hat in den letzten Jahren zu einer erheblichen Zunahme der Hedgingaktivitäten international tätiger Unternehmen geführt.[12] Neben den bekannten Hedginginstrumenten wie Devisen–Termin– und Devisen–Optionskontrakten kann auch ein Fremdwährungskredit zur Risikominderung eingesetzt werden. Wir gehen von einem Exportunternehmen aus, das zur Absicherung seines Wechselkursrisikos einen internationalen Kreditvertrag in Betracht zieht. Es zeigt sich, daß ein Fremdwährungskredit zur Separationseigenschaft vollkommener Kapitalmärkte führt. Weder der Grad der Risikoaversion noch die Wechselkurserwartungen bestimmen die Allokation des Unternehmens. Die Exportproduktion wird nicht durch Risikopräferenz und Erwartungen beeinflußt, wohl aber die Hedgingentscheidung des Unternehmens.

[12]Vgl. SOLNIK [1991].

Multinationales Unternehmen, Allokation und Wechselkursrisiko

Bei starken Wechselkursschwankungen sind multinationale Unternehmen erheblichen Gewinnrisiken ausgesetzt. Dies hat wichtige Konsequenzen für die internationale Unternehmenspolitik. Der Beitrag zeigt, daß die Allokations- und Direktinvestitionsentscheidung des multinationalen Unternehmens unabhängig von Wechselkurserwartungen und Risikoaversion sind, wenn das Gewinnrisiko mit Hilfe von Devisen-Terminkontrakten gehegt wird.

◊

Ausgehend von einem multinationalen Unternehmen, das im In- und Ausland Produktions- und Vertriebsstätten besitzt, wird folgende Problemstellung behandelt. Welche Wirkungen ergeben sich aus Wechselkursrisiken für die Allokationsentscheidung eines multinationalen Unternehmens?[13] Welchen Einfluß haben Hedgingmärkte auf die internationale Kapitalallokation und auf den Intra-Unternehmenshandel? Hier zeigt sich die Separationseigenschaft von Devisen-Terminmärkten.

Die relativ hohe Wechselkursunsicherheit in jüngster Zeit hat dazu geführt, daß international tätige Unternehmen verstärkt Hedgingstrategien aufbauen, um Wechselkursrisiken zu begegnen. Genutzt werden hierzu insbesondere Devisen-Termin- und Devisen-Optionskontrakte. Der Lufthansa-Fall (1985) zeigt aber, daß Terminkontrakte zwar ein perfektes Hedging erlauben, die zugrundeliegende Risikopolitik des Managements aber trotzdem angreifbar bleibt. Die Lufthansa hatte (aufgrund von Zahlungsverpflichtungen durch den Kauf von Flugzeugen) 250 Millionen US-Dollar per Termin für ein Jahr gekauft. Zwar galt

[13]Eine ausführlichere Diskussion findet sich bei SHARPIO [1991], BROLL [1993], BROLL und ZILCHA [1992].

der Dollar nach weitverbreiteter Ansicht als überbewertet, doch waren viele international tätige Unternehmen während des Jahres 1984 mit einer enormen Aufwertung des Dollars konfrontiert worden. Nun sank der DM-Dollarkurs bis Ende 1985 beträchtlich, so daß aufgrund des Devisen-Terminkaufs ein großer Verlust entstand. Diese Situation hätte mit Hilfe des Kaufs einer Devisen-Kaufoption auf US-Dollar vermieden werden können. Der Kursrückgang hätte dann zur Nichtausübung der Option geführt und den Verlust auf die Optionsprämie begrenzt.

Internationale Kapitalallokation. Wir gehen von einem risikoaversen multinationalen Unternehmen aus, das im In- und Ausland sowohl Leistungen erstellt als auch verwertet. Das Unternehmen verfügt über firmenspezifisches Kapital. Unternehmensspezifisches Kapital zeichnet sich dadurch aus, daß es nicht marktgängig ist, d.h., es ist nur schwer für andere produktive Prozesse nutzbar zu machen. Die Gründe liegen in unternehmens- oder branchentypischen Gegebenheiten. Das firmenspezifische Kapital kann unter Berücksichtigung der Kapazitätsgrenze im In- und auch im Ausland eingesetzt werden. Dieses international mobile Kapital begründet die Organisationsform des Unternehmens. Denn durch Auslandsproduktion lassen sich die Monopolrenten des firmenspezifischen Kapitals effizienter abschöpfen als durch Exportaktivitäten oder internationale Lizenzverträge (vgl. HELPMAN [1984], BROLL [1993], GILROY [1993]).

Wir betrachten zunächst die unternehmensspezifischen Produktionsfaktoren und vernachlässigen die Direktinvestitionen. Aufgrund der Kapazitätsgrenze $\bar{K}$ müssen die unternehmensspezifischen Produktionsfaktoren K und K^* international zu $K+K^* = \bar{K}$ alloziiert werden. Es stellt sich die Frage, wie Wechselkursrisiken diese unternehmerische Allokationsentscheidung beeinflußen.

Unsere Darstellung führt zu folgendem globalen Gewinn $\tilde{\Pi}^g$ des multinationalen Unternehmens (ausgedrückt in inländischer Währung):

$$\tilde{\Pi}^g = \Pi(K) + \tilde{e}\Pi^*(K^*). \tag{3.80}$$

Es bezeichnen: Π^g den globalen Gewinn des Unternehmens, Π seinen Inlandsgewinn, e den Wechselkurs und Π^* den Gewinn in Auslandswährung. Der Wechselkurs ist unsicher. Damit ist auch der globale Gewinn des Unternehmens $\tilde{\Pi}^g$ mit Unsicherheit behaftet. Die Einzelgewinne Π und Π^* sind jeweils davon abhängig, wieviel von dem firmenspezifischen Kapital im In- und Ausland (K bzw. K^*) eingesetzt wird. Dabei werden positive, abnehmende Grenzgewinne unterstellt.

Das risikoaverse multinationale Unternehmen maximiert den erwarteten Nutzen aus seinem Einkommen über den Kapitaleinsatz im In- bzw. im Ausland unter Berücksichtigung der Kapazitätsbeschränkung:

$$\max_K E[U(\tilde{\Pi}^g)],$$

mit $\tilde{\Pi}^g = \Pi(K) + \tilde{e}\Pi^*(\bar{K} - K)$. Stehen dem Unternehmen keinerlei Hedginginstrumente zur Verfügung, dann zeigt sich folgendes Ergebnis:

AUSSAGE 3.6 *(Risikoeffekt). Eine Erhöhung der Wechselkursvolatilität führt dazu, daß das multinationale Unternehmen sein im Ausland eingesetztes firmenspezifisches Kapital zugunsten des im Inland eingesetzten Kapitals verringert.*

Für die optimale Allokationsentscheidung gilt die Parität der Grenzgewinne, d.h., die mit dem Sicherheitsäquivalent der Wechselkursverteilung bereinigten in- und ausländischen Grenzgewinne stimmen überein. Die Grenzgewinnparität erzwingt eine Erhöhung der Inlandsnutzung infolge abnehmender Grenzgewinne. Insgesamt ergibt sich ex ante daraus der Effekt, daß der produktive Kapitaleinsatz im Ausland zurückgeht. Aufgrund der Kapazitätsbeschränkung $\bar{K} = K + K^*$ muß der Kapitaleinsatz im Inland zunehmen.

Devisen–Terminkontrakt

Stehen dem Unternehmen Devisen–Terminkontrakte zur Verfügung, um das Wechselkursrisiko zu hedgen, dann führt dies zu einer Veränderung der Bestimmungsgleichung für den globalen Gewinn:

$$\tilde{\Pi}^g = \Pi(K) + \tilde{e}\Pi^*(K^*) + h^*(e_f - \tilde{e}). \tag{3.81}$$

Der globale Gewinn aus Gleichung (3.81) unterscheidet sich vom Gewinn in Gleichung (3.80) durch den Differenzgewinn $h^*(e_f - e)$ aufgrund des Devisen–Termingeschäfts. Dieser ergibt sich aus dem Terminverkauf, und zwar als Differenz aus vereinbartem Terminkurs e_f und dem im Erfüllungszeitpunkt gültigen Kassakurs e, multipliziert mit dem Hedgingvolumen h^*. Beim Abschluß eines Terminkontraktes fallen keine Zahlungen an, da der Marktwert des Kontraktes zu diesem Zeitpunkt gleich null ist. Transaktionskosten wollen wir der Einfachheit halber vernachlässigen. Neben der Kapitalallokationsentscheidung bestimmt das Unternehmen jetzt auch seine optimale Hedgingpolitik. Es gilt das wichtige Ergebnis:

AUSSAGE 3.7 *(Separation). Ein Kurssicherungsgeschäft mittels Devisen–Terminkontrakten führt dazu, daß der Einsatz des firmenspezifischen Kapitals sowohl von dem Ausmaß der Risikoaversion des Unternehmens als auch von seinen Wechselkurserwartungen unabhängig ist.*

Die optimale Kapitalallokation wird festgelegt, als ob vollkommene Voraussicht über den zukünftigen Wechselkurs herrscht, nur ist anstatt des sicheren Wechselkurses der Terminkurs zur Entscheidungsfindung heranzuziehen. Die Trennbarkeit von Allokations– und Hedgingentscheidung erlaubt die Delegation der unternehmerischen Entscheidungen an unterschiedliche Personen und Abteilungen des Unternehmens, denn die optimale Allokation wird von Marktdaten bestimmt.

Von der Einschätzung der Wechselkursvolatilität durch das multinationale Unternehmen, von seinen Wechselkurserwartungen und seiner Risikopräferenz ist sie dagegen unabhängig.

Das Verhältnis zwischen Terminkurs und erwartetem zukünftigen Kassakurs ist für die Separation nicht relevant. Dies gilt jedoch nicht für die optimale Hedgingentscheidung. Der Auslandsgewinn wird vollständig gehedgt, wenn keine Risikoprämie im Terminmarkt existiert, d.h. wenn Devisen–Termin– und erwarteter Kassakurs übereinstimmen. Ist die Risikoprämie positiv kommt es zu einer Unterabsicherung $h^* < \Pi^*$.

Direktinvestition und Wechselkursrisiko

Nun werden neben der Kapitalallokation auch Direktinvestitionen berücksichtigt werden. Solche Investitionen stellen eine wichtige Aktivität internationaler Unternehmen dar. Wir gehen von Direktinvestitionen aus, die eine zusätzliche Finanzkapitalbindung in eine bereits im Ausland existierende Tochtergesellschaft darstellen. Dies könnte beispielsweise den Ausbau des ausländischen Vertriebsnetzes zur Verbesserung des Marketings oder auch Investitionen in die Reorganisation der ausländischen Niederlassung betreffen. Unterstellt wird, daß durch eine Direktinvestition die Gewinnsituation im Ausland verbessert wird. Für die Gewinngleichung des multinationalen Unternehmens ergibt sich **FDI**

$$\tilde{\Pi}^g = \Pi(K) + \tilde{e}(\Pi^*(K^*, S^*) - S^*) + h^*(e_f - \tilde{e}). \tag{3.82}$$

S^* bezeichnet die mit der Direktinvestition verbundenen Auszahlungen in ausländischer Währung. Der Auslandsgewinn Π^* hängt positiv, jedoch mit abnehmenden Raten von der Direktinvestition S^* ab.

Durch die Absicherung mittels Devisen–Terminkontrakten bleibt auch im Falle von Direktinvestitionen die Trennbarkeit zwischen Investitions– und Hedgingentscheidungen erhalten. Bezüglich der optimalen Hedgingentscheidung zeigt sich bei Direktinvestitionen folgender Effekt: Der im Ausland erwirtschaftete Gewinn wird nur in dem Ausmaß per Terminkontrakt gehedgt, wie der Auslandsgewinn die ausländischen Verbindlichkeiten aus der Finanzierung der Direktinvestition übersteigt. Stimmen Termin- und erwarteter Devisen-Kassakurs überein, gilt $h^* = \Pi^* - S^*$. Die Finanzierung der Direktinvestition in ausländischer Währung führt zu einer Verminderung der Netto–Währungsposition des Unternehmens und in der Folge zu einer Reduktion des Hedgingvolumens.

Zusammenfassend ergeben sich aus dem Wechselkursrisiko folgende wirtschaftlichen Konsequenzen für die internationale Unternehmenspolitik:

(1) Ohne Hedgingmärkte werden die unternehmensspezifischen Produktionsfaktoren verstärkt im Inland und weniger im Ausland eingesetzt, wenn das Wechselkursrisiko zunimmt. Das multinationale Unternehmen begegnet einer Zunahme der Unsicherheit durch eine Kapitalreallokation zugunsten des Inlands.

(2) Stehen dem Unternehmen Devisen–Terminkontrakte als Kurssicherungsinstrumente zur Verfügung, dann kennzeichnet eine Separationseigenschaft die internationale Unternehmenspolitik. Die Entscheidung über die internationale Kapitalallokation und die Entscheidung über das Niveau der Direktinvestitionen können unabhängig von der Hedgingentscheidung getroffen werden, denn sie sind unabhängig von Prognosen der Wechselkursvolatiliät, von Wechselkurserwartungen und der Risikoaversion des Unternehmens.

(3) Ferner zeigt die Analyse, daß institutionelle Rahmenbedingungen (Existenz von Risikomärkten) stark auf die Unternehmenspolitik einer multinationalen Unternehmung einwirken können. Infolge

der Trennbarkeit von Allokations- und Hedgingentscheidung bei einer Absicherung des Gewinnrisikos auf Devisen–Terminmärkten wird der Einfluß unsicherer Wechselkurse auf die internationale Kapitalallokation unwirksam und vollständig durch die Hedgingentscheidung erfaßt (vgl. BROLL [1993], BROLL und WAHL [1994a,b,c]).

Nicht–hedgebare Einkommensrisiken

Gegeben sei ein Exportunternehmen, das ausschließlich für den Auslandsmarkt produziert. Der Wechselkurs ist eine unsichere Größe, wodurch der Exportgewinn zu einer Zufallsgröße wird. Das Unternehmen besitzt darüberhinaus einen Einkommensanspruch, der sich beispielsweise aufgrund inländischer Finanzanlagen ergibt. Dieses zusätzliche Einkommen ist stochastisch. Das Wechselkursrisiko kann durch Devisen–Terminkontrakte gehedgt werden. Das zusätzliche Einkommen ist nicht hedgebar, aber es ist mit dem Wechselkurs korreliert.

Welche ökonomischen Implikationen ergeben sich für ein international tätiges Unternehmen, wenn hedgebare (der Exporterlös) und nicht–hedgebare (zusätzliches inländisches Einkommen) Risiken bestehen? Hier stellt sich die Frage nach dem optimalen Einsatz der Hedginginstrumente und auch die Frage nach den Wirkungen der Hedginginstrumente auf die ökonomische Entscheidung des Unternehmers. Konkret heißt das: Wie beeinflußt das Wechselkursrisiko die Allokationsentscheidung eines risikoaversen Exportunternehmens, wenn ein Devisen–Terminkontrakt eingesetzt werden kann? Welchen Einfluß haben nicht–hedgebare Risiken auf die Risikopolitik des Unternehmens?

Export und zusätzliche Einkommensrisiken

Gegeben sei ein inländischer Exporteur, der unter Einsatz produktiver Ressourcen die Exportmenge x für den Auslandsmarkt herstellt. Der ausländische Absatzpreis p^* ist gegeben. Der Wechselkurs $\tilde{e}$ ist eine stochastische Größe, wodurch der Exportgewinn eine Zufallsgröße wird. Das Wechselkursrisiko kann gehegt werden. Das Unternehmen besitzt darüberhinaus einen Anspruch auf einen stochastischen Cash Flow $\tilde{I}$, der sich aus dem Besitz inländischen Finanzanlagen des Unternehmens ergibt. Dieses Einkommensrisiko ist nicht hedgebar. Welchen Einfluß hat dieser zusätzliche unsichere Cash Flow für die optimale Export- und Hedgingentscheidung des Unternehmens?

Dem Exportunternehmen stehen Devisen-Terminkontrakte h^* (notiert in ausländischen Währungseinheiten) zu Hedgingzwecken zur Verfügung. Zukünftige Forderungen in ausländischer Währung können bereits heute zu einem sicheren Devisen-Terminkurs e_f verkauft werden. Die Zielfunktion des Unternehmens, das aufgrund seiner Risikoscheu nach Möglichkeit Risiken zu vermeiden sucht, ist die Maximierung des Erwartungsnutzens aus dem zukünftigen gesamten Einkommen Π, berechnet in inländischen Währungseinheiten. Die Nutzenfunktion wird mit U bezeichnet, wobei $U' > 0, U'' < 0$. Die Instrumentvariablen des Unternehmens sind: Exportproduktion x und Hedgingvolumen h^*. Das Entscheidungsproblem lautet:

$$\max_{x,h^*} E[U(\tilde{\Pi})],$$

unter der Nebenbedingung der Einkommensgleichung

$$\tilde{\Pi} = \tilde{e}p^*x - C(x) + \tilde{I} + h^*(e_f - \tilde{e}).$$

Die Kosten $C(x)$ sind zunehmend in x, und E bezeichnet den Erwartungsoperator für die stochastischen Größen $\tilde{e}, \tilde{I}$.

Die Maximierung der Zielfunktion führt zu den folgenden Bedingungen erster Ordnung:

$$E[U'(\tilde{\Pi})(\tilde{e}p^* - C'(x))] = 0, \tag{3.83}$$

$$E[U'(\tilde{\Pi})(e_f - \tilde{e})] = 0. \tag{3.84}$$

Hier stehen U' und C' für den Grenznutzen bzw. für die Grenzkosten. Werden die beiden Optimalitätsbedingungen miteinander verrechnet, ergibt sich die optimale Produktionsregel:

$$e_f p^* = C'(x). \tag{3.85}$$

Die exportierende Unternehmung produziert im Optimum für den Auslandsmarkt gerade so viel, daß der Grenzerlös (linke Seite der Gleichung (3.85)) den Grenzkosten der Exportproduktion entspricht. Dies führt uns zu folgender Aussage:

AUSSAGE 3.8: *Existieren Devisen-Terminmärkte auf denen Wechselkursrisiken gehedgt werden können, so ist die Exportproduktion unabhängig von der Risikopräferenz und den Erwartungen des Unternehmens. Weder der unsichere Wechselkurs noch das zusätzliche unsichere Einkommen haben einen Einfluß auf die Produktionsentscheidung.*

Der *Beweis* ergibt sich direkt aus Gleichung (3.85). □

Mit anderen Worten: Durch das Hedging auf dem Devisen-Terminmarkt werden für die Exportentscheidung Wechselkursrisiken ausgeschaltet. Die Exportproduktion wird durch Wechselkursschwankungen nicht berührt. Auch die Risikopräferenz des Unternehmers spielt keine Rolle. Der Risikoeffekt unsicherer Wechselkurse in bezug auf die Exportproduktion wird damit separiert und vollständig auf die Hedgingentscheidung verlagert. In der Literatur wird diese Eigenschaft der Trennbarkeit als Separationstheorem bezeichnet (vgl. BENNINGA, ELDOR und ZILCHA [1985], KAWAI und ZILCHA [1986], BROLL und WAHL [1994a, b, c], BROLL, WAHL und ZILCHA [1994]).

Optimale Risikopolitik

Wie gestaltet sich die optimale Hedgingpolitik des Exportunternehmens? Es zeigt sich, daß das Hedgingverhalten neben den Risiko– und Erwartungsgrößen vor allem von der Korrelation zwischen dem unsicheren Wechselkurs und dem unsicheren zusätzlichen Einkommensstrom bestimmt wird. Das traditionelle Ergebnis, daß ein unverzerrter Devisen–Terminmarkt zu einem vollständigen Hedging des Unternehmens führt, trifft in diesem Falle nicht mehr zu. Darüberhinaus zeigt das Beispiel, daß ein Teil des Gewinnrisikos bestehen bleibt.

Um die gegenseitige Beeinflussung von hedgebaren und nicht–hedgebaren Risiken und ihre Wirkung auf Exportproduktion und Risikopolitik zu verdeutlichen, wird eine konkrete Präferenzfunktion unterstellt. Die Präferenzfunktion des Unternehmens besitzt einen konstanten Risikoaversionsgrad $\alpha > 0$. Unter diesen Bedingungen lassen sich das optimale Exportvolumen und die optimale Risikopolitik des Unternehmens explizit lösen.

Das Unternehmen steht vor folgendem Optimierungsproblem:

$$\max_{x,h^*} E(\tilde{\Pi}) - \frac{\alpha}{2} Var(\tilde{\Pi}),$$

wobei $E(\tilde{\Pi})$ den Erwartungswert und $Var(\tilde{\Pi})$ die Varianz des gesamten Einkommens angeben. Erwartungswert und Varianz lassen sich ohne weiteres errechnen. Aus den Bedingungen erster Ordnung für ein Maximum ergibt sich für das optimale Exportvolumen die wie im Sicherheitsfall geltende Preis–Grenzkosten Regel $C'(x) = e_f p^*$. Man erkennt unmittelbar die Separationseigenschaft.

Das optimale Kontraktvolumen für das Devisen–Termingeschäft lautet:

$$h^* = p^* x - \frac{\bar{e} - e_f}{\alpha Var(\tilde{e})} + \frac{Cov(\tilde{e}, \tilde{I})}{Var(\tilde{e})}. \tag{3.86}$$

Die Hedgingnachfrage läßt sich auf drei Einflußgrößen zurückführen:

Zunächst bestimmt der Exporterlös die Nachfrage, dann wird die Hedgingnachfrage durch die Risikoprämie beeinflußt und zuletzt existiert ein Einflußfaktor, der das systematische Risiko zwischen Wechselkurs und Einkommen mißt (vgl. MILDE [1992]).

Im einzelnen hängt das Hedgingvolumen vom Exporterlös, den Wechselkurserwartungen, der Risikopräferenz, dem Wechselkursrisiko und der stochastischen Abhängigkeit zwischen dem Wechselkurs und dem zusätzlichen Einkommen ab. Für den Spezialfall, daß der Devisen–Terminmarkt unverzerrt ist (d.h., der erwartete Wechselkurs entspricht dem Devisen–Terminkurs), ergibt sich die optimale Hedgingnachfrage: Sind Wechselkurs und zusätzliches Einkommen unkorreliert (also $Cov(\tilde{e}, \tilde{I}) = 0$), dann ist ein vollständiges Hedging $p^*x = h^*$ optimal. Sind Wechselkurs und zusätzliches Einkommen negativ korreliert $Cov(\tilde{e}, \tilde{I}) < 0$, so kommt es zu einer Unterabsicherung $p^*x > h^*$. Eine positive Korrelation $Cov(\tilde{e}, \tilde{I}) > 0$ führt zu einer Überabsicherung $h^* > p^*x$.

AUSSAGE 3.9 *(Stochastische Abhängigkeit und optimales Hedging). Ist der Devisen–Terminkurs unverzerrt und sind Wechselkurs und zusätzliches Einkommen korreliert, so ergibt sich folgende optimale Hedgingpolitik:*

1. *Sind Wechselkurs und zusätzliches Einkommen negativ korreliert, dann kommt es zu einer Unterabsicherung (underhedge):* $h^* < p^*x$.

2. *Sind Wechselkurs und zusätzliches Einkommen positiv korreliert, dann kommt es zu einer Überabsicherung (overhedge):* $h^* > p^*x$.

Zur *Beweisführung* siehe Gleichung (3.86). □

Ist die Risikoprämie im versicherungsmathematischen Sinne fair und sind Wechselkurs und zusätzliches Einkommen negativ korreliert, dann kommt es zu einer Unterabsicherung. Das bedeutet, ist der Wechselkurs niedrig (hoch), so besteht eine Chance, daß das zusätzliche Einkommen groß (niedrig) ist, d.h. die jeweils andere stochastische Größe erzeugt einen das Gesamtrisiko reduzierenden Effekt. Aus diesem Grund kommt es zu einer Unterabsicherung auf dem Hedgingmarkt, obwohl dort die Risikoprämie null ist. Sind die beiden stochastischen Variablen positiv korreliert, so reicht ein Full-hedge nicht aus, das Gesamtrisiko optimal einzuschränken. Folglich muß es zu einer Überabsicherung kommen.

Dieser Abschnitt untersuchte die Bedeutung von Risikomärkten für die optimale Exportentscheidung eines international tätigen Unternehmens. Es wurde gezeigt, daß Export- und Hedgingentscheidung separierbar sind. Der Risikoeffekt unsicherer Wechselkurse und eines unsicheren Zahlungsstroms in bezug auf die Produktionsentscheidung wird damit eliminiert und vollständig auf die Hedgingentscheidung verlagert. Die Nachfrage nach dem Hedginginstrument ist abhängig von der Risikopräferenz, der Verteilung und der Korrelation zwischen dem unsicheren Wechselkurs und dem unsicheren (zusätzlichen) Einkommensstrom.

Ausgangspunkt unserer Überlegungen war die Suche nach den optimalen Entscheidungsregeln für die Exportproduktion und die Hedgingnachfrage eines international tätigen Unternehmens. Der zukünftige Wechselkurs ist unsicher. Das Wechselkursrisiko kann auf Devisen-Terminmärkten gehedgt werden. Darüberhinaus verfügt das Unternehmen über einen weiteren zusätzlichen Zahlungsanspruch, der sich aus anderen inländischen Aktivitäten erklärt. Dieser Zahlungsstrom ist ebenfalls stochastisch und ist mit dem unsicheren Wechselkurs korreliert. Die Analyse zeigt, daß selbst bei unverzerrten Terminmärkten kann es zu einer Überabsicherung oder zu einer Unterabsicherung kommen, wenn stochastische Abhängigkeiten zwischen dem unsicheren Wechselkurs und dem zusätzlichen Einkommen bestehen. Für die Risikopolitik des Unternehmens gewinnen Korrelationen zwischen dem Wechselkurs und anderen stochastischen Einkommensgrößen erheblich an Bedeutung.

Zusammenfassung

Mit zunehmender Internationalisierung der Wirtschaft und ansteigenden Wechselkursvolatilitäten sehen sich die international tätigen Unternehmen in zunehmendem Maße umfangreichen Risiken gegenüber. In diesem Kapitel wurde auf das Problem von Wechselkursrisiko und Risikopolitik international tätiger Unternehmen eingegangen. Devisen-Terminkontrakte, Devisen-Optionen und Fremdwährungskredite werden von den Unternehmen als Hedginginstrumente genutzt. Hedging ist eine Form der Risikotransformation. Zukünftige unsichere Zahlungsströme und entsprechend ausgewählte Gegengeschäfte können zu einer risikolosen Gesamtposition des Unternehmens führen. Des weiteren wurde gezeigt: Der inländische Kapitalmarkt ist zwar notwendig für die Separationseigenschaft, aber nicht hinreichend. Fehlen bei Wechselkursunsicherheiten beispielsweise Devisen-Terminmärkte oder Devisen-Optionsmärkte und besteht darüberhinaus kein (oder nur ein begrenzter) Zugang zum internationalen Kapitalmarkt, so können Produktionsentscheidungen nicht mehr unabhängig von Wechselkurserwartungen und Risikopräferenzen getroffen werden. Mit dem Zugang zu internationalen Kapitalmärkten wird der internationale Handel trotz hoher kurzfristiger Variabilität und Instabilität der Wechselkurse stabilisiert.

Übungsaufgaben

1. Wie entsteht für ein internationales Unternehmen ein Wechselkursrisiko? Wie wird das Wechselkursrisiko gemessen und mit welchen klassischen Kurssicherungsintrumenten kann das Unternehmen hedgen?

2. Welcher Zusammenhang besteht zwischen der Wechselkursvolatilität und dem Gewinnrisiko eines Exportunternehmens (oder Importunternehmens)?

3. Was folgt aus der Separationseigenschaft für die Exportproduktion (oder Importmengenentscheidung)?

4. Welches sind die Kriterien, nach denen sich Devisen–Termingeschäfte und Devisen–Optionsgeschäfte unterscheiden lassen?

5. Erläutern Sie wie ein Fremdwährungskredit zu Hedgingzwecken genutzt werden kann. Unter welchen Bedingungen kommt es zu einem vollkommenen Hedging mittels eines Fremdwährungskredits?

6. Erklären Sie den Begriff eines vollständigen Hedging von Risiken. Wann ist ein perfektes Hedging von Wechselkursrisiken möglich bzw. optimal?

7. Wird der internationale Handel durch die hohe kurzfristige Wechselkursvolatilität behindert? Diskutieren Sie!

8. Erklären Sie den Zusammenhang zwischen einem multinationalen Unternehmen, der internationalen Kapitalallokation, dem Wechselkursrisiko und der Risikopolitik des Unternehmens!

9. Ein Exporteur habe die Kostenfunktion $C(x) = x^2/2$ plus fixe Kosten F. Der Auslandspreis p^* ist für das Unternehmen eine gegebene Größe, der Wechselkurs $\tilde{e}$ ist zum Zeitpunkt der Produktionsentscheidung unsicher. Der Exporteur habe Zugang zu Devisen–Terminmärkten, auf denen bereits heute zukünftige Forderungen (oder Verbindlichkeiten) in ausländischer Währung zu einem Terminkurs e_f verkauft (gekauft) werden können. Das Unternehmen maximiert seinen Erwartungsnutzen $E[U(\tilde{\Pi})]$ aus dem Exportgewinn. Ermitteln Sie die optimale Exportmenge und das optimale Hedgingvolumen, wenn die Gewinnglei-

chung wie folgt geschrieben werden kann:

$$\tilde{\Pi} = \tilde{e}p^*x - \frac{1}{2}x^2 + h(e_f - \tilde{e}) - F.$$

10. Ein Unternehmen, das mit der Technologie $F(K, L)$ und den Faktoren Kapital K und Arbeit L ausschließlich für den Export produziert, habe folgende Präferenzfunktion: $E(\tilde{\Pi}) - \alpha\ Var(\tilde{\Pi})/2$. Mit E wird der Erwartungswert und Var die Varianz des unsicheren Gewinns $\tilde{\Pi}$ angegeben. Die Gewinnfunktion lautet

$$\tilde{\Pi} = \tilde{e}p^*F(K_0, L) - wL - rK_0 + h(e_f - \tilde{e}),$$

wobei w den Lohnsatz, r die Kapitalkosten und h das Volumen des Terminkontraktes bezeichnen. Die Instrumentvariablen, mit denen der Exporteur den Erwartungsnutzen aus dem Exportgewinn steuern kann, sind die Beschäftigung L und das Hedgingvolumen h. Da eine kurzfristige Analyse durchgeführt werden soll, wird der Realkapitalbestand als fix angenommen und mit K_0 bezeichnet. (a) Ermitteln Sie die Beschäftigungsregel für den optimalen variablen Inputfaktor Arbeit. Zeigen Sie, daß die Separationseigenschaft erfüllt ist! (b) Errechnen Sie das optimale Terminkontraktvolumen h! Von welchen Größen wird die Hedgingnachfrage des Unternehmens bestimmt? (c) Angenommen, es existieren keine Risikomärkte. Wie wird die Produktionsentscheidung von fehlenden Hedgingmärkten beeinflußt? Welchen Einfluß hat die Risikopräferenzparameter α auf die Exportproduktion? In welchem Zusammenhang steht die Exportproduktion und die Wechselkursvolatilität?

11. Ein kompetitives risikoscheues Exportunternehmen mit einer Mean–Variance–Präferenzfunktion möchte sein Wechselkursrisiko mittels eines Fremdwährungskredits hedgen. Sein Ziel ist die Maximierung des erwarteten Konsumnutzens in den betrachteten zwei Perioden

$$\max_{B, B^*, K, L} \; U(C_0) + \beta E[U(\tilde{C}_1)],$$

dabei dient $0 < \beta < 1$ der Berücksichtigung der Zeitpräferenz. Der reale Konsum sei bestimmt durch

$$\begin{aligned} C_0 &= I + B + e_0 B^* - K, \\ \tilde{C}_1 &= \tilde{e}_1[p^* F(K,L) - (1+i^*)B^*] - wL - (1+i)B, \end{aligned}$$

wobei der Konsum in der ersten Periode die Differenz zwischen eigenem Kapital I zuzüglich inländischer Kreditaufnahme B und ausländischem, in die Inlandswährung transferiertem Kreditvolumen $e_0 B^*$ einerseits und Investitionsausgaben K andererseits beträgt. Der Konsum der zweiten Periode ist zudem abhängig vom unsicheren Wechselkurs $\tilde{e}_1$, dem Auslandspreis p^*, der vom Kapital- und Arbeitseinsatz abhängigen Produktion $F(K, L)$ sowie von den Lohnkosten und in- bzw. ausländischen Kapitalkosten w, $(1+i)$ und $(1+i^*)$. Der Konsum im zweiten Jahr ist folglich unsicher.

(a) Ermitteln Sie die Beschäftigungsregeln für die beiden Inputfaktoren Kapital und Arbeit und zeigen Sie, daß die Separationseigenschaft erfüllt ist! Erläutern Sie diesen Effekt anhand des Beispiels! (b) Ermitteln Sie den optimalen Umfang der Hedgingnachfrage B^*! Von welchen Größen wird die Hedgingnachfrage des Unternehmens bestimmt? (c) Wie ändert sich die Produktionsentscheidung, wenn keine Risikomärkte existieren, also $B^* \equiv 0$ angenommen werden muß? Erläutern Sie den Risikoeffekt und verdeutlichen Sie, wo er in den Beschäftigungsregeln zu erkennen ist!

Anmerkung. Rechnen mit Erwartungswerten - dabei bezeichnen Großbuchstaben die Zufallsgrößen und Kleinbuchstaben die Daten, d.h. sichere Größen.

$$
\begin{aligned}
E[a] &= a \\
E[aX] &= aE[X] \\
E[a+X] &= a+E[X] \\
E[X+Y] &= E[X]+E[Y] \\
Var\,[X] &= E[X^2]-(E[X])^2 \\
E[X^2] &= Var\,[X]+(E[X])^2 \\
Cov\,[X,Y] &= E[(X-E[X])(Y-E[Y])] = E[XY]-E[X]E[Y] \\
E[XY] &= E[X]E[Y]+Cov\,[X,Y] \\
Var\,[aX] &= a^2\,Var\,[X] \\
Var\,[aX+bY] &= a^2Var\,[X]+2abCov\,[X,Y]+b^2Var\,[Y]
\end{aligned}
$$

⋆⋆⋆

Kapitel 4

Zusammenfassung

Die Volkswirtschaften sind durch den internationalen Handel und internationale Faktorbewegungen von Arbeit und Kapital intensiv miteinander verflochten. Internationale wirtschaftliche Probleme wie der Wert einer Währung, das große und dauerhafte Leistungsbilanzdefizit bestimmter Industrieländer, die Anpassung der stark verschuldeten Länder, sind wichtige Fragestellungen der Außenwirtschaft. Die Internationalisierung der Volkswirtschaften gewinnt an Bedeutung. Einführend wurden realwirtschaftliche und monetäre Probleme der internationalen Arbeitsteilung behandelt.

◊

Reale Außenwirtschaft

Ausgangspunkt unserer Überlegungen waren einige wichtige empirische Merkmale der internationalen Arbeitsteilung. Drei Entwicklungen haben die internationale Arbeitsteilung in der Vergangenheit geprägt: die zunehmende Internationalisierung der Gütermärkte, der Produktion und der Finanzmärkte.

Internationalisierung. Der Prozeß der Internationalisierung der Wirtschaft bringt gesamtwirtschaftliche Vorteile. So nutzen die Produzenten die Chancen, die sich auf größeren, globalisierten Märkten bieten. Den Konsumenten kommt der stärkere Wettbewerbsdruck zugute, da die Preise fallen. Außenhandel ist kein Null–Summenspiel, bei dem der eine nur das gewinnen kann, was der andere verliert.

In den internationalen wirtschaftlichen und institutionellen Rahmenbedingungen hat es in der Vergangenheit starke Veränderungen gegeben. Man denke an das Ende des festen Wechselkurssystems von Bretton Woods, die hohe kurzfristige Volatilität der Wechselkurse in der Folgezeit, die Ölpreisschocks, die Verschuldungsprobleme der Entwicklungsländer und die krisenhafte Zuspitzung an den internationalen Finanzmärkten. Diese Entwicklungen zeigen, wie sehr außenwirtschaftliche Vorgänge inzwischen zu einem wichtigen Bestimmungsfaktor der Volkswirtschaften geworden sind. Hieraus ergeben sich Risiken. Die Wirtschaftssubjekte haben zu berücksichtigen, daß sich die Bedingungen auf den Weltmärkten sehr schnell ändern können. Ebenso muß sich die Wirtschaftspolitik auf die internationalen Gegebenheiten einstellen. Die reale Außenwirtschaft ist Teil der allgemeinen Wirtschaftstheorie. Diese beschäftigt sich mit den Gesetzmäßigkeiten der Produktion, der Einkommensverteilung und mit wohlfahrtstheoretischen Fragen.

Freihandel. Ein wichtiges Resultat der realen Außenwirtschaftstheorie ist das Freihandelstheorem. Die gesamtwirtschaftlichen Gewinne, die bei der Abschaffung von Handelshemmnissen anfallen, sind stets größer als die gesamtwirtschaftlichen Verluste. Das bedeutet, daß die Akteure, die vom Übergang zu Freihandel profitieren, die Verluste der negativ betroffenen Wirtschaftssubjekte vollständig kompensieren können. Die Gewinner stehen nach Leistung der Kompensationszahlungen immer noch besser da als in der protektionistischen (oder autarken) Ausgangssituation. Freihandel ist pareto–optimal. Die Verteilung der Handelsgewinne auf die handeltreibenden Länder wird durch das

Weltmarktpreisverhältnis bestimmt. Die Tauschverhältnisse (terms of trade) bilden sich aus dem Zusammenspiel von Angebot und Nachfrage auf den Weltmärkten.

Komparative Kostenvorteile. In Marktwirtschaften werden die Autarkiepreisverhältnisse durch die verfügbare Technologie (technisches Niveau), die Präferenzen der Nachfrage und die Faktorausstattung der Volkswirtschaft bestimmt. Verfügt eine Volkswirtschaft über einen komparativen Preisvorteil für ein international handelbares Gut, so wird es dieses Gut exportieren. Länder mit marktwirtschaftlichen Wirtschaftssystemen konzentrieren sich auf die Produktion jener Güter, bei denen sie international wettbewerbsfähig sind. Das Zustandekommen von Außenhandel kann auf Preisunterschiede und auf Nicht-Verfügbarkeiten zurückgeführt werden. Die Außenwirtschaftstheorie ist primär eine Preistheorie, d.h. die internationalen Handelsströme werden vor allem durch relative Preisunterschiede erklärt. Relativpreisunterschiede werden durch komparative Kostenunterschiede erklärt, die sich ihrerseits aus (i) unterschiedlichen Produktivitäten (*Ricardo* Modell), (ii) Unterschieden in der relativen Faktorausstattung (*Heckscher–Ohlin* Modell) und (iii) Unterschieden in den Präferenzen erklären.

Protektionismus. Die starke Zunahme des Welthandels in den vergangenen Jahren macht deutlich, wie wichtig der internationale Handel für die Beschäftigung und das Wachstum im Inneren der Volkswirtschaften ist. Die Auftriebskräfte verstärkten sich durch die weltwirtschaftliche Integration gegenseitig. Trotz dieser Erfahrung scheint der Protektionismus weiter an Boden zu gewinnen. Ein ernstes Problem für den freien Güter- und Dienstleistungsaustausch kann darin gesehen werden, daß sich die Tendenzen zur Bildung von Handelsblöcken verstärken. Durch protektionistische Maßnahmen (wie tarifäre und nicht-tarifäre Handelshemmnisse) versuchen bestimmte Länder die internationalen Handelsströme zu regulieren und internationale Faktorbewegungen zu kontrollieren.

Bestimmte Überlegungen zeigen, daß eine Regierung bei einem internationalen Oligopol einen Anreiz zur Zahlung einer Exportsubvention besitzt, da die Produktionssubvention zu einer Rentenumlenkung zugunsten der inländischen Hersteller führt. Anhand eines Beispiels zur strategischen Handelspolitik wurde gezeigt, daß eine Exportsubvention wohlfahrtssteigernd wirkt. Die Theorie des Internationalen Handels hat sich bislang darauf beschränkt, die volkswirtschaftlichen Auswirkungen verschiedener handelspolitischer Maßnahmen abzuschätzen. Erst vor kurzem haben Ökonomen damit begonnen, die politischen Hintergründe protektionistischer Maßnahmen zu untersuchen. Die Politische Ökonomie des Protektionismus erklärt Handelshemmnisse in den internationalen Wirtschaftsbeziehungen als Ergebnis rationaler Überlegungen der Entscheidungsträger in einer Demokratie. Das Zusammenspiel von Nachfrage und Angebot auf dem politischen Markt für Protektion bestimmt Niveau und Struktur der Handelshemmnisse.

Direktinvestitionen multinationaler Unternehmen. Als multinationale Unternehmen bezeichnet man Organisationseinheiten, die Betriebsstätten und Tochtergesellschaften nicht nur in einem Land, sondern in mehreren Ländern unterhalten. Das Entstehen einer multinationalen Unternehmung setzt in der Regel Direktinvestitionen voraus. Es gibt einen wichtigen Zusammenhang zwischen dem internationalen Handel, den Direktinvestitionen und der Organisationsform internationaler Unternehmen. Die Analyse multinationaler Unternehmen zeigt, wie eine international tätige Unternehmung, die über einen unternehmensspezifischen Wettbewerbsvorteil verfügt, diesen Vorteil durch internationale Handelsgeschäfte, durch die Vergabe von Lizenzen und durch Direktinvestitionen nutzen kann. Wenn Direktinvestitionen im Ausland vorgenommen werden, eröffnen sich unternehmensinterne Nutzungsmöglichkeiten. Exporte und die Vergabe von internationalen Lizenzen sind externe Nutzungsmöglichkeiten. Die Gründe, die zu einer rein marktmäßigen Koordination oder zu einer internen (hierarchischen) Koordination führen, liegen in Unvollkommenheiten der Güter- und Faktormärkte. Sind alle Märkte vollkommen, so sind interne Koordinationsmechanismen, wie etwa Unternehmensgründungen im Ausland oder internationale Equity Joint Ventures, nicht notwendig.

Politische Risiken in Entwicklungsländern können dazu führen, daß die Technologien der Unternehmen aus den hochentwickelten Länder nicht transferiert werden. Unter Umständen kommt es zu keinen Direktinvestitionen, obwohl Gewinnmöglichkeiten für ausländische Unternehmen bestehen. Das Joint Venture zwischen dem ausländischen Investor und der Regierung des Gastlandes kann dieses Problem der Unterinvestition lösen. Ziel der Analyse war es, einen positiven Zusammenhang zwischen einer Direktinvestition und einem Public-Private Joint Venture in einem Entwicklungsland anhand eines Beispiels darzustellen.

Monetäre Außenwirtschaft

Währungsordnung. Seit der Abschaffung des Systems fester Wechselkurse von Bretton-Woods Anfang der 70er Jahre wurde die Bestimmung des gleichgewichtigen Wechselkurses zu einem zentralen Problem der makroökonomischen Forschung offener Volkswirtschaften. Es gibt eine Faustregel, wonach der Wechselkurs in einem flexiblen Wechselkurssystem auf sehr kurze Frist insbesondere von politischen Einflüssen bestimmt wird. Über einen längeren, aber immer noch kurzfristigen Zeitraum wird der Wechselkurs von Zinssätzen (Zinsparität) und langfristig von der Kaufkraft der Währungen (Kaufkraftparität) zwischen den handeltreibenden Ländern bestimmt.

Der monetäre Ansatz zur Erklärung des Wechselkurses geht davon aus, daß sich langfristig der Wechselkurs entsprechend der Kaufkaftparität einstellt und daß die Preise in den Volkswirtschaften aus der

Veränderung des Geldangebots bestimmt werden. Nach dem monetären Ansatz führt bei gegebenem Realeinkommen eine Erhöhung des inländischen Geldangebots langfristig zu einer propotional gleichen Änderung von Preisniveau und Wechselkurs. Die Möglichkeit einer überschießenden Wechselkursreaktion ergibt sich aus dem Zusammenwirken von Zinsparität und verzögerter Preisreaktion. Beim overshooting übersteigt der Wechselkurs kurzfristig den langfristig gleichgewichtigen Wechselkurs. In einem System fester Wechselkurse ist das Geldangebot M eine endogene Größe und der Wechselkurs e eine exogene Größe. Ein bestimmter Wechselkurs bedingt eine bestimmte Geldmenge, damit das Zahlungsbilanzsgleichgewicht erfüllt ist, d.h. $M = F(e)$. In einem System flexibler Wechselkurse erklärt die Geldmenge M den Wechselkurs $e = f(M)$. Der Wechselkurs ist endogen und die Geldmenge ist exogen.

Internationale Kapitalmobilität. Die Berücksichtigung internationaler Finanzkapitalströme führt zu wichtigen Implikationen für die Wirksamkeit von Geld- und Fiskalpolitik. Ist die internationale Kapitalmobilität vollkommen, können sich die inländischen Zinssätze nicht stark von den ausländischen Zinssätzen unterscheiden. Bei festen Wechselkursen und vollständiger internationaler Kapitalmobilität ist die Geldpolitik ohne Wirksamkeit. Jeder Versuch, um beispielsweise den inländischen Zins durch eine Erhöhung der inländischen Geldmenge zu senken, würde zu einem starken Kapitalexport führen, was eine Abwertung der inländischen Währung bewirkt, die die Zentralbank dadurch ausgleichen muß, daß sie mit inländischem Geld ausländische Devisen kauft. Dies vermindert den inländischen Geldbestand. Bei festen Wechselkursen und vollkommener Kapitalmobilität kann die Zentralbank keine unabhängige Geldpolitik betreiben. Die Fiskalpolitik ist bei festen Wechselkursen sehr wirksam. Bei flexiblen Wechselkursen ist die Geldpolitik sehr wirksam und die Fiskalpolitik ohne große Wirkungen auf das Einkommen. Eine geldpolitische Expansion führt zu einer Abwertung der inländischen Währung, zu wachsenden Exporten und zu einem erhöhten Einkommen. Die fiskalpolitische Expansion führt hingegen zu einer Aufwertung der inländischen Währung und verdrängt somit die Exporte.

Internationale Rückwirkungen. Bei Berücksichtigung von internationalen Rückwirkungen auf das Einkommen ergeben sich wichtige wirtschaftspolitische Implikationen. So bewirkt beispielsweise eine Erhöhung der Investitionen einen stärken Anstieg des Einkommens als ohne die Berücksichtung internationaler Rückwirkungen. Weiterhin ergibt sich, daß durch die internationalen Rückwirkungen der Außenbeitrag weniger stark fällt als ohne Rückwirkungen. Die Erhöhung der autonomen Investitionen führt darüberhinaus zu einem Anstieg des ausländischen Einkommens. Der ausländische Außenbeitrag verbessert sich.

Risiken. Da sich die Wechselkurse der wichtigsten Industrieländer in der Vergangenheit in einer nicht erwarteten Weise als volatil erwiesen haben, hat die Frage, wie Wechselkursrisiken auf den internationalen Handel und die Direktinvestitionen internationaler Unternehmen wirken, in der neueren außenwirtschaftlichen und finanzwirtschaftlichen Literatur stark an Bedeutung gewonnen. Unsicherheit über den zukünftigen Wechselkurs führt, je nach dem Internationalisierungsprofil des Unternehmens, zu Erlös- und Kostenrisiken, die wiederum das Gewinnrisiko beeinflussen. Wechselkursbedingte Gewinnrisiken können die Unternehmensentwicklung und die Existenz des Unternehmens bedrohen. Um Gewinnrisiken einzuschränken, werden verschiedene Hedgingmaßnahmen ergriffen. Hedginggeschäfte werden auf Risikomärkten vorgenommen. Die Existenz von Risikomärkten (wie Devisen–Futures und Devisen–Optionen) hat einen erheblichen Einfluß auf den internationalen Handel und die internationalen Kapitalbewegungen. In unserer Analyse wurde der Einfluß der Wechselkursvolatilität auf den internationalen Handel am Beispiel der Exportproduktion untersucht. Es wurde folgendes Ergebnis hergeleitet: Maximiert ein risikoaverser Exporteur seinen Erwartungsnutzen, dann führt ein Hedging des Wechselkursrisikos mittels Devisen–Terminkontrakten zur Separation, d.h., die optimale Exportentscheidung ist sowohl unabhängig von dem Ausmaß der Risikoaversion des Exporteurs, als auch von seinen Wechselkurserwartungen. Das Exportvolumen wird ausschließlich von Marktdaten und den Grenzkosten des Unternehmens bestimmt. Darüberhinaus führt ein unverzerrter Devisen–Terminkurs dazu, daß die Exportunternehmung eine Politik des vollständigen Hedgings verfolgt. Das Wechselkursrisiko wird sodann durch einen Devisen–Terminkontrakt vollständig eliminiert. Weiterhin wurden in einem einfachen Entscheidungsmodell die Auswirkungen des Wechselkursrisikos auf die Allokations– und Direktinvestitionsentscheidung eines multinationalen Unternehmens untersucht. Solche Unternehmen sind Hauptakteure der Internationalisierungs– und Globalisierungstendenzen der Weltwirtschaft. Durch die Internationalisierung der Produktion sind sie besonderen politischen, rechtlichen und steuerlichen Risiken ausgesetzt. Dadurch hat das wissenschaftliche Interesse an dieser Unternehmensform stark zugenommen.

Es wurden folgende Fragestellungen behandelt: Welchen Einfluß hat das Wechselkursrisiko auf die Allokations– und Direktinvestitionsentscheidung eines risikoaversen multinationalen Unternehmens? Wie reagiert das Unternehmen auf Wechselkursrisiken, wenn keine Hedgingmärkte verfügbar sind? Wie ändert sich die Unternehmenspolitik, wenn Hedginginstrumente herangezogen werden? Die Analyse zeigt: Das multinationale Unternehmen reagiert auf Wechselkursrisiken mit der internationalen Allokation seiner Produktionsfaktoren. Stehen dem multinationalen Unternehmen Devisen–Terminmärkte zur Verfügung zeigt sich wiederum die Separationseigenschaft.

Kontrollfragen

Bei der Beantwortung der Kontrollfragen sollten ökonomische Interpretation, mathematische und grafische Darstellungen zur Anwendung kommen. Einige Aufgaben haben durchaus Klausurcharakter. Andere Übungsaufgaben gehen hingegen über die angebotene Einführung zur realen und monetären Außenwirtschaft hinaus.

1. Erklären Sie die notwendigen und hinreichenden Bedingungen für internationalen Handel!

2. Erläutern Sie die Aussage: Freihandel ist pareto–optimal!

3. Was versteht man unter Pareto–Optimalität des Freihandels? Diskutieren Sie Inhalt und Grenzen dieser Aussage!

4. Eine kleine Volkswirtschaft verfügt über eine Güterausstattung: $\bar{x} = 1$, $\bar{y} = 2$. Die gegebenen Weltmarktpreise betragen $p_x^* = 2$, $p_y^* = 2$. Die gesellschaftlichen Präferenzen lassen sich durch die Nutzenfunktion $U = D_x D_y$ darstellen (wobei D_x und D_y die Konsummengen der Güter X und Y repräsentieren). (a) Gehen Sie von Freihandel aus. Welche Handelsstruktur wird sich einstellen bzw. wo liegen die komparativen Vorteile? (b) Ist Freihandel der Autarkie vorzuziehen? Vergleichen Sie die Nutzenniveaus in beiden Situationen! (c) Stellen Sie die Resultate auch grafisch dar!

5. Ricardo hat gezeigt, daß es nicht die absoluten, sondern die komparativen Kostenvorteile sind, die die Handelsstruktur bestimmen. Dennoch kann ein potentieller Exporteur sein Produkt nur dann exportieren, wenn er es billiger (oder zumindest nicht teurer) anbietet als irgendeiner seiner (ausländischen) Konkurrenten. Erläutern Sie, wieso diese Selbstverständlichkeit nicht im Widerspruch zur Aussage der komparativen Kosten steht!

6. Gegeben sind zwei Ökonomien (In– und Ausland) mit zwei Gütern und zwei Produktionfaktoren (Heckscher–Ohlin Modell): Erläutern Sie Be-

stimmungsgründe und Implikationen eines freien internationalen Handels in diesem Erklärungsansatz!

7. Angenommen, der Verkauf der Durchschnittskosten und der Grenzkosten einer Unternehmung sind bekannt. Woran sind dann zunehmende Skalenerträge erkennbar?

8. Mit welcher Marktform läßt sich die folgende Aussage vereinbaren: Im langfristigen Marktgleichgewicht erzielen die Unternehmen Nullgewinne. Erklären Sie, warum sich der Markt andernfalls nicht im Gleichgewicht befinden kann.

9. Heckscher–Ohlin Ökonomie: Die Faktorausstattung (Arbeit L und Kapital K) im In– und Ausland ist gegeben mit: Inland $K = 1, L = 1$, Ausland $K^* = 2, L^* = 4$. Die Technologien sind in beiden Volkswirtschaften identisch: $x = K^{2/3}L^{1/3}$ und $y = K^{1/3}L^{2/3}$. Die Präferenzen lauten: Inland $U = D_x D_y$, Ausland $U^* = D_x^* \dot{D}_y^*$ (mit den Konsummengen D_x und D_y). Wo liegen die komparativen Vorteile bzw. welche Handelsstruktur wird sich bei Freihandel einstellen?

10. Die klassische Handelstheorie erklärt die Handelsstruktur im wesentlichen durch angebotsseitige Aspekte: (a) Wie? (b) Was bleibt daran unbefriedigend? (c) Welche Alternativen oder ergänzenden Erklärungen sehen Sie?

11. Welche Gruppen der Gesellschaft würden für und welche gegen die Einführung eines Zolls stimmen, wenn sie danach gefragt würden? (Hinweis: Stolper/Samuelson).

12. Für eine Volkswirtschaft (Heckscher–Ohlin Modell) mit zwei Gütern und zwei Produktionsfaktoren (Arbeit und Kapital) seien die Stückkosten wie folgt gegeben:

$$\begin{aligned} c^x(w,r) &= w^{1-\alpha} r^{\alpha}, \\ c^y(w,r) &= w^{1-\beta} r^{\beta}, \end{aligned}$$

mit der Technologieannahme: $1 > \alpha > \beta > 0$. Die indirekten Nutzenfunktionen der Produktionsfaktoren lauten:

$$\begin{aligned} V^L(p, I^L) &= p^{-\delta} I^L, \\ V^K(p, I^K) &= p^{-\gamma} I^K, \end{aligned}$$

(δ, γ positive Konstante) wobei das Faktoreinkommen sich wie folgt erklärt: $I^L = w, I^K = r$. Es werde ein Importzoll erhoben. Dadurch wird der Relativpreis $p = p_x/p_y$ verringert (bzw. der Relativpreis von Gut Y wird erhöht). Wer gewinnt, wer verliert?

13. Gegeben seien zwei Güter (X,Y) und ein Produktionsfaktor L (Arbeit) mit den Produktionsfunktionen $x = L_x^{1/2}$ und $y = L_y^2$. (a) Welches Gut zeichnet sich durch abnehmende, welches durch zunehmende Skalenerträge aus? (b) Welche Gestalt besitzt die Transformationskurve, wenn der Faktorbestand L fest vorgegeben ist und im Gleichgewicht $L_x + L_y = L$ gelten muß?

14. Diskutieren Sie die intra-industrielle Handelstheorie versus Heckscher-Ohlin's Theorie der Handelsstruktur!

15. In welchen Punkten und wie ergänzt die moderne Theorie des intra-industriellen Handels die klassischen Erklärungen der Außenhandelsstruktur?

16. Bearbeiten Sie folgendes Thema: Intra-industrieller Handel versus inter-industrieller Handel: Fragestellung, Ansatzpunkte und Problematik der Theorie und Empirie des intra-industriellen Handels.

17. Wie erklärt die Theorie intra-industriellen Handel? Diskutieren Sie diese Frage anhand eines theoretischen Ansatzes!

18. Für einen Markt gelte die Kostenfunktion $C(x) = 15 + x^2$ und die Preis-Absatz Funktion $p(X) = 30 - 2X$, wobei x die Produktionsmenge einer Unternehmung und X der Marktmenge entspricht. Ermitteln Sie das Gewinnmaximum eines Monopolisten, eines Anbieters

bei vollkommener Konkurrenz und eines Cournot–Oligopolisten (Oligopol mit nur zwei Anbietern, beispielsweise der inländischen und der ausländischen Unternehmung)!

19. Inwiefern unterscheiden sich Selbstbeschränkungsabkommen von Importzöllen und Importquoten?

20. Macht es einen Unterschied, wenn ein kleines Land anstelle eines Importzolls einen (prozentual) gleich hohen Exportzoll erhebt? Erörtern Sie diese Frage im Rahmen der Annahmen der klassischen realen Außenwirtschaftstheorie!

21. Was ist Dumping, welche Formen kennen Sie und wie beurteilen Sie die gesamtwirtschaftlichen Konsequenzen?

22. Was versteht man unter Rentenumlenkung ('rent shifting')? Halten Sie eine darauf ausgerichtete Handelspolitik für vertretbar? Begründen Sie Ihre Antwort!

23. Erörtern Sie Zweck und Problematik der Errichtung von Handelshemmnissen.

24. Pro und contra Protektionismus. Diskutieren Sie die klassischen Argumente!

25. Erklären Sie, wieso die Höhe des nominellen Zollsatzes nur wenig über das Ausmaß des Schutzes durch diesen Zoll aussagt!

26. Protektionismus: (a) Diskutieren Sie die Auswirkungen von Importzöllen und Importquoten auf Produktionsstruktur, Nachfrage, internationalen Handel und Wohlfahrt eines Landes (unter den Annahmen der Vollbeschäftigung und der vollkommenen Konkurrenz auf allen Märkten). (b) Verdeutlichen Sie die Preisänderungen in einer Volkswirtschaft infolge eines Importzolls am Beispiel einer Partialanalyse. Aus der inländischen Nachfrage $D_y = a - bp_y$ und dem inländischen Angebot $y = c + dp_y$ ergibt sich die Importnachfrage

$IM_y = (a-c)-(b+d)p_y$. Das Exportangebot auf dem Weltmarkt lautet: $EX_y = e + fp_y^*$, wobei p_y^* den Weltmarktpreis bezeichnet. Auf das Importgut werde ein Mengenzoll t erhoben. Der Inlandspreis beträgt somit $p_y = p_y^* + t$. (a) Berechnen Sie den Freihandelspreis p^f (d.h. für $t = 0$). (b) Ermitteln Sie den Inlandspreis p_y und den Weltmarktpreis p_y^* bei einem Importzoll $t > 0$. (c) Vergleichen Sie den Freihandelspreis, mit dem Weltmarktpreis und dem Inlandspreis!

27. Erklären Sie, warum es sich für bestimmte international tätige Unternehmen lohnt im Ausland direkt zu investieren?

28. In modernen Volkswirtschaften bestehen nebeneinander vier grundlegende Mechanismen zur Koordination wirtschaftlicher Leistungserstellung und Leistungsverwertung: Preissystem, Hierarchie, Politik und Verhandlung. Was sind die Charakteristika dieser einzelnen Mechanismen und lassen sie sich auf die Formen der Internationalisierung übertragen?

29. Skizzieren Sie wichtigsten Formen der Internationalisierung der Produktion.

30. Erklären Sie wichtige Bestimmungsgründe für Direktinvestitionen im Ausland! Erläutern Sie in diesem Zusammenhang auch die Internalisierungsthese!

31. Erklären Sie wichtige Bestimmungsgründe des Wechselkurses auf der Basis des monetären Ansatzes!

32. Erklären Sie die für die monetäre Außenwirtschaft wichtigen Begriffe: Kaufkraftparität und Zinsparität!

33. Beschreiben und erklären Sie die Bestimmungsgründe des Wechselkurses auf der Basis des monetären Ansatzes!

34. Was versteht man unter dem Phänomen einer überschießenden Reaktion ('overshooting') des Wechselkurses? Wie kann dieses Phänomen erklärt werden?

35. Diskutieren Sie kurz mögliche Vorteile/Nachteile einer Währungsordnung mit festen oder flexiblen Wechselkursen!

36. Erläutern Sie die Wirksamkeit stabilitätspolitischer Maßnahmen in einem System flexibler bzw. fester Wechselkurse (Begründung)!

37. Für eine Volkswirtschaft mit internationalen Wirtschaftsbeziehungen seien folgende makroökonomischen Verhaltensfunktionen relevant:

$$\begin{array}{llllll} C & = & C^a & + & cY & \text{Konsum} \\ I & = & I^a & - & hi & \text{Investition} \\ G & = & G^a & & & \text{Staat} \\ A & = & \bar{A} & + & ve - mY & \text{Außenbeitrag, } \bar{A} = X^a - JM^a \end{array}$$

wobei $v > 0$ die Reaktion des Außenbeitrags auf eine Änderung im (realen) Wechselkurs e anzeigt. Der autonome Export bzw. der autonome Import verbirgt sich hinter der Abkürzung $\bar{A}$, m ist die Importquote. Der Zins i und der Wechselkurs e sind fest vorgegeben.

a) Berechnen Sie das gleichgewichtige Einkommen!

b) Berechnen Sie den Außenbeitrag im Gleichgewicht! Wie verändert sich der Außenbeitrag in Folge einer expansiven Fiskalpolitik?

c) Ermitteln Sie den Einkommensmultiplikator für eine Erhöhung der autonomen Investitionen!

d) Ermitteln Sie die Änderung im Außenbeitrag für eine Erhöhung der autonomen Investitionen!

e) Wie ändern sich Einkommen und Außenbeitrag, wenn die autonomen Exporte zunehmen?

38. Für eine Volkswirtschaft mit internationalen Wirtschaftsbeziehungen seien folgende makroökonomischen Verhaltensfunktionen relevant:

$$
\begin{array}{rcll}
C & = & C^a + cY & \text{Konsum} \\
I & = & I^a - hi & \text{Investition} \\
G & = & G^a & \text{Staat} \\
A & = & X^a - JM^a + ve - mY & \text{Außenbeitrag}
\end{array}
$$

wobei $v > 0$ die Reaktion des Außenbeitrags auf eine Änderung im (realen) Wechselkurs e anzeigt. Das Geldmarktgleichgewicht wird durch folgende Gleichung beschrieben: $M/P = kY - gi$. Gehen Sie von vollkommener internationaler Kapitalmobilität aus. Es herrscht ein System flexibler Wechselkurse und das Preisniveau P sei konstant. Berechnen Sie den gleichgewichtigen Wechselkurs und zeigen Sie, wie sich der Wechselkurs ändert, wenn sich die reale Geldmenge erhöht bzw. wenn der Staat eine expansive Fiskalpoltik betreibt. Zeigen Sie wie sich das Einkommen in Folge einer Erhöhung der Geldmenge bzw. der Staatsausgaben verändert!

39. Diskutieren Sie den Zusammenhang zwischen dem Zahlungsbilanzgleichgewicht eines Landes und einem flexiblen bzw. fixen Wechselkurssystem!

40. Der Zahlungsbilanzsaldo Z ist gleich dem Handelsbilanzsaldo A zuzüglich dem Kapitalbilanzsaldo K. Unter ökonomisch plausiblen Annahmen ergibt sich folgende Beziehung:

$$Z = A(e, Y, Y^*) + K(i, i^*),$$

wobei e den Wechselkurs, Y, Y^* das in- und ausländische Realeinkommen und i, i^* den in- und ausländischen Zins darstellen. Beantworten Sie anhand dieser Beziehung folgende Fragen: (a) Was versteht man unter einem Zahlungsbilanzgleichgewicht bzw. Ungleichgewicht? (b) Welcher Zusammenhang besteht zwischen dem Zahlungsbilanzgleichgewicht und dem Wechselkurssystem? (c) Welchen Einfluß hat eine vollkommene internationale Kapitalmobilität auf diese Beziehung?

41. Skizzieren Sie die Grundzüge des Europäischen Währungssystems *EWS*! Nennen Sie Vorteile/Nachteile diese Währungsordnung!

42. Für eine Volkswirtschaft wurden folgende makroökonomischen Zusammenhänge festgestellt:

$$\begin{aligned} C &= C^a + cY, \\ I &= I^* - hi, \\ M_0/P_0 &= \bar{M} \\ L &= kY - gi. \end{aligned}$$

Dabei bezeichnet C den gesamtwirtschaftlichen realen Konsum, I die Nettoinvestitionen, i realer Zins, P_0 das konstante Preisniveau, M_0 die gegebene Geldmenge. Die Liquiditätspräferenz der Wirtschaft ist durch L dargestellt. (a) Bestimmen Sie das gleichgewichtige Volkseinkommen, (b) berechnen Sie den geldpolitischen Einkommensmultiplikator. (c) Wie ändert sich das gleichgewichtige Volkseinkommen, wenn die Importnachfragefunktion $IM = IM^a + mY$ (die Importquote wird durch m dargestellt) und der autonome Export $X = X^a$ berücksichtigt wird? Wie lautet der gleichgewichtige Außenbeitrag A der Volkswirtschaft?

43. Internationale Kapitalbewegungen im Mundell–Fleming Modell: Wie werden internationale Kapitalbewegungen im Mundell–Fleming Modell berücksichtigt? Kritisieren Sie diesen Ansatz!

44. Welche Argumente werden für und welche gegen ein System flexibler Wechselkurse vorgebracht?

45. Haben sich feste Wechselkurse in der Wirtschaftspraxis bewährt? Welche Erfahrungen wurden mit dem System von Bretton Woods und dem Europäischen Währungssystem (EWS) gemacht?

46. Wie lassen sich abrupte und oft irreversible Veränderung der internationalen Wettbewerbsfähigkeit erklären? (Hinweis: Hysterse)

47. Die J–Kurve: Begründen Sie deren mutmaßlichen Verlauf!

48. Warum wird der Wechselkurs langfristig von der Kaufkraftparität und kurzfristig von der Zinsparität bestimmt?

49. "Veränderungen in den Wechselkurserwartungen führen zu internationalen Finanzbewegungen und beeinflußen die tatsächlichen Wechselkurse. Erwartungen sind eine Quelle für Änderungen ('Störungen') des makroökonomischen Gleichgewichts." Nehmen Sie zu dieser Aussage Stellung!

50. Ein Exporteur habe die Kostenfunktion $C(x) = ax + bx^2$. Der Auslandspreis p^* ist für das Unternehmen eine gegebene Größe, der Wechselkurs e ist zum Zeitpunkt der Produktionsentscheidung unsicher. Der Exporteur habe Zugang zu Devisen–Terminmärkten, auf denen bereits heute zukünftige Forderungen (oder Verbindlichkeiten) in ausländischer Währung zu einem Terminkurs e_f verkauft (gekauft) werden können. Das Unternehmen maximiert seine Zielfunktion: $E(\tilde{\Pi}) - \alpha\, Var\,(\tilde{\Pi})/2$. (a) Ermitteln Sie die optimale Exportmenge x und das optimale Hedgingvolumen h, wenn die Gewinngleichung wie folgt geschrieben werden kann: $\tilde{\Pi} = \tilde{e}p^*x - C(x) + h\,(e_f - e)$. (b) Welchen Einfluß hat die Wechselkursvolatilität auf Exportproduktion und Hedging? (c) Unter welchen Bedingungen entscheidet sich der Exporteur für ein vollständiges Hedging?

51. Ein Exporteur habe die Kostenfunktion $C(x) = x^2/2$ plus fixe Kosten F. Der Auslandspreis p^* ist für das Unternehmen eine gegebene Größe, der Wechselkurs $\tilde{e}$ ist zum Zeitpunkt der Produktionsentscheidung unsicher. Der Exporteur habe Zugang zu Devisen–Terminmärkten, auf denen bereits heute zukünftige Forderungen (oder Verbindlichkeiten) in ausländischer Währung zu einem Terminkurs e_f verkauft (gekauft) werden können. Das Unternehmen maximiert seinen Erwartungsnutzen $E(\tilde{\Pi}) - \frac{\alpha}{2} Var(\tilde{\Pi})$ aus dem Exportgewinn. (a) Ermitteln Sie die optimale Exportmenge und das optimale Hedgingvolumen, wenn die

Gewinngleichung wie folgt geschrieben werden kann:

$$\tilde{\Pi} = \tilde{e}p^*x - \frac{1}{2}x^2 + h(e_f - \tilde{e}) - F.$$

(b) Welchen Einfluß haben die fixen Kosten auf Produktion und Hedging?

52. Um die gegenseitige Beeinflussung von hedgebaren und nicht-hedgebaren Risiken und ihre Wirkung auf Exportproduktion und Risikopolitik zu verdeutlichen, wird eine konkrete Präferenzfunktion unterstellt. Die Präferenzfunktion des Unternehmens besitzt einen konstanten Risikoaversionsgrad $\alpha > 0$. Das Unternehmen steht vor folgendem Optimierungsproblem:

$$\max_{x,h} E(\tilde{\Pi}) - \frac{\alpha}{2} Var(\tilde{\Pi}),$$

wobei $E(\tilde{\Pi})$ den Erwartungswert und $Var\ (\tilde{\Pi})$ die Varianz des gesamten Einkommens

$$\tilde{\Pi} = \tilde{e}p^*x - C(x) + \tilde{I} + h(e_f - \tilde{e})$$

angeben. (a) Berechnen Sie die optimale Exportmenge und die optimale Hedgingnachfrage! Welchen Einfluß hat das nicht-hedgebare Einkommensrisiko auf den Export bwz. auf das Devisen–Termingeschäft? (b) Angenommen, der Devisen–Terminmarkt sei unverzerrt. Erläutern Sie folgende Situation: Die Präferenzen des Exportunternehmers ändern sich: α wird größer. Wie ändern sich Export- und Hedgingvolumen?

53. Ein kompetitives risikoscheues Exportunternehmen mit einer Erwartungswert und Varianz Präferenzfunktion möchte das Wechselkursrisiko mittels eines Fremdwährungskredits (money market hedge) absichern. Sein Ziel ist die Maximierung des erwarteten Konsumnutzens in den betrachteten zwei Perioden

$$\max\ U(C_0) + \beta E[U(\tilde{C}_1)].$$

β dient dabei der Berücksichtigung der Zeitpräferenz. Der reale Konsum sei bestimmt durch

$$\begin{aligned} C_0 &= I + B + e_0 B^* - K, \\ \tilde{C}_1 &= \tilde{e}_1[p^* F(K,L) - (1+i^*)B^*] - wL - (1+i)B, \end{aligned}$$

wobei der Konsum in der ersten Periode die Differenz zwischen eigenem Kapital I zuzüglich inländischer Kreditaufnahme B und ausländischem, in die Inlandswährung transferiertem Kreditvolumen $e_0 B^*$ einerseits und Investitionsausgaben K andererseits beträgt. Der Konsum der zweiten Periode ist zudem abhängig vom unsicheren Wechselkurs $\tilde{e}_1$, dem Auslandspreis p^*, der vom Kapital- und Arbeitseinsatz abhängigen Produktion $F(K,L)$ sowie von den Lohnkosten und in- bzw. ausländischen Kapitalkosten w, $(1+i)$ und $(1+i^*)$. Der Konsum im zweiten Jahr ist folglich unsicher.

a) Ermitteln Sie die Beschäftigungsregeln für die beiden Inputfaktoren Kapital und Arbeit und zeigen Sie, daß die Separationseigenschaft erfüllt ist! Erläutern Sie diesen Effekt anhand des Beispiels!

b) Ermitteln Sie den optimalen Umfang der Hedgingnachfrage B^*! Von welchen Größen wird die Hedgingnachfrage des Unternehmens bestimmt?

c) Wie ändert sich die Produktionsentscheidung, wenn keine Risikomärkte existieren, also $B^* \equiv 0$ angenommen werden muß? Erläutern Sie den Risikoeffekt.

54. Diskutieren Sie folgendes Thema: Nennen Sie wichtige Risiken die sich aus der internationalen Arbeitsteilung ergeben können. Welche Wirkungen ergeben sich hieraus und welche Risikopolitiken können die international tätigen Unternehmen verfolgen?

55. Wird der internationale Handel durch Wechselkursunsicherheiten behindert? Diskutieren Sie!

56. Erklären Sie Unterscheide, Gemeinsamkeiten und Effektivität von Hedginginstrumenten zur Sicherung von Fremdwährungsrisiken!

⋆⋆⋆

Kapitel 5

Literatur

AMANN, E., D. MARIN [1994]: Risk–Sharing in International Trade - An Analysis of Countertrade, *Journal of Industrial Economics*, Vol. XLII, S. 63–78.

ANDERSON, K., H. NORHEIM [1993]: Is World Trade Becoming more Regionalized?, *Review of International Economics*, Vol. 1, S. 91-109.

BAILLIE, R., P. MCMAHON [1989]: *The Foreign Exchange Market (Theory and Econometric Evidence)*, Cambridge.

BALTENSPERGER, E., P. BÖHM [1982]: Stand und Entwicklungstendenzen der Wechselkurstheorie (Ein Überblick), *Aussenwirtschaft*, 37. Jg., S. 109–157.

BALTENSPERGER, E. [1992]: Monetäre Außenwirtschaftstheorie, *Zeitschrift für Wirtschafts- und Sozialwissenschaften*, 112. Jg., S. 505–566.

BAMBERG, G., A.G. COENENBERG [1992]: *Betriebswirtschaftliche Entscheidungslehre*, München.

BASSELER, U., J. HEINRICH, W. KOCH [1991]: *Grundlagen und Probleme der Volkswirtschaft*, Köln.

BENNINGA, S., R. ELDOR, I. ZILCHA [1985]: Optimal International Hedging in Commodity and Currency Forward Markets, *Journal of International Money and Finance*, Vol. 4, S. 537–552.

BRANDER, I., B. SPENCER [1985]: Export Subsidies and International Market Share Rivalry, *Journal of International Economics*, Vol. 18, S. 83–100.

BREALEY, R., S. MEYERS [1990]: *Principles of Corporate Finance*, New York et al.

BROLL, U. [1993]: Foreign Production and International Hedging in a Multinational Firm, *Open Economies Review*, Vol. 4, S. 425–432.

BROLL, U., J. WAHL [1994a]: Export Decision and Risk Sharing Markets, *Zeitschrift für Wirtschafts- und Sozialwissenschaften.*

BROLL, U., J. WAHL [1994b]: Risikomanagement des Exportunternehmens, *Wirtschaftsstudium*, (WiSu).

BROLL, U., J. WAHL [1994c]: Der Einfluß nicht–hedgebarer Risiken auf Export- und Risikopolitik, *Schweizerische Zeitschrift für Volkswirtschaft und Statistik.*

BROLL, U., WAHL, J., I. ZILCHA [1994]: Indirect Hedging of Exchange Rate Risk, *Journal of International Money and Finance.*

BROLL, U., I. ZILCHA [1992]: Exchange Rate Uncertainty, Futures Markets and the Multinational Firm, *European Economic Review*, Vol. 35, S. 815–826.

BROLL, U., I. ZILCHA [1994]: Capital Markets, the Separation Property and Hedging, *Economics Letters*, Vol. 44, S. 165–168.

BORCHERT, M. [1992]: *Außenwirtschaftslehre* (Theorie und Politik), Wiesbaden.

BÜSCHGEN, H.E. [1993]: *Internationales Finanzmanagement*, Frankfurt am Main.

CAVES, R.E., J.A. FRANKEL, R.W. JONES [1990]: *World trade and Payments (an Introduction)*, Glenview, Illinois: Scott and Foresman.

DORNBUSCH, R. [1976]: Expectations and Exchange Rate Dynamics, *Journal of Political Economy*, Vol. 84, S. 1167–1176.

DORNBUSCH, R., S. FISCHER [1992]: *Makroökonomik*, München, Wien.

FLEMING, J.M. [1962]: Domestic Financial Policies under Fixed and Floating Exchange Rates, *IMF Staff Papers*, Vol. 3, S. 369–380.

FRANKEL, J.A., A. RAZIN [1992]: FISCAL POLICIES AND THE WORLD ECONOMCY, Cambridge, London.

FRENKEL, M. [1991]: Hedging mit Währungs- und Zinsfutures, *Wirtschaftsstudium* (WiSu), 20. Jahrgang, S. 266–269.

FREY, B.S. [1985]: *Internationale Politische Ökonomie*, München.

GÄRTNER, M. [1989]: Devisenmarktinterventionen (Mechanik, Wirkungen, Motive), *Wirtschaftswissenschaftliches Studium* (WiSt), S. 8–14.

GÄRTNER, M. [1990]: *Makroökonomik flexibler Wechselkurse*, Berlin, Heidelberg.

GANDOLFO, G. [1987]: *International Economics*, Berlin, Heidelberg, New York.

GIAVAZZI, F., A. GIOVANNINI [1989]: *Limiting Exchange Rate Flexibility* (The European Monetary System), Cambridge, London: MIT–Press.

GILROY, B.M. [1993]: *Networking in Multinational Enterprises*, Columbia (University of South Carolina Press).

GLISMANN, H. H., E.-J. HORN, S. NEHRING, R. VAUBEL [1986]: *Weltwirtschaftslehre* (Eine problemorientierte Einführung), Göttingen.

HALL, R.E., J.B. TAYLOR [1993]: *Macro Economics*, Norton & Company: New York, London.

HALLWOOD, C.P., R. MACDONALD [1994]: *International Money and Finance*, Oxford, Cambridge: Blackwell.

HELPMAN, E. [1984]: A Simple Theory of International Trade with Multinational Corporations, *Journal of Political Economy*, Vol. 92, S. 451–471.

HERRMANN, R. [1994]: Ausmaß und Struktur der Agrarprotektion im weltweiten Vergleich, *Wirtschaftsstudium* (WiSu), 23. Jahrgang, S. 377–386.

HILLMAN, A.L. [1989]: *The Political Economy of Protection*, Chur, London, Paris: Harwood Academic Publishers.

HILLMAN, A.L., H. URSPRUNG [1993]: Multinational Firms, Political Competition, and International Trade Policy, *International Economic Review*, Vol. 34, S. 347–363.

HIRSHLEIFER, J. [1984]: *Price Theory and Applications*, Englewood Cliffs, N.J.

HORSTMANN, I., J.R. MARKUSEN [1987]: Licensing versus Direct Investment: A Model of Internalization by the Multinational Enterprise, *Canadian Journal of Economics*, Vol. 20, S. 464–481.

HOSSFELD, D. [1994]: Joint Ventures als Markteintrittsstrategie, *Wirtschaftsstudium* (WiSu), 23. Jahrgang, S. 302–305.

JARCHOW, H.-J., P. RÜHMANN [1988]: *Monetäre Außenwirtschaft* (Band I und II), Göttingen.

KAWAI, M., I. ZILCHA [1986]: International Trade with Forward–Futures Markets under Exchange Rate–Price Uncertainty, *Journal of International Economics*, Vol. 20, S. 83–98.

KENEN, P.B. [1989]: *The International Economy*, London: Prentice–Hall.

KLODT, H. [1992]: *Volkswirtschaftslehre für Juristen* (Einführung), Berlin, Heidelberg.

KOWALCZYK, C., L. JESAR [1993]: *Study Guide* (to accompany Caves, Jones, Frankel - World Trade and Payments), Harper Collins.

KRUGMAN, P.R., M. OBSTFELD [1988]: *International Economics*, Theory and Policy, Glenview, Boston, London.

LAYARD, P.R.G., A.A. WALTERS [1988]: *Micro-Economic Theory*, New York et al.

LUCKENBACH, H. [1994]: *Grundlagen der Volkswirtschaftslehre*, München.

MACDONALD, R., M.P. TAYLOR [1992]: Exchange Rate Economics: A Survey, *Staff Papers*,.Vol. 39, S. 1-57

MARJIT, S. [1990]: Rationalizing Public–Private Joint Ventures in an Open Economy", *Journal of Development Economics*, Vol. 33, S. 377–383.

MARJIT, S., U. BROLL, I. MALLICK [1994]: A Theory of Overseas Joint Ventures, *Economics Letters.*

MCMILLAN, J. [1986]: *Game Theory and International Economics*, Chur, London, Paris: Harwood Academic Publishers.

MELVIN, M. [1989]: *International Money and Finance*, New York (Harper & Row, Publishers).

MEYER, B., G. EWERHART, T. SIEBE [1990]: *Dollarkurs und Beschäftigung* (Eine empirische Analyse für die Bundesrepublik Deutschland), Berlin.

MILDE, H. [1992]: Capital Asset Pricing Model: Fragestellung, Lösung, Beispiel, *Jahrbuch für Sozialwissenschaft*, Band 43, S. 297–330.

MOHR, E. [1991]: *Economic Theory and Sovereign International Debt*, London, New York: Academic Press.

MUNDELL, R.A. [1963]: Capital Mobility and Stabilization Policy under Fixed and Fexible Exchange Rates, *Canadian Journal of Economics*, S. 475–485.

NEUMANN, M.J.M. [1992]: German Unification: Economic Problems and Consequences, *Carnegie-Rochester Conference Series on Public Policy*, Vol. 36, S. 163–210.

NEUMANN, M.J.M. [1994]: Entwicklung und Reform des Europäischen Währungssystems, *in:* HIPP, C. (Hrsg.) *6. Tagung Geld, Finanzwirtschaft, Banken und Versicherungen.*

OSTERKAMP, R. [1991]: Verschuldungsprobleme der Entwicklungsländer, *Wirtschaftswissenschaftliches Studium* (Wist), 20. Jg. S. 39–42.

PARKIN, M., D. KING [1992]: *Economics*, Wokingham, England.

RICHTER, R. [1990]: Sichtweisen und Fragestellungen der Neuen Institutionenökonomik, *Zeitschrift für Wirtschafts- und Sozialwissenschaften*, Vol. 110, S. 571–579.

SAUERNHEIMER, K., D. BLOHM [1988]: *Außenwirtschaft*, Wiesbaden.

SCHEFFLER, W. [1992]: Einfluß der Besteuerung auf die Finanzierungspolitik eines internationalen Konzerns, *Internationales Steuerrecht* (IStR), 1. Jahrgang, S. 118–125.

SCHMITT-RINK, G., D. BENDER [1992]: *Makroökonomie geschlossener und offener Volkswirtschaften*, Berlin, Heidelberg.

SCHWEINBERGER, A.G. [1992]: On the Welfare Effects of Tied Aid, *International Economic Review*, Vol. 31, S. 457–462.

SELL, A. [1991]: *Einführung in die internationalen Wirtschaftsbeziehungen*, Berlin, New York.

SHAPIRO, A.C. [1991]: *Multinational Financial Management*, Boston: Allyn and Bacon.

SIEBERT, H., M. RAUSCHER [1991]: Neuere Entwicklungen der Außenhandelstheorie, *Wirtschaftswissenschaftliches Studium* (WiSt), 20. Jahrgang, S. 503–509.

SMITH, A. [1987]: Strategic Investment, Multinational Cooperations and Trade Policy, *European Economic Review*, Vol. 36, S.89–96.

SOLNIK, B. [1991]: *International Investments*, Reading (Massachusetts): Addison-Wesley Publishing Company.

SPÖRNDLI, E. [1992]: Wechselkursregime und Inflation: Österreich und die Schweiz im Vergleich, *Geld, Währung und Konjunktur* – Schweizerische Nationalbank, Quartalsheft No 4, S. 365–383.

TIROLE, J. [1988]: *The Theory of Industrial Organization*, Cambridge, London.

TOPRITZHOFER, E. [1989]: Kurssicherung. In: Macharzina, K. und Welge, K.M. (Hrsg.), *Handwörterbuch Export und Internationale Unternehmung*. C.E. Poeschel Verlag: Stuttgart, S. 1238–1254.

VARIAN, H. [1992]: *Microeconomic Analysis*, New York, London.

WAGNER, H. [1993]: *Einführung in die Weltwirtschaftspolitik*, München, Wien.

WAGNER, J. [1993]: Firmengröße und Exportquote, *Wirtschaftswissenschaftliches Studium* (WiSt), 22. Jahrgang, S. 258–261.

WELZEL, P. [1991]: *Strategische Handelspolitik* (Nationale Anreize und internationale Koordinationsaufgaben), Heidelberg.

WELZEL, P. [1992]: Hysterese im Außenhandel, *Wirtschaftswissenschaftliches Studium* (WiSt), 21. Jahrgang, S. 131–134.

WILLIAMSON, O.E. [1981]: The Modern Corporation: Origins, Evolution, Attributes, *Journal of Economic Literature*, Vol. XIX, S. 1537–1568.

WOODLAND, A.D. [1992]: *International Trade and Resource Allocation*, Amsterdam, New York, Oxford.

★★★

www.ingramcontent.com/pod-product-compliance
Lightning Source LLC
LaVergne TN
LVHW081334011026
849161LV00013BB/2923
* 9 7 8 3 4 8 6 2 3 1 8 7 8 *